Roland Girtler

VOM FAHRRAD AUS

Kulturwissenschaftliche Gedanken und Betrachtungen

LIT

Bibliografische Information der Deutschen Nationalbibliothek
Die Deutsche Nationalbibliothek verzeichnet diese Publikation in der Deutschen Nationalbibliografie; detaillierte bibliografische Daten sind im Internet über http://dnb.d-nb.de abrufbar.

2. Auflage 2011

ISBN 978-3-8258-7826-9

GmbH & Co. KG Wien 2011
Krotenthallergasse 10/8
A-1080 Wien
Tel. +43 (0) 1-409 56 61
Fax +43 (0) 1-409 56 97
e-Mail: wien@lit-verlag.at
http://www.lit-verlag.at

LIT VERLAG Dr. W. Hopf
Berlin 2011
Verlagskontakt:
Fresnostr. 2
D-48159 Münster
Tel. +49 (0) 2 51-620 320
Fax +49 (0) 2 51-922 60 99
e-Mail: lit@lit-verlag.de
http://www.lit-verlag.de

Auslieferung:

Deutschland: LIT Verlag Fresnostr. 2, D-48159 Münster
Tel. +49 (0) 2 51-620 320, Fax +49 (0) 2 51-922 60 99,
e-Mail: vertrieb@lit-verlag.de

Österreich: Medienlogistik Pichler-ÖBZ
IZ-NÖ, Süd, Straße 1, Objekt 34, A-2355 Wiener Neudorf
Tel. +43 (0) 22 36-63 53 52 90, Fax +43 (0) 22 36-63 53 52 43,
e-Mail: mlo@medien-logistik.at

Schweiz: B + M Buch- und Medienvertrieb
Hochstr. 357, CH-8200 Schaffhausen
Tel. +41 (0) 52-643 54 30, Fax +41 (0) 52-643 54 35,
e-Mail: order@buch-medien.ch

Inhaltsverzeichnis

Eine schöne Frau (Christine Kaufmann) und das Fahrrad als bester Freund – Vorwort 2011 iii

Dankbares Vorwort (2004) v

Vom Fahrrad aus 1

Zwischen Ausee und Bischofshofen: Der Radfahrer als Feldforscher 13

Zwischen Dienten und Lofer: "Zeit lassen!" 23

Zwischen St. Johann und Innsbruck: Wahrheiten 33

Brenner und Sterzing: Nobler Sport 51

Zwischen Jaufenpaß und Sölden: Blutige Mannwerdung 59

Inntal und Landeck: Bunte Sprache 75

Hochalpenstraße und Klösterle: Subkulturen 89

Zwischen Arlberg und Lustenau: Der Wirt als Rebell 97

Rasttag:
Frauen an den Grenzen 113

Zwischen Kleinem Walsertal und Tannheim:
Schlachtgesänge 127

Garmisch und die Seen:
Über Wilderer 147

Schliersee:
Allgegenwart der Magie 155

Altötting:
Frommes Betteln 169

Zwischen Obernberg und Passau:
Vagantentum 185

Zwischen Hausrück und Attersee:
Gefährliche Bücher 203

Bad Aussee:
Männerbünde 213

Salzkammergut:
Romantik der Straße 225

Literaturverzeichnis 236

Eine schöne Frau (Christine Kaufmann) und das Fahrrad als bester Freund

Vorwort 2011

Der Radfahrer und die Radfahrerin haben oft spannende Erlebnisse, überhaupt, wenn er und sie alleine unterwegs sind. Über ein solches Erlebnis will ich erzählen. Vor Jahren fuhr ich mit dem Fahrrad entlang der Wiener Ringstraße. Da begegnete mir eine hübsche Dame auf dem Fahrrad. Sie blieb aus irgend einem Grund stehen, ich hielt mein Rad ebenso an. Wir kamen ins Gespräch. Sie erzählte mir, sie wäre eine begeisterte Radfahrerin. Beim Kauf ihrer Kleider würde sie stets darauf achten, dass sie in diesen auch Rad fahren könne. Diese liebenswürdige Dame und verwegene Radfahrerin entpuppte sich als die Schauspielerin Christine Kaufmann, frühere Ehefrau des amerikanischen Schauspielers Tony Curtis, mit dem sie zwei Töchter hat. Wir trafen einander in Wien noch einige Male bei unserer gemeinsamen Freundin Frau Dr. Ursula Richter, einer interessanten Buchautorin. Christine Kaufmann erzählte mir einiges aus ihrem Leben. Ich erfuhr, dass sie als Tochter einer französischen Ärztin und eines deutschen Luftwaffenoffiziers bei Gröbming in der Steiermark im Jänner 1945 zur Welt gekommen sei. Ihre Mutter sei nicht wegen der schönen Gegend nach Österreich gekommen, um ihre Tochter zur Welt zu bringen, sondern weil sie sich in den letzten Kriegsmonaten in Frankreich nicht sicher fühlte. Schließlich hatte sie, die französische Ärztin, sich in einen deutschen Soldaten verliebt. In der damaligen Zeit hatten es Französinnen, die mit deutschen Soldaten Liebesbeziehungen eingegangen waren, nicht gerade einfach in Frankreich. Daher zog sie es vor, gemeinsam mit ihrer Mutter, also der Großmutter Christines, Frankreich zu verlassen und nach Österreich zu reisen, wo Christine zur Welt kam. Christine Kaufmann imponiert mir wegen ihrer erfrischenden Natürlichkeit aber auch wegen ihrer Filme. Aufgewachsen ist sie übrigens in München. Sie wurde einmal, nachdem sie im "Playboy" abgebildet war, als "schönste Großmutter von Deutschland" bezeichnet. Heute noch ist sie eine schöne Dame. Ich bin mir sicher, sie verdankt dies ihren regelmäßigen Radfahrten – dass sie diese heute noch durchführt, dessen bin ich mir sicher. Ich glaube, ich habe Christine Kaufmann auch gesagt habe, dass ich mitunter in meinem Fahrrad meinen besten Freund sehe, denn ich erlebe viel mit dem Fahrrad. Mit einem guten Fahrrad, das gepflegt sein will, kommt man durch Dick und Dünn, es hilft einem sogar, mit Problemen der Seele und mit dem täglichen Ärger fertig zu werden. Ähnliches meinte auch der 1891 in New York geborene Schriftsteller Henry Miller, der mit seinem Buch "Im Wendekreis des Krebses" Weltberühmtheit erlangte. Henry Millers Vater war deutscher Abstammung und verdiente sein Geld als Schneider. Henry Miller schreibt, dass in der Jugend sein bester Freund ein Fahrrad gewesen sei. Nach einem Sechstagerennen habe er es im Madison Square Garden gekauft, hergestellt in Chemnitz, Sachsen. Einem deutschen Sechstagefahrer, habe es gehört. Henry Miller litt damals als junger Bursche unter Liebeskummer. Er liebte ein Mädchen, dem er sich kaum zu nähern wagte. Er liebte sie ohne an "Obszönes" zu denken, wie er schreibt. Aber sie wollte offensichtlich von ihm nichts wissen. In dieser Situation verbrachte Miller viele Stunden auf seinem Fahrrad, es war zu seinem einzigen Freund geworden, auf den er sich verlassen konnte. Ich verstehe Henry Miller. Tatsächlich wird ein Fahrrad auch zum guten oder gar besten Freund, wenn man mit ihm tagelang unterwegs ist, wie ich es mitunter tue.

Dankbares Vorwort (2004)

Im Gasthof “Oktogon” am sogenannten “Himmel” im Wienerwald traf ich eine charmante Dame. Es war ein kalter Märztag, ich war mit dem Fahrrad von Grinzing hierher herauf geradelt, sie hatte das Taxi gewählt. Wir kamen ins Plaudern. Ich erzählte von meinen Radtouren, die sich, bei aller Bescheidenheit, in der besten Tradition der griechischen Philosophenschule der Peripatetiker befinden. Charakteristisch für diese Peripatetiker war, dass sie ihre philosophischen Gedanken beim Herumgehen und Wandern fassten. Im Wort Peripatetiker steckt das griechische Wort “peripatein” und das heißt soviel wie gehen und wandern. Die alten Philosophen, ihnen voran der große Aristoteles, wussten über den Wert des Wanderns und wohl auch des Vagabundierens, um zu guten Gedanken zu gelangen.

Meine besten Überlegungen habe ich beim Wandern, aber vor allem beim Radfahren. Mich fasziniert die Buntheit des menschlichen Lebens mit seinen vielfältigen Grenzen. Dazu zählen die sichtbaren, etwa politischen, ebenso wie die Grenzen des Alltags und der Kulturen. Darüber handelt das Buch. Ich verbinde Beschreibungen von den Mühen und Schönheiten des Radfahrens über die Pässe und durch herrliche Täler mit Betrachtungen zu allerhand Themen. Sie müssten jeden Leser interessieren, und sind, wie ich meine, von kulturwissenschaftlicher Bedeutung.

Als ich vom “Himmel” heimwärts radelte, stand plötzlich ein richtiges Wildschwein mit zwei Frischlingen vor mir. Wir schauten uns verwundert an. Ich wurde nicht attackiert und radelte besonnen weiter. Ich betrachte dieses Auftauchen des Wildschweins, ich habe bis dahin noch nie eines hier gesehen, als ein

Zeichen besonderen Glückes. Dieses sei allen Kollegen Radfahrern und Lesern dieses Buches beschienen.

Als vagabundierender Kulturwissenschafter freue ich mich sehr, dass dieses Buch – der Dame, die mich auf die Neuauflage brachte, sei Dank – nun wieder erscheint, und zwar in einer radfahrergerechten Taschenausgabe. Dem Verleger des LIT Verlag , Herrn Dr. Hopf, selbst Radfahrer, verdanken wir dieses Format. Er gelobte, den Band auf all seinen Touren mitzuführen.

Auf das Wohlsein aller Radfahrer und Leser werde ich ein Seidel Bier trinken, wenn ich wieder einmal "am Himmel" mit dem Fahrrad erscheine.

Roland Girtler
per Fahrrad "Am Himmel", April 2004

P.S.: Auf je einen Tee oder ein Seidel Bier habe ich, wenn ich im Oktogon "am Himmel" erscheine, ein Deputat auf Lebenszeit. Ich verdanke dieses Anrecht dem Chef dieses Lokals, Herrn Dr. Gerhard Heilingbrunner, dem ein Aufsatz über die alte Kultur der "echten Bauern", den ich in einer Wiener Zeitung geschrieben habe, derart gefiel, dass er mir aus einer momentanen gütigen Laune heraus ein solches Deputat auf Lebenszeit einräumte. Dafür sei ihm hier gedankt.

sich eher vom Rad als vom Sattel – ganz im Stil des mittelalterlichen Reitersmannes, der, wenn sein Pferd unter ihm zusammenbrach und verendete, den Sattel nahm, sich ein neues Pferd besorgte, ihm den Sattel auflegte und seinen Ritt fortsetzte. Ebenso handelte ich, als mein Fahrrad vor drei Jahren während einer Radtour in die Pyrenäen im Ardèchetal aus Altersgründen nicht mehr mitmachen wollte. Ich nahm den Sattel, kaufte mir bei einem liebenswürdigen Radmechaniker, der seltsamerweise von Autorennfahrern schwärmte, ein neues, wohlgebautes Rad und brachte den alten, schönen Ledersattel an. So fuhr ich weiter nach Andorra. Und mit demselben gediegenen Fahrrad, bepackt mit Radtaschen, brach ich auch im August 1990 wieder zu einer Tour auf.

Es ist ein gutes Rad, ein Rennrad, das jener französische Radfreund mit Sorgfalt und Geist zu einem Tourenrad umgebaut hat. Kleine Übersetzungen ermöglichen es mir, auch große Steigungen mehr oder weniger mühelos zu meistern. Die Drahtreifen, womit es ausgestattet ist, sind von großem Vorteil gegenüber den üblichen schlauchlosen Reifen der Rennfahrer. Solche Drahtreifen halten einiges aus und lassen sich bei einem Platten mühelos reparieren.

Der noble lederne Radsattel verfeinert den Genuß. Er unterscheidet sich nicht nur durch das dunkle Leder von seinen proletarischen Artgenossen, sondern auch in seinem Wesen, das mir einen feinen Sitz erlaubt und jenen Körperteil, der mich freundschaftlich mit dem Sattel verbindet, adelt. Solcherart gerüstet, machte ich mich also auf den Weg. Als Radfahrer muß man alleine unterwegs sein. Das war mir auf meiner Pyrenäenreise klargeworden, bei der mich ein nobler Herr begleitet hatte, mit dem ich wegen der Albigenser in Streit geriet. Ich sympathisierte mit den Albigensern, wackeren freien Leuten, die in den Pyrenäen lebten. Die katholische Kirche hatte sie im 12. Jahrhundert in einem Kreuzzug bekämpft und niedergemetzelt. Wegen der

Anregungen zu einem eigenständigen Weiterdenken. Durch die Hinweise auf entsprechende "wissenschaftliche" Literatur erhält das Buch – dies ist mein stiller Wunsch – auch den Charakter eines Lehrbuches bzw. eines Einführungsbuches in einige wichtige Bereiche der Kulturwissenschaft. Einige Gedanken, die auf eigenen Forschungen beruhen, werden außerdem etwas genauer vorgeführt und diskutiert. Ich hege dabei die Hoffnung, Einblicke in spannende Bereiche zu geben, die sich auf den Menschen und sein kulturelles Handeln beziehen.

Und nun möge mir der Leser mit Freundlichkeit und Sympathie folgen und mich auf meiner Radwanderschaft von Grenze zu Grenze begleiten.

Das Radfahren: Die noble Tradition der Herrenreiter

Bevor ich zu erzählen beginne, seien mir noch ein paar allgemeine Gedanken über das Radfahren gestattet. Als überzeugter Radfahrer und Kulturwissenschaftler bin ich der bescheidenen Meinung, daß ich mich in der noblen Tradition der alten Herrenreiter befinde, nämlich als ein Aristokrat der Landstraße. Im Gegensatz zum Autofahrer, der für mich der Nachfahre der sklavisch arbeitenden und fluchenden Fuhrknechte und Lohnkutscher ist. Sie alle sind durchaus ehrenwerte Leute, aber der noble Mensch läßt sich chauffieren, ob im Autobus oder im Zug. Es sei denn, er setzt sich stolz auf das Rad und wird zum Nachfahren der Herrenreiter.

Daß der echte Radfahrer, der auf Touren geht, in der Tradition der alten feinen Herrenreiter steht, zeigt sich auch in der Wertschätzung, die er einem gut eingesessenen Radsattel entgegenbringt. Der gute Radsattel, die besten sind aus englischem Leder gearbeitet und verweisen auf eine alte Radkultur, ist zugleich Zentrum und Symbol des noblen Fahrrades: Man trennt sich eher vom Rad als vom Sattel – ganz im Stil des mittelalterlichen Reitersmannes, der, wenn sein Pferd unter ihm zusammenbrach und verendete, den Sattel nahm, sich ein neues Pferd besorgte, ihm den Sattel auflegte und seinen Ritt fortsetzte. Ebenso handelte ich, als mein Fahrrad vor drei Jahren während einer Radtour in die Pyrenäen im Ardèchetal aus Altersgründen nicht mehr mitmachen wollte. Ich nahm den Sattel, kaufte mir bei einem liebenswürdigen Radmechaniker, der seltsamerweise von Autorennfahrern schwärmte, ein neues, wohlgebautes Rad und brachte den alten, schönen Ledersattel an. So fuhr ich weiter nach Andorra. Und mit demselben gediegenen Fahrrad, bepackt mit Radtaschen, brach ich auch im August 1990 wieder zu einer Tour auf.

Es ist ein gutes Rad, ein Rennrad, das jener französische Radfreund mit Sorgfalt und Geist zu einem Tourenrad umgebaut hat. Kleine Übersetzungen ermöglichen es mir, auch große Steigungen mehr oder weniger mühelos zu meistern. Die Drahtreifen, womit es ausgestattet ist, sind von großem Vorteil gegenüber den üblichen schlauchlosen Reifen der Rennfahrer. Solche Drahtreifen halten einiges aus und lassen sich bei einem Platten mühelos reparieren.

Der noble lederne Radsattel verfeinert den Genuß. Er unterscheidet sich nicht nur durch das dunkle Leder von seinen proletarischen Artgenossen, sondern auch in seinem Wesen, das mir einen feinen Sitz erlaubt und jenen Körperteil, der mich freundschaftlich mit dem Sattel verbindet, adelt. Solcherart gerüstet, machte ich mich also auf den Weg. Als Radfahrer muß man alleine unterwegs sein. Das war mir auf meiner Pyrenäenreise klargeworden, bei der mich ein nobler Herr begleitet hatte, mit dem ich wegen der Albigenser in Streit geriet. Ich sympathisierte mit den Albigensern, wackeren freien Leuten, die in den Pyrenäen lebten. Die katholische Kirche hatte sie im 12. Jahrhundert in einem Kreuzzug bekämpft und niedergemetzelt. Wegen der

Anregungen zu einem eigenständigen Weiterdenken. Durch die Hinweise auf entsprechende "wissenschaftliche" Literatur erhält das Buch – dies ist mein stiller Wunsch – auch den Charakter eines Lehrbuches bzw. eines Einführungsbuches in einige wichtige Bereiche der Kulturwissenschaft. Einige Gedanken, die auf eigenen Forschungen beruhen, werden außerdem etwas genauer vorgeführt und diskutiert. Ich hege dabei die Hoffnung, Einblicke in spannende Bereiche zu geben, die sich auf den Menschen und sein kulturelles Handeln beziehen.

Und nun möge mir der Leser mit Freundlichkeit und Sympathie folgen und mich auf meiner Radwanderschaft von Grenze zu Grenze begleiten.

Das Radfahren: Die noble Tradition der Herrenreiter

Bevor ich zu erzählen beginne, seien mir noch ein paar allgemeine Gedanken über das Radfahren gestattet. Als überzeugter Radfahrer und Kulturwissenschaftler bin ich der bescheidenen Meinung, daß ich mich in der noblen Tradition der alten Herrenreiter befinde, nämlich als ein Aristokrat der Landstraße. Im Gegensatz zum Autofahrer, der für mich der Nachfahre der sklavisch arbeitenden und fluchenden Fuhrknechte und Lohnkutscher ist. Sie alle sind durchaus ehrenwerte Leute, aber der noble Mensch läßt sich chauffieren, ob im Autobus oder im Zug. Es sei denn, er setzt sich stolz auf das Rad und wird zum Nachfahren der Herrenreiter.

Daß der echte Radfahrer, der auf Touren geht, in der Tradition der alten feinen Herrenreiter steht, zeigt sich auch in der Wertschätzung, die er einem gut eingesessenen Radsattel entgegenbringt. Der gute Radsattel, die besten sind aus englischem Leder gearbeitet und verweisen auf eine alte Radkultur, ist zugleich Zentrum und Symbol des noblen Fahrrades: Man trennt

Häuser, luxuriöse Büros und wundervolle und phantastische Zeremonien, von seinen Zeitgenossen abzugrenzen bemüht. Und er ist peinlich darauf bedacht, daß die von ihm geschaffenen Grenzen auch respektiert werden. Überschreiten Personen, die als weniger würdig angesehen werden, diese Grenzen, so kann es zu Problemen kommen. Das ist Schmugglern, Flüchtlingen, kriegerischen Eroberern und Hochstaplern bewußt, wenn sie die aufgestellten Grenzen zu überwinden trachten. Grenzen haben auch etwas mit "Wirklichkeit" zu tun, denn sie können Wahrheiten voneinander trennen. Was auf der einen FSeite der Grenze für wahr und richtig gehalten wird, kann auf der anderen Seite als verabscheuenswert gelten. Solche und ähnliche Fragen beschäftigten mich also während meiner Radtour, die mich über einige Alpenpässe und entlang der deutschen und italienischen Grenze führte. In einem spontanen und vielleicht sonderbar anmutenden Einfall entschloß ich mich, meine Erlebnisse als Radfahrer mit spezifischen Themen kulturwissenschaftlicher und soziologischer Natur zu verknüpfen und niederzuschreiben. So entstand dieses Buch. Wohl habe ich alle Überlegungen, die enthalten sind, während der Radtour angestellt, doch in Form gebracht und nützlich erweitert wurden sie in stillen Stunden danach. Sie sind verwoben mit den Freuden und Plagen, die mir widerfahren sind – und immer bezogen auf das Erlebnis der Grenze. Um dem Interessierten ein weiteres Studium zu ermöglichen, habe ich wichtige Literatur angeführt. Nicht ein Reiseführer soll dieses Buch also sein, sondern eine Art kulturwissenschaftliche Aufarbeitung meiner Eindrücke und Gedanken. Die Aufgabe des Soziologen und Philosophen besteht ja darin, "Wahrheiten" und soziale Hintergründe halbwegs zu ordnen und zu besprechen. Oft geschieht dies in einer komplizierten Sprache, einer Art Liturgiesprache, durch die eine wohlgesetzte Grenze (!) zwischen dem Laien und dem weisen Gelehrten errichtet werden soll. Dies liegt allerdings nicht in meiner Absicht: Ich will Anregungen geben,

Vom Fahrrad aus

Radtour und Vielfalt der Grenzen
Das Radfahren:
Die noble Tradition der Herrenreiter
Gedanken zur Ausrüstung –
Ein historischer Ausflug

Radtour und Vielfalt der Grenzen

Im August des Jahres 1990 begab ich mich auf eine 16 Tage dauernde Radtour. Ich unternahm sie, um das Phänomen der Grenze zu studieren: Grenzen bestimmen das menschliche Leben in vielfältiger Hinsicht. Wir alle versuchen mehr oder weniger gewitzt, mit den uns gegebenen und von uns errichteten Grenzen fertigzuwerden. Das ist das Faszinierende daran. Zu diesen Grenzen gehören auch diejenigen der Magie und des Zaubers, diejenigen der Transzendenz, jener übernatürlichen, jenseits unserer Grenzen existierenden Szenerie, die nicht nur Philosophen interessiert.

Wo immer es geht, stellt der Mensch Grenzen auf. Es macht ihm Freude, sich von anderen zu distanzieren. Diese Thematik habe ich auch in meinem Buch "Die feinen Leute"[1] aufgegriffen, indem ich zu zeigen versuchte, daß sich der Mensch als "animal ambitiosum", als Wesen, das nach Würde und Ansehen strebt, durch vielerlei Symbole, wie noble Kleidung, prächtige

---

[1] R. Girtler, Die feinen Leute. Linz 1989, Wien 2001

historischen Einstufung dieser Albigenser stritten mein Freund und ich während der Radfahrt und am Abend beim Wein derart, daß er per Zug nach Wien zurückfuhr und ich fortan alleine weiterradelte. Seit damals erscheint es mir zweckmäßiger, mit dem Rad alleine zu bleiben – gerade als Kulturwissenschaftler, als der ich mich fühle –, denn nur derjenige, der ohne Begleitung in einem Gasthaus einkehrt, hat die Chance, ins Gespräch gezogen zu werden und etwas über fremde Lebensart zu erfahren. Nur demjenigen, der alleine unterwegs ist, wird die Radtour zu einer Meditation. Er fängt an zu sinnieren, freut sich über die Natur, und die Phantasie schweift frei in weite Ferne.

Als Radfahrer ist man – ebenso wie als Fußgänger – eher als jene Kollegen, die sich in ihren Autos zu Vorlesungen und Kongressen bemühen, legitimiert und sowohl seelisch wie auch geistig vorbereitet, Fragen, die den Menschen betreffen, zu behandeln. Denn als echter Radfahrer hat man einen direkten, schönen Kontakt zur Erde und zum Menschen. Man spürt den Wind unmittelbarer, hört die – vor Autos fliehenden – Vögel intensiver, riecht sogar Blumen und spricht mit Menschen. Bereits der große Freiherr von Knigge, ein revolutionärer Geist, der seinen Adelstitel aufgab und sich "der freie Herr Knigge" nannte, wendete sich Ende des 18. Jahrhunderts gegen das sklavische Kutschenfahren und sprach sich für das freie Fußwandern aus, wodurch man Land und Leute besser kennenlerne. Hätte es damals, zu des "freien Herrn Knigge" Zeiten, das Fahrrad gegeben, er wäre, ich bin mir gewiß, ein Freund desselben gewesen.

Gedanken zur Ausrüstung – Ein historischer Ausflug

Eine passable und bequeme Ausrüstung ist eigentlich das Wichtigste beim rechten Radwandern. Meiner Meinung nach kann einer nur dann schauen und denken, wenn er eine gute, aber nicht zu umfangreiche Ausrüstung mit sich führt. Das Vergessen der geringsten Kleinigkeit kann Ärger und Unbequemlichkeit zur Folge haben. So war ich vor einiger Zeit mit dem Fahrrad an der tschechischen Grenze, um dort an der Eröffnung eines kleinen Grenzüberganges zwischen Weitra im Waldviertel und Grazen im südlichen Böhmen teilzunehmen. Ich hatte alles mögliche dabei, sogar ein Jackett, um während der Grenzeröffnungszeremonie einen vornehmen Eindruck zu machen. Ein kleines Kassettengerät führte ich ebenso mit wie einen Fotoapparat. Nur den Film hatte ich vergessen. Das ärgerte mich gewaltig. Ich fragte einige Wiener mit Fotoapparat, ob sie mir aushelfen könnten, aber sie fertigten mich wenig freundlich ab. Schließlich schenkte mir ein liebenswürdiger Tscheche einen Film.

Andererseits ist es auch nicht tunlich, zu viele Dinge mitzuführen. Dies geht auf Kosten des leichten Vorwärtskommens. Ich für meinen Teil ziehe es daher vor, so wenig wie möglich an Bekleidung bei mir zu haben. Die modernen Wanderer und Radfahrer sind hiebei besser dran als ihre Vorgänger zur Jahrhundertwende, für die Wandern und Radfahren offensichtlich elegante Beschäftigungen waren. Entsprechend war man auch gekleidet. Es erscheint mir deshalb an dieser Stelle angebracht, einige Ratschläge, wie sie in einem Wanderbüchlein zur Jahrhundertwende betreffend der Ausrüstung angeführt werden, wiederzugeben, wobei das, was hier über den Fußwanderer gesagt wird, wohl analog auch für den Radwanderer gilt: "Der bequemste und praktischste Wanderanzug ist ohne Zweifel eine kurze Kniehose und eine Joppe aus Lodenstoff oder aus grauem oder braunem Manchesterstoff. Die Kniehose muß möglichst weit und bequem sein, da sie sonst beim Naßwerden auf dem Knie festklebt. Der Knieverschluß soll nicht durch Gummizug gebildet sein, der den Blutumlauf hemmt, sondern durch Knöpfe oder Schnallen und Riemchen. Die drei bis vier großen, festen Taschen müssen am besten verschließbar sein. Die bequeme Joppe mit Stehumlegekragen muß zum mindesten sechs Taschen haben, darunter zwei sehr große Innentaschen (Öffnung in Hüfthöhe) zur Aufnahme von Karten usw. Jedenfalls kann der Wanderer nicht genug Taschen haben... Unter der Joppe trägt man am besten bunte, weiche Sporthemden mit abknöpfbarem, weichem Umlegekragen, da dieser immer zuerst unbrauchbar wird, und man hat so die Möglichkeit, abends im Gasthaus einen festen, weißen Kragen umzulegen... "[2] Hier ist an alle Möglichkeiten gedacht, so vor allem auch daran, daß der noble Wanderer im Gasthaus auch einen vornehmen und gepflegten Eindruck macht. Ich halte dies auch für richtig, denn man bekommt gleich andere Kontakte am Wirtshaustisch, wenn man – nach einer mühevollen Radtour mit viel Schweiß – in einer reinen, dünnen Hose und in einem manierlichen Hemd oder Trikot (heute sagt man T-Shirt) steckt. In meiner Radtasche befinden sich solche Kleidungsstücke, neben einem dünnen Pullover und einer Regenjacke. Ansonsten führe ich noch Waschzeug, eine Reiseapotheke, Socken und kleinere Dinge, wie Taschenmesser und vielleicht Nähzeug, mit. Ähnlich wie der Autor des zitierten Wanderbüchleins achte ich darauf, daß dies alles vorsorglich voneinander getrennt und leicht auffindbar untergebracht ist, obwohl ich meine, dieser Wanderer aus der Jahrhundertwende hat zu viele Dinge mit sich herumgeschleppt. Er schreibt: "Denn sonst [wenn keine Ordnung im Rucksack herrscht] kann man mit ziemlicher Bestimmtheit darauf rechnen, daß die Tücke des Objektes uns einen Streich spielt: daß die Zigarren mit Kognak getränkt und das Butterbrot mit Opiumtropfen gewürzt wird, und die offene Schuhschmierschachtel liegt sicher zwischen den Hemden. Also gesondert packen, den Proviant möglichst in einem besonderen Wachstuchbeutel!"[3] Die Vornehmheit unseres frühen Wanderers dokumen-

---

2 T. Schier, Wandern und Schauen. Leipzig o. J. (um 1900), S. 9ff

3 Ebd., S. 14

tiert sich auch noch in diesem Satz: "Im Rucksack wird man genügend Wäsche – besonders Hemden, Kragen und Taschentücher – mitnehmen können, ebenso Strümpfe. Ferner tut man gut, immer ein Handtuch bei sich zu haben... Dann aber sollte man besonders noch Knöpfe und Hemdenknöpfe, Nadeln, Sicherheitsnadeln und Nähzeug (mit verschiedenem Zwirn) nicht vergessen..." [4] Sicherheitsnadeln sind gewiß wichtig, aber auf "Wäsche" in solcher Vielfalt kann verzichtet werden. Es genügt, wenn der Radfahrer, nachdem er vom Rad gestiegen ist und sich gewaschen hat, einigermaßen sauber in der Wirtsstube vor den Wirtsleuten und Gästen erscheint. Bemerkenswert ist auch, was unser Autor zum Proviant schreibt: "Ob oder wieviel man Proviant mitnimmt, das richtet sich ganz nach der Gegend, in der man wandert. Stets aber sollte man Schokolade (nicht süß) und Dörrobst, also besonders Pflaumen und Aprikosen bei sich haben, ebenso wie ein Paket Würfelzucker. Von diesen Dingen genügen ganz kleine Mengen, um den hungrigen Magen zu befriedigen. Für längere Wanderungen wird man außerdem guttun, die bequem und haltbar verpackten Maggisuppenwürfel (bes. Erbssuppe...) und Maggi-Bouillonwürfel mit sich zu führen. Manch fröhlicher und heiterer Abend mit trefflichem Essen lohnt die geringe Mühe der Mitnahme. Allerdings muß man dann ein zusammenlegbares Aluminiumkochgeschirr mit haben, was wenig Platz wegnimmt." [5]

Der Mann hat zweifellos zu viel bei sich getragen. Ich für meinen Teil halte es für das beste, wenn man sich auf das Nötigste beschränkt und jeweils dort, wo man Station macht, Proviant einkauft. Außerdem ist es vernünftiger, abends in den örtlichen Gasthäusern ordentlich zu essen, als sich mühsam während des Herumziehens eine Suppe u. dgl. zu kochen. Spannend und aus

---

4 Ebd., S. 15
5 Ebd., S. 16

heutiger Sicht problematisch sind die folgenden Bemerkungen: "Größere Mengen alkoholischer Getränke mitzunehmen ist verwerflich: ein Schluck hie und da wird nichts schaden, doch kann man ebensogut ohne das auskommen. Überhaupt hat vieles Trinken keinen Zweck, es vermehrt nur die Schweißabsonderung. Es muß aber betont werden, daß ein Schluck selbst sehr kalten Wassers nichts schadet, solange das Herz nicht angestrengt ist. Nur die Menge des Getränkes schadet! Der abgesonderte Schweiß soll durch Trinken ersetzt werden, alles weitere Trinken aber vermeide man, wenn es geht. Auch kalter Tee gibt ein gutes Getränk, das man gerne mitnehmen wird."[6] Schwitzen empfindet der Autor des Wanderbüchleins als eine offensichtlich unschickliche und unfeine Angelegenheit, der man am besten dadurch entgegenwirkt, daß man wenig trinkt. Nach heutigen Erkenntnissen jedoch ist Schwitzen wichtig und ebenso das viele Trinken, allerdings soll nicht bloß Wasser getrunken werden, sondern vor allem Getränke, die mit Salzen (Elektrolyten) und Vitaminen angereichert sind, um dem Körper die für Anstrengungen nötigen Stoffe zuzuführen. Besonders als Radfahrer empfiehlt es sich, viel elektrolytische Flüssigkeit zu sich zu nehmen. Ein bekannter Sportmediziner meinte einmal, solche Getränke seien wohl der Gesundheit höchst förderlich, er selbst ziehe es aber vor, nach getaner sportlicher Anstrengung ein Bier zu trinken, denn das Bier enthalte alle wichtigen Spurenelemente und Nährstoffe. Ich halte mich an den Rat dieses Arztes und trinke abends (!) einige Biere, die meinen Durst stillen, meinen Körper zufrieden machen und mich müde ins Bett sinken lassen. Tagsüber trinke ich eines der üblichen Elektrolytgetränke. Im vorigen Jahrhundert erblickte man, wie aus diversen Reiseberichten hervorgeht, in einer Flasche Wein ein willkommenes Marschgetränk. Man

---

[6] Ebd., S. 17

erhoffte sich davon Stärkung und frischen Mut.[7] Liebenswürdig klingt, was in dem Wanderbüchlein über die Zusammenstellung der Reiseapotheke steht: "Einige Medikamente soll man immer mitnehmen, wenn man sie auch nicht braucht, so geben sie doch eine gewisse Beruhigung:

1. Doppelkohlensaures Natron gegen Sodbrennen.
2. Opiumtropfen gegen Kolik und Diarrhöe.
3. Chinatropfen gegen Appetitlosigkeit und schlechten Magen.
4. Rhabarber gegen Verstopfung.
5. Ammoniak (Salmiak) gegen Insektenstiche.
6. Vaseline oder Lanoline.
7. Ein Päckchen Verbandswatte und eine Mullgazebinde.
8. Heftpflaster.
9. Für Leute mit Schweißfuß Besenoloformpuder zum Einstreuen in Strümpfe und Schuhe ... "[8]

Für die damalige Zeit mögen diese Heilmittel von großem Fortschritt gewesen sein, heute gibt es einfachere und praktischere Tabletten und Salben. Ich nehme regelmäßig eine Penicillinsalbe mit, die die diversen Wunden an den Füßen (durch die Pedale) oder am Allerwertesten (durch den Sattel) trefflich heilt. Unbedingt zustimmen kann ich unserem Freund aus der Jahrhundertwende, wenn er schreibt: "Abends im Gasthaus angekommen, wird man sich in etwas luftwarmem Wasser vollständig waschen... Dann erst nimmt man die Hauptmahlzeit des Tages ein. Daran soll man sich unter allen Umständen gewöhnen, denn starkes Essen zur Mittagszeit macht den Weitermarsch nicht zum Vergnügen und ist auch namentlich bei großer

---

7 so z. B. bei einer Besteigung des Pyhrgas im Jahre 1843. Vgl.: Ch. Brittinger, Ein Alpenausflug auf den Pyhrgas bei Spital am Pyhrn. In: Album ob der Enns. Linz 1843, S. 37ff

8 T. Schier, Wandern und Schauen, S. 18f

Sommerhitze direkt ungesund. Was man tagsüber braucht, das hat man eben im Rucksack. Und abends nach beendetem Tagesmarsch schmeckt Essen und Bier [!] ganz anders als mittags, wenn man noch ein paar Marschstunden vor sich sieht."[9] Während man einst Würfelzucker, vor einigen Jahren noch Traubenzucker, als stärkende Mittel empfahl, ist man heute der Ansicht, Zucker sei grundsätzlich schlecht, und rät statt dessen zu diversen Elektrolytgetränken. Wenn ich mich recht erinnere, so haben wir früher auf unseren Wanderungen stets Traubenzucker mit- und dem Körper zugeführt, und wir fühlten uns dadurch gestärkt. Ich jedenfalls empfand die Einnahme von Traubenzucker um nichts abträglicher als den Schluck aus der Flasche Elektrolyt, dem heutigen Wundermittel. Zuletzt sei noch darauf hingewiesen, daß es sich für einen Radfahrer empfiehlt, keine ängstliche Natur zu sein. In einem Aufsatz aus dem Jahre 1908 mit dem Titel "Das Wandern zu Rad" wird geraten: "Ferner ist es eine nicht zu unterschätzende Beruhigung, für alle Fälle einen Revolver mit sich zu führen; denn wenn auch Straßen bei uns ziemlich sicher sind, so kann doch der Fall eintreten, daß man in eine schwierige Lage kommt, und dann wirkt schon der Anblick der Waffe oder ein Schuß in die Luft oft Wunder."[10] Ich ziehe es vor, mich ohne Waffe in die Welt zu wagen, schon gar wenn es gilt, Grenzen – geografische, gesellschaftliche, magische bzw. transzendentale und andere – anzusteuern. Und nun beginnt die Radtour.

---

9 Ebd.

10 H. Ernst, Das Wandern zu Rad. In: Jugendpost, Nr. 31, 1908, S. 750

Zwischen Ausee und Bischofshofen: Der Radfahrer als Feldforscher

Bad Aussee, Gosau, Lammertal,
Bischofshofen
Der Radfahrer als Feldforscher, der Grenzen überwindet
Die Einsamkeit des Feldforschers

Es ist ein warmer Tag hier am Altausseer See, wo meine Frau mit Kindern, Enkelkindern und Dackel Sokrates ihre wohlverdienten Ferien verbringt. Die Kinder tummeln sich in der Sonne, Sokrates liegt faul auf den warmen Steinen, und ich treffe die letzten Vorkehrungen für meine lange geplante Radtour. Es ist eine Art Expedition, die ich unternehmen will. Eine genaue Route habe ich nicht festgelegt. Ich weiß nur, daß ich Grenzen abfahren werde und daß ich neben den geografischen Grenzen stets auch auf andere Grenzen stoßen werde. Ich meine somit, den vielleicht wichtigsten Bereich der Soziologie und anderer Kulturwissenschaften aufzutun, denjenigen der Grenze, denn menschliches Leben ist ohne Grenzen nicht vorstellbar. Knapp nach zwölf Uhr mittag verabschiede ich mich von den Meinen und ziehe los. Ich radle durch das nur während der Mittagszeit verschlafene Bad Aussee, in dem sich zu anderen Stunden des Tages die Autos stauen. Alle schimpfen über die Autos, aber keiner denkt daran, darauf zu verzichten. Der städtische Charakter von Bad Aussee wird übrigens gerade dadurch erhöht, daß eine Ampel den Autoverkehr regelt. Die auf das erlösende Grün wartenden Autos verpesten den Garten einer weithin berühmten Konditorei, in der es folkloristischen Lebkuchen und feine Eiscreme gibt. Trotz der qualmenden Autos harren die Gäste im Garten aus. Dies spricht für die Konditorei, deren Garten einen ungemeinen Vorteil hat: Er liegt direkt an der Straße und bietet einem die Chance, nach Belieben Freunde und andere Leute zu sehen oder auch von ihnen gesehen zu werden.

Bald habe ich Bad Aussee, die beliebte Sommerfrische feiner Leute, verlassen. Hier verbrachte Erzherzog Johann schöne Tage, jagte Rehe und heiratete die Postmeisterstochter Anna. Obwohl der gütige und aufgeschlossene Erzherzog durch diese Heirat offensichtlich den Adel brüskieren wollte, erachtete er es als selbstverständlich, daß die Nachkommen aus dieser Verbindung keine Bürgerlichen waren, sondern Grafen, nämlich die von Meran. Mit dem Adelstitel wurde somit wiederum jene Grenze errichtet, die der liebenswürdige Johann eigentlich brechen wollte. Er stellte in nobler Eile neue gesellschaftliche Schranken her, um seinen Kindern und Enkelkindern das Gefühl zu geben, keine ordinären Leute des Bürgertums zu sein. Eigentlich liegt darin eine – vielleicht ungewollte – Geste der Distanzierung vom Bürgertum. Die Ausseer Bürger und Bauern aber betrachteten es nicht als Beleidigung, sondern feierten ihren Erzherzog. Auch heute noch werden vom Fremdenverkehrsamt "Erzherzog-Johann-Hochzeiten" angepriesen. Damit steht jedem offen, nobel zu heiraten und stolz darauf zu sein, wenigstens als Hochzeiter aristokratisch hofiert zu werden.

Der Radfahrer als Feldforscher, der Grenzen überwindet

Ein Radfahrer überwindet Grenzen, Grenzen zu anderen Gebieten, aber auch zu anderen Menschen. Denn Menschen benötigt der Radfahrer, wenn er keine fixe Route hat, sondern die bestmögliche durch Befragen Einheimischer erkunden muß. Als

Tourenfahrer ohne genaues Ziel bin ich in derselben Situation wie ein guter Forscher – ein Soziologe, Volkskundler oder Völkerkundler. Der gute Forscher im Feld, der Kontakte zu Menschen sucht und wissen will, wie Menschen leben und wie ihre Rituale aussehen, darf sich nicht durch einen exakten Forschungsplan leiten lassen. Ein solcher Plan, wie ihn für gewöhnlich Leute aufstellen, die mit Fragebogen arbeiten oder Experimente mit Gruppen durchführen, ist für die Erforschung menschlichen Handelns eher hinderlich. [11] Nur wer sich dem Leben einer Gruppe, die er studieren will, vorbehaltlos überläßt, hat die Chance, tatsächlich herauszufinden, warum die Menschen in bestimmter Weise handeln und gewisse Symbole verwenden. Ein solcher Feldforscher hat es freilich nicht leicht, vor allem wenn er mächtige Gruppen oder kriminelle Subkulturen erforschen will. Ist er geschickt und setzt sich vielleicht gar mit den betreffenden Menschen zu Wein und Bier, so hat er schon einen gewaltigen Schritt in Richtung einer guten Studie gemacht. Eine freie Forschung ohne fixen Plan, bei der man sich durch die Menschen, deren Leben man untersuchen will, lenken läßt, beliebt man in der Wissenschaft "qualitative Sozialforschung" – im Gegensatz zur "quantitativen", bei der es um Zahlen geht – zu nennen. Der große Nachteil der "quantitativen" Methoden, bei denen man für gewöhnlich Fragebogen austeilt und die beantworteten Fragen zählt (z. B. auf die Frage: "Gehen Sie gerne in die Kirche?" antworten 40 % mit "Ja" und 60 % mit "Nein"), besteht darin, daß man kaum herausfindet, was hinter dem Handeln des Menschen steht und wie das Handeln des Menschen mit seinen Ritualen und Symbolen wirklich aussieht. Und gerade die Symbole sind es, die den Forscher interessieren müßten, denn der Mensch ist, wie der Philosoph Ernst Cassirer meint, ein "animal symbolicum", ein Wesen, das Symbole schafft und

---

[11] Vgl.: R. Girtler, Methoden der qualitativen Sozialforschung. Wien 1984

aufgrund von Symbolen handelt.[12] Ein solches Symbol kann die Kleidung sein, durch die man als feiner Mann erscheinen will oder eben als nobler Radfahrer – wie ich mit meinem bunten Raddreß. Diese Symbole veranlassen die Mitmenschen, in einer bestimmten Weise zu handeln. Freilich kann die Bedeutung der Symbole von Gesellschaft zu Gesellschaft und von Gruppe zu Gruppe, also von Kultur zu Kultur, verschieden sein. Ein Tisch kann in einer Kultur ein Möbelstück sein, auf dem man ißt, in einer anderen Kultur wieder ein Gestell, das als Altar Verwendung findet. Der Soziologe oder überhaupt der Kulturwissenschaftler hat danach zu fragen, was die einzelnen Dinge (Tisch, Kleidung, usw.) oder Handlungen (Grüßen…) den Menschen einer bestimmten Gesellschaft bedeuten. Der Soziologe Max Weber sagt daher, Aufgabe des Soziologen sei es, "soziales Handeln deutend [zu] verstehen und ursächlich [zu] erklären."[13] Es ist also danach zu fragen, was die Leute mit ihrem Handeln meinen, welchen Sinn sie damit verbinden. Dies herauszufinden ist das ganze Geheimnis der Kulturwissenschaften und vor allem der Soziologie.

Der wahre Radfahrer, der Land und Menschen in verschiedenen Kulturen kennenlernen will, befindet sich in derselben Si-

---

12 E. Cassirer, Philosophie der symbolischen Formen. Berlin 1923ff. Vgl. dazu auch: H. J. Helle, Soziologie und Symbol. Köln 1969

13 Max Weber, Wirtschaft und Gesellschaft. Frankfurt 1922, S. 53. Max Weber definiert Kultur ganz allgemein als den mit Sinn belegten Ausschnitt aus der Unendlichkeit des Weltgeschehens. Das heißt, die Menschen schaffen sich ihre Welt, indem sie Gegenständen, die sie aus der Natur herstellen oder für sich verwenden, eine Bedeutung zuschreiben. Überall, wo Menschen sich zusammentun, ihre gemeinsamen Probleme und Interessen haben, schaffen sie bereits Kultur, denn sie entwickeln ihre eigene Sprache bzw. eigene Ausdrücke, eigene Symbole und ein typisches Handeln. Danach haben auch Kinder, die sich über ihre Eltern ärgern und sich zurückziehen, ihre eigene Kultur, wenn sie sich z. B. eine Art Geheimsprache zulegen, im Wald eine Hütte bauen, um alleine zu sein. Vgl.: H. Becker, Außenseiter. Frankfurt/Main 1981, S. 72. – Und auch die Tourenradfahrer entwickeln ihre Kultur durch Kleidung, bestimmte Grußformen usw.

tuation. Ihn interessiert die Buntheit der Kulturen mit all ihren Erzeugnissen und Symbolen. So ist das Fahrrad ganz allgemein ein Erzeugnis der abendländischen Kultur, und speziell für den Tourenradfahrer ist es Symbol dafür (hat es die Bedeutung), daß er sich von langweiligen Leuten entfernt. Mit dem Rad als Kulturgegenstand bin ich also unterwegs und schaue mir die kleinen oder größeren Welten, in denen Menschen leben, an. Die kleinen Kulturen der Wirtshäuser faszinieren mich ebenso wie die Kultur der italienischen Bauern, bei denen ich im Vorjahr süße Melonen gekauft habe. Überall gibt es Dinge, die einen Forscher interessieren, seien es die Tricks, mit denen schöne Kellnerinnen die Gäste zu einem weiteren Chianti animieren, oder sei es die Höflichkeit laut schwatzender Schuhverkäufer. Hinter all dem liegt Bedeutung und kulturelle Tradition. Aber auch der kleine Ganove, der sich an meinem Institut an der Universität Wien mein Fahrrad, es war allerdings mein Zweitrad, einfach auslieh und nicht mehr zurückbrachte, hat seine Kultur. Ich als Radfahrer zeige symbolisch an, welcher Kultur ich zuzurechnen bin: Auf meinem Hemd steht "Tour de France" und dazu der japanische Firmenname "T ... " zu lesen. Ein "T ... "-Team mischte vor zwei Jahren bei der Tour de France, der Tour der Qualen, mit. Diese Aufschriften unterstreichen meine Qualität als Radfahrer, als Nachfolger der einstigen noblen Reitersleute. Irgendwie ähnle ich Don Quijote, der sich in einer Welt, in der das Rittertum fast schon der Vergangenheit angehörte, wacker als vornehmer Ritter gegenüber Schweinehirten und Windmühlen bewährte. Auch ich sehe in den Radfahrern Zeugen alten Rittertums, deren Welt durch den Autofahrer systematisch gestört wird. Eine besonders traurige Abart des Autofahrers ist jener Spezialist, der auf dem Autodach sein Rad mitführt. Er ist ein bejammernswerter Meister des Umweltschutzes, der den Gebrauch des Autos dadurch rechtfertigt, daß er sich damit zum Radfahren ins Grüne begibt.

*

Nun liegt die Ortstafel von Bad Aussee hinter mir, und ich plage mich den Koppenpaß hinauf. Es sind nicht allzuviele, dafür aber sehr steile Steigungen zu bewältigen. Ich spüre das Gepäck, aber das brave Rad schafft es. Es wird noch mehr schaffen müssen in diesen Tagen. Dann geht es den Koppen hinunter. Ich komme durch Obertraun und schließlich durch Hallstatt. Eine große Marmortafel erinnert im Ortskern daran, daß hier einmal Kaiser Franz Joseph mit Kaiserin Elisabeth verweilt hat. Daneben ist auf einer etwas kleineren Tafel von einem österreichischen Erzherzog zu lesen, der sich gar schon im 18. Jahrhundert für einige Stunden dem Volk von Hallstatt gezeigt hat. Auf der Straße nach Gosau ist viel Verkehr. Vor allem deutsche Sommergäste zieht es in diese Gegend, darunter viele, die in ihren alten Trabis wohl das erste Mal Österreich besuchen. Jetzt, nach dem Öffnen der Grenzen, erfährt Europa und vor allem das Salzkammergut, daß es Trabis gibt. Sie stinken, aber sie bringen Menschen, die jahrzehntelang eingekerkert waren, in andere Welten. Mich stören die Trabis nicht mehr als andere Autos. An Gosau radle ich vorbei. Den Blick auf den Dachstein vor dem malerischen Gosausee erspare ich mir: Es ist ein klassisches Bild, das oft gemalt und auf Ansichtskarten vervielfältigt worden ist. Die Gegend, durch die ich nun radle, ist prachtvoll. Im Lammertal beeindrucken die felsigen Berge, man spricht daher freundlich von den österreichischen Dolomiten. Für Radfahrer ist das Lammertal ideal, denn eine Nebenstraße führt hindurch, und der Verkehr ist ruhig. Ich biege in die Hauptstraße nach Bischofshofen ein. Ich will heute noch nach Dienten am Hochkönig. Nach Bischofshofen steigt die Straße an, nach Mühlbach sind es nur mehr acht Kilometer. Ich trete in die Pedale. Da kracht es plötzlich am Hinterrad. Die Achse ist aus den Fugen geraten. Ein junger Radfahrer, der mir begegnet, erklärt mir, dem Fußwanderer, der ein Rad führt, eine Abkürzung über die Felder. In meinem Raddreß und mit dem Gepäck auf dem Rad erwecke ich den Eindruck des gescheiterten Radfahrers, der nun mit den Überresten seines Gefährtes aus der Wildnis in die Zivilisation strebt.

In Bischofshofen finde ich das Hotel "Alte Post". Ich melde mich bei einer Dame in der Hotelhalle und bitte um ein Zimmer. Darauf stelle ich das Rad in den Keller, entledige mich im Zimmer meines verschwitzten Gewandes und hole die zusammengerollte, dunkle lange Hose, die mir dazu verhelfen soll, jeweils am Abend nach der Radtour in die Rolle des noblen Gastes zu schlüpfen, aus der Packtasche. Im Gastzimmer, in dem laute Bischofshofener einander zutrinken und mich ignorieren, bestelle ich ein Essen und trinke zwei Bier. Das tut gut! Zwischen den ergötzenden Bierzügen schreibe ich die Erlebnisse des Tages und meine Gedanken zur Grenze nieder.

Die Einsamkeit des Feldforschers

Der Radfahrer auf Tour, der das Auto nicht benötigt und es nicht will, erinnert an mittelalterliche Reitersleute und herumziehende Scholaren. Genau wie sie ist er ständig unterwegs, auf der Suche nach schönen Plätzen, in der Hoffnung auf gutes Wetter und freundliche Menschen. In krassem Gegensatz zu diesen Herumziehern stehen die Autofahrer, die als Massentouristen auf ewig gleichen Autobahnen dahinrasen. Tausende Kilometer fahren sie so von Süden nach Norden, von Westen nach Osten und umgekehrt. Sie sehen nur das graue Band vor sich und steigen in langweiligen Autobahnrestaurants, eines wie das andere, ab. Solche Stationen sind wichtig für die Autofahrer, denn dort bekommen sie ihre Imbisse und können in Ruhe die Toiletten aufsuchen. Die Kultur der Autofahrer ist also eine Kultur der Langeweile und der Eintönigkeit. Für den Radfahrer bedeuten Autobahnen einen ungeheuren Vorteil, denn durch sie gewinnen die alten Straßen wieder an Reiz. Die Masse der Autos wälzt sich auf der Autobahn. Aber die alte Straße weckt die Erinnerung an Fuhrwerke mit müden Pferden und stets durstigen Fuhrleuten. In den Gasthäusern an der Strecke stiegen sie ab, für die Pferde waren Ställe eingerichtet. Damals herrschte Leben in diesen Wirtshäusern, die heute in einen Dornröschenschlaf versunken sind, den nur hie und da ein Radfahrer stört. Die Radfahrer, denen ich mich verbunden fühle, lieben diese Nebenwege, sie kennen das Gefühl stolzer Einsamkeit, auch wenn sie gezwungen sind, sich auf Autostraßen fortzubewegen.

Als ein Radfahrer, der die Straße liebt und nicht in das Ghetto eines Radweges verbannt sein will, muß ich auf alles achten: auf mich, auf meine Packtasche, auf das Wetter, auf die Autos, auf die heiße Sonne und auf mein Rad mit seinen Reifen und Bremsen. Und schließlich habe ich die Absicht, Kontakte zu Menschen zu finden. Gerade als einsam Wandernder bietet sich einem die Chance, von den Leuten ins Gespräch gezogen zu werden. Wilhelm Heinrich Riehl, ein Kulturforscher des vorigen Jahrhunderts, meint dazu: "Aber nicht bloß die fremden Leute erschließen sich leichter dem Einsamen, auch wir sammeln uns und arbeiten doch nur eigentlich, wenn wir einsam wandern. Frei durch die Welt zu streifen, das Auge stets geöffnet für Natur und Volk ist eine lustige Arbeit, ein lustiges Spiel ist es nicht… Da wir mitten im Studium auch zu gehen, unser Gepäck zu tragen und um Weg und Steg und Quartier zu sorgen haben, so rechne ich die Doppelarbeit des gleichzeitig Wanderns und Forschens für besonders anstrengend, für anstrengender als das gründliche Bücherstudium am Schreibtisch."[14] Diese Überlegung gilt auch für mich, den Feldforscher und Radfahrer, der von den Menschen etwas erfahren will. Allerdings halte ich beides für wichtig: das Bücherstudium und den unmittelbaren Kon-

---

[14] W. H. Riehl, Wanderbuch. 2. Teil zu "Land und Leute". Stuttgart 1903, S. 5

takt zu Menschen. Riehl schreibt dazu poetisch: "Ich vergleiche diese lustig-ernsthafte Arbeit [des Forschers] gerne mit dem gleichfalls lustig-ernsthaften Beruf eines Kavallerietrompeters. Der Mann muß ein Virtuose im Reiten und zugleich im Blasen sein. Es gibt Forscher, die blasen vortrefflich, können aber das Reiten nicht vertragen: das sind die Stubengelehrten; es gibt andere, die reiten prächtig über Berg und Tal, haben aber das Blasen schlecht gelernt und kommen im Galoppieren aus dem Ton und Takt: das sind die Touristen." Und weiter meint Riehl: "Nur der einsame kunstgeübte Wanderer, der sein Reisegepäck selber auf dem Rücken trägt und seinen Schulsack obendrein, findet den raschen Blick und die nie erlahmende Spannkraft zum rastlosen Beobachten. Mit dem bloßen Beobachten ist es aber noch nicht getan; es gilt auch zu gleicher Zeit das eben Erfaßte zu ordnen und durchzudenken. Wer sich auf dem Wege den Stoff sucht und hintendrein daheim die Gedanken dazu, der ist nicht auf der rechten Fährte. Die besten Gedanken findet man immer dort, wo man die unmittelbare Anschauung der Tatsachen gefunden hat, und die Gedanken wollen auf der Landstraße, auf dem Lagerplatz, im Abendquartier auch gleich frischweg erfaßt und festgehalten sein ... "[15] Jede Reisegesellschaft stört solches gesammelte und geordnete Durchdenken im Augenblick des Beobachtens. Ich mache es für gewöhnlich so, daß ich den Menschen, von denen ich etwas wissen will, auch einiges über mich erzähle. Vor allem aber spreche ich über Dinge, die sie interessieren. Statt direkt zu fragen – was sehr unhöflich sein kann –, versuche ich, das Gespräch auf jene Themen zu lenken, die mir wichtig sind. Erzählen öffnet den Leuten das Herz, wer dagegen fragt wie bei einer Prüfung, der verschließt ihnen den Mund. Und hier liegt auch der Unterschied zwischen dem Feldforscher, der sich eine Kultur mit dem Fahrrad erfährt und mit den Menschen spricht,

---

[15] Ebd., S. 6

auf der einen Seite und den Kollegen, der mit Fragebogen arbeitet, auf der anderen Seite. Ich wage sogar zu behaupten, daß zwischen diesen beiden Methoden, der "qualitativen" und der "quantitativen", derselbe Unterschied besteht wie zwischen Rad- und Autofahrer. Der Autofahrer lebt in einer Art Scheinwelt, die sich ihm überall in den Restaurants und auf den Autobahnen auftut. Er ist ein Technokrat, ähnlich dem mit Computern und anderem Instrumentarium arbeitenden Forscher. Die Buntheit der Welt aber eröffnet sich so richtig erst dem in Stadt und Land wandernden Forscher und aufmerksamen Radfahrer. Als einsamer Radfahrer spreche ich nicht nur mit den Menschen, sondern lasse die Dinge auch auf mich einwirken und schreibe jeden Tag im Gasthaus, in dem ich absteige, meine Erfahrungen und Eindrücke nieder. Ein solches Tagebuch, welches jeder Kulturforscher führen sollte, hilft, Menschen und Land zu verstehen.

*

Ich trinke alleine mein letztes Bier an diesem Abend und gehe schlafen. Der Schlaf ist süß.

Zwischen Dienten und Lofer: “Zeit lassen!”

Bischofshofen, Dientner Sattel, Saalfelden,
Lofer
Moderne Grenzen durch die Zeit
“Zeit lassen!”

Gegen acht Uhr wache ich auf. Nach einem kräftigen Frühstück wandere ich mit dem Fahrrad in die unmittelbar bei der “Alten Post” gelegene Radwerkstätte. Ich liebe Gasthöfe und Hotels mit dem Namen “Zur Post”, denn er drückt noch das aus, wofür sie ursprünglich geschaffen worden sind, nämlich für die Nächtigung und Verköstigung der von Ort zu Ort eilenden und nur kurz verweilenden Reisenden. Mit dem Namen “Zur Post” verknüpft sich die alte Tradition der Postkutsche, deren Pferde beim Gasthaus gewechselt und deren Insassen mit dem, was Küche, Keller und Lager zu bieten hatten, bedacht worden sind. Unsere Kultur, wie sie durch ein rationales wirtschaftliches Denken geprägt wurde und wird, ist bestimmt durch ein eigentümliches Zeitverständnis, das mit der Postkutsche unvereinbar ist. Aber in der Bezeichnung des Gasthauses “Zur alten Post” klingt noch jenes verlorengegangene Gefühl für Zeit nach. Daran muß ich denken, als ich mein lädiertes Rad traurig betrachte und nun gezwungen bin, mir Zeit zu lassen.

Moderne Grenzen durch die Zeit

Unser Zeitdenken ist einmalig in der Weltgeschichte. Es gilt nur der Mensch als gottgefällig und wohlerzogen, der seine Zeit genau plant und weiß, was er zu einem bestimmten Zeitpunkt tun muß oder tun darf. Der Mensch sieht sich immer mehr begrenzt und eingeengt durch die Zeit. Er wurde zu ihrem Sklaven. [16]

Die sogenannten Naturvölker oder die frühen bäuerlichen Kulturen kannten ein solches Zeitdenken nicht. Ihnen war ein Vorausplanen im Sinne eines ständigen Fortschrittes fremd. Bereits Rousseau hat den Glauben von der positiven Beurteilung des Fortschritts kritisiert. Auch für Rousseau ist es das Zeitschema des christlichen Abendlandes, welches das Glück und die Freiheit bedroht. Der Mensch heute hat etwas zu "leisten", um Anerkennung zu finden, um akzeptiert zu sein. Der stolze Vagant und Bettler, dem es genügt, soviel in der Tasche zu haben, daß er die Gegenwart überlebt, wird zur Seite gedrängt und bespöttelt.

Ein typisches Symbol unserer Kultur ist die Uhr. Die Uhr deutet dem Menschen an, was er zu tun hat, und daß er schnell arbeiten muß. Termine bestimmen sein Leben. Die Aussage "Ich habe keine Zeit" verweist darauf, daß über unsere Zukunft bereits verfügt ist. Der brave Bürger wurde somit zum funktionalisierten Menschen, der plant und verplant wird. Nicht zufällig ist die Uhr das wichtigste Geschenk zur Firmung, einem Ritual, bei welchem dem heranwachsenden Kind klargemacht wird, daß es nun neue Pflichten hat. Ich glaube, daß der Mensch zu sich selbst finden kann, wenn er sich dem Druck von Arbeit und Zeit nicht in dem Maße beugt, wie es allseits gefordert wird, und wenn er eine gewisse gesunde Distanz zur Arbeit und damit auch

---

[16] Vgl. dazu das klassische Werk von Max Weber: Die protestantische Ethik. Gütersloh 1978. Max Weber sieht in der auf Calvin zurückgehenden ethisch-religiösen Grundlage der protestantischen Wirtschaftsgesinnung eine der entscheidenden Voraussetzungen zur Entwicklung des Kapitalismus.

zu einer genau geplanten Zukunft findet. Rousseau, der große Vordenker der Französischen Revolution, hat angeblich einmal gesagt, er würde jeden Tag für sich selbst genießen, unabhängig von vorhergehenden und folgenden. Rousseau hinterfragt damit kühn unser Zeitdenken. Der wahre Radfahrer sieht sich in dieser Rousseauschen Tradition. Aber auch der klassische Handwerker und der Bauer, wie ich sie noch in meiner Kindheit kennengelernt habe, hatten einen anderen Zeitbegriff. Ich erinnere mich an einen Tischler, der für meine Eltern einen Schrank herstellen sollte. Meine Eltern ließen einige Wochen nach dem Auftrag nachfragen, wann der Schrank fertig sei, er hätte ihn doch schon längst liefern sollen. Und nun sprach der Tischler die unsterblichen und meisterlichen Worte: "So ein guter und schöner Schrank braucht seine Zeit!" Damit waren die Diskussion und das Bangen um den Schrank beendet. Und ich lernte, daß jedes vortreffliche Menschenwerk seine natürliche Zeit brauche und man es nicht erzwingen könne.

Statt dessen brüstet man sich heute damit, keine Zeit zu haben, und zur Lieblingsparole unseres Jahrhunderts wurde der Satz: Zeit ist Geld. Eine traurige Formel, ein poesieloses Diktat, welches uns hier aufgezwungen wird! Es ist grausam, daß mit diesem Satz unser Dasein mit Geld gleichgesetzt wird. Dies bedeutet eine ungeheure Abwertung der Schönheit dieser Welt, die wir im Schnellschritt bewältigen sollen. Die Zeit ist uns durch die Schöpfung gegeben, uns wurde die Chance eingeräumt, Zeit und Welt gemächlich zu erleben. Das stolze Verfügen über Zeit, ein altes Symbol feiner Leute, Adeliger und nobler Ganoven, verhilft dem Menschen zu wahrem Glück. Er wird so Herr über sich selbst und nicht zu einem durch Maschinen und Autos Getriebenen. Es sollte das Ziel des Menschen sein, freie Zeit zu erreichen, um Mensch sein zu können. Ich glaube, daß uns gerade durch die Bindung an das Auto die Freude an der Zeit verlorengegangen ist. Der autofahrende Mensch wurde zu einem

Besessenen, der im Stau ins Grüne oder in den Urlaub fährt, um angebliche Freizeit genießen zu können. Er wurde zu einem Gehetzten, der es verlernt hat, genußvoll über Zeit zu verfügen.

*

Der Name des Gasthofes "Zur Alten Post" erinnert also an einen Zeitbegriff, der uns verlorenzugehen droht, dem aber der Radfahrer noch huldigt, überhaupt wenn er in Geduld sein aus den Fugen geratenes Fahrrad schiebt, wie ich es gestern mit stolz erhobenem Haupt unternommen habe. Vom Gasthof "Zur Alten Post" schiebe ich nun mein Rad in die Werkstätte. Der junge Bursche dort gibt sich selbstbewußt: "Das werden wir gleich haben." Dann fängt er an zu werken und nach einem entsprechenden Ersatzteil zu suchen. Das dauert. Ich beginne an seiner Behauptung zu zweifeln. Schließlich meint er: "Unser Meister kann das sicherlich sofort reparieren." Als ich frage, wo der Meister ist, zuckt er mit den Achseln.

Es ist also der Meister, der seine Sache versteht und von dem man sich Wunder erwartet. Der Titel "Meister" deutet Würde, Erhabenheit, aber auch Allwissenheit an. Ich selbst bin neben einer Schmiede aufgewachsen, und der Herr dieser Schmiede war der "Meister", den ich nie unter einem anderen Namen gekannt habe. Es war dieser "Meister", den wir alle mit "Grüß Gott, Meister!" grüßten und vor dem wir gehörigen Respekt hatten. Er konnte nicht nur Pferden Hufe einbrennen, sondern er war auch ein Meister des Geheimnisvollen. Dieses Geheimnis spürten wir Kinder, wenn er uns in die Schmiede einließ und zeigte, wie durch die Kraft des Feuers das grobe Eisen zu glühen begann und fügsam wurde. Der Titel "Meister" erfüllt mich seither mit besonderer Hochachtung.

So auch, als plötzlich ein Mann die Werkstätte betritt, den ich sofort als den Meister erkenne. Ich grüße höflich und berichte von meiner Panne mit dem Rad. Der Meister nickt, besieht sich das Rad und schiebt es in seinen Arbeitsraum. Die Achse ist nicht gebrochen, irgend etwas hat sich gelockert und muß nun befestigt werden. Der Meister tut dies mit geschickten Griffen und setzt das Rad in den Rahmen. Es ist nicht viel, was ich zu zahlen habe: Dem Meister genügt mein Staunen über seine probate Leistung. Nun bepacke ich mein Rad und verabschiede mich von Meister und Gehilfe.

Die Straße steigt langsam an. Es ist heiß, und ich schwitze. Immer weiter geht es, hinauf zum Dientner Sattel. Nicht wenige Autos parken neben der Straße. Die Insassen wandern an diesem schönen Tag hinauf in die Berge des Hochkönigs. Das Auto stört das Auge des einsamen Radfahrers und Naturfreundes. Es erscheint als Widerspruch, als wenig erfreulicher Klecks im Grün von Wald und Wiesen. An diesen Klecksen ziehe ich vorbei zum Sattel. [17] Die Sonne brennt herunter. Nun geht es zumeist bergab, nach Saalfelden, einem freundlichen Städtchen mit freundlichen Urlaubern. Die Straße von Saalfelden nach Lofer ist eben, man kann locker in die Pedale treten und den Fahrtwind genießen.

Kurz nach ein Uhr mittag radle ich in Lofer ein und erkundige mich bei einem Herrn, der an einer Tankstelle folkloristische Dinge an romantische Autofahrer verkauft, nach Herrn Dr. Adler. Mit Helmut Adler, einem pensionierten Tierarzt und Heimatforscher, habe ich vor meiner Radtour über den Tatzelwurm, ein mysteriöses Fabeltier der Alpen, das unter den Einheimischen Angst und Schrecken verbreitet, korrespondiert. [18] Nun will ich mehr darüber erfahren. Außerdem hoffe ich, von ihm Hinweise auf einen alten Schmuggler zu erhalten, der mir eini-

---

[17] Meine autofahrenden Freunde, die ich dennoch schätze, mögen mir aufs neue diese Worte nachsehen.

[18] Auf die Idee, über den Tatzelwurm zu forschen, kam ich durch die Herren Dr. Bimmer und Dr. Becker aus Marburg, die mich baten, für die "Hessischen Blätter für Volks- und Kulturforschung" einen Aufsatz über magische Tiere zu schreiben. Dafür sei ihnen hier gedankt.

ges über die Schmugglertricks an der deutschen Grenze vor und nach dem Krieg erzählen kann.

Herr Adler empfängt mich mit knappen, aber herzlichen Worten und führt mich in sein Arbeitszimmer. Ich bedanke mich für seinen Brief, und er gibt mir bereitwillig nähere Informationen: "Der Tatzelwurm muß hier schon lange die Leute erschreckt haben. Davon kündet ein Marterl in der Nähe von Unken beim sogenannten Fuchsbauer. Und was die Sache mit dem Schmuggel anlangt, so kenne ich einen alten Schmuggler, der ebenso in Unken wohnt, und zwar nicht weit von der deutschen Grenze. Ich habe ihm von Ihnen erzählt. Sie werden ihn sicherlich jetzt entweder in seinem einfachen Bauernhaus finden oder in der Nähe am Feld."

Hocherfreut über diese Auskunft verlasse ich Herrn Adler und beziehe im Dorf Quartier. Das Zimmer in dem Hotel mit dem schmackhaften Namen "Forellenstube"[19] habe ich schon vorsorglich bei meiner Ankunft in Lofer telefonisch bestellt. Der Wirt erweist sich als weniger freundlich als die lukullische Bezeichnung seiner Gaststätte ahnen lassen würde. Vielleicht ist es meine Aufmachung als Radfahrer, die ihn veranlaßt, mich eher nebenbei zur Kenntnis zu nehmen. Ich erhalte dann auch nicht das schöne Zimmer, das man mir zugesagt hat, sondern ein schäbiges im letzten Stock. Mein Zimmer wird einem würdigen Herrn zugewiesen. Ich sehe, der Radfahrer ist ein Mensch anderen Ranges. Das Auto macht den feinen Gast aus. Dennoch bin ich zufrieden.

Wenig später radle ich bereits nach Unken. Knapp vor Unken, so hat es mir der Tierarzt erklärt, zieht bei einem Sägewerk ein Weg hinauf zum Fuchsbauer. Bald sehe ich ein Gasthaus mit dem Namen "Wildschütz". Daneben liegt der Fuchsbauer. Und mitten in einem Busch entdecke ich tatsächlich das Marterl mit

[19] Frau Schratz, Mitarbeiterin des LIT Verlages, die die Gegend immer wieder bereist hat, machte mich darauf aufmerksam, daß das Gasthaus früher ein Edelbordell war.

dem Tatzelwurm. Die Jahreszahl 1779 und ein salamanderartiges Tier sind zu erkennen, und neben dem Tier ein Mann, der einen Hut trägt und mit ausgestreckten Armen und Beinen auf dem Boden liegt. Ich fotografiere das eigenartige Bild, welches, wie ich erfahren habe, das einzige ist, das den Tatzelwurm in voller Gestalt zeigt: Hier habe ich ihn also vor mir, den Tatzelwurm, das greuliche Vieh, welches offensichtlich einen Mann zu Tode erschreckt hat. Der Wurm erscheint in derselben Größe wie der dahingestreckte Bursche, was gut zu den anderen Beschreibungen des Tatzelwurms paßt, die ihn als drachenähnliches, vorsintflutliches Tier schildern. Es ist charakteristisch für Tiere der Fabel, daß sie Gestalten annehmen, die an ausgestorbene Gattungen oder an solche erinnern, die sich von den üblichen Kreaturen durch Eigentümlichkeiten wie Horn, zackenförmige Fortsätze, sonderbare Gliedmaßen oder eine giftig anmutende Färbung unterscheiden. Auch der Basilisk der Wiener Sagenwelt muß vor diesem Hintergrund gesehen werden.

Im Gasthaus "Wildschütz" erzähle ich dem Wirt Martin Friedl von meiner Absicht, die Figur des Tatzelwurms studieren zu wollen. Der Wirt, einem alten Wilderergeschlecht entstammend und stolz auf seine verwegenen Vorfahren, zeigt sich erfreut über mein Vorhaben und berichtet mir ausführlich über die Bewandtnis, die es mit diesem Marterl hat: "Ich habe die Geschichte von meinem Großvater, und der wird sie wieder von seinem Großvater haben. Früher war es üblich, daß die Holzknechte hier während des Jahres regelmäßig Geld in eine gemeinsame Kasse gaben. Es war eine Art Sparverein. Am letzten Sonntag im Advent wurde dieses Geld für eine gemeinsame Suppe, die sogenannte Holzsuppe, verwendet. Bevor es zu diesem Essen kam, besuchten die Holzknechte gemeinsam mit den Holzeinkäufern die Messe. Damals, im Jahre 1779, war es auch so. Ein Holzknecht aber, Hans Fuchs hat er geheißen, ging nicht in die Kirche, statt dessen marschierte er in den Wald, um einen

Rehbock zu wildern. Er war also ein Wilderer. Und dabei ist er vom Tatzelwurm oder Springwurm, wie man auch sagt, verfolgt worden. Vor Schreck ist er gestorben. Es war eine Strafe, weil er nicht beim Gottesdienst war." Der Bildstock verbindet also die Fabel vom Tatzelwurm mit der für die Leute hier in den Bergen üblichen Art des Abenteuers und Nahrungserwerbs durch Wildern. Das Wildern war durch die Jahrhunderte hindurch eng mit dem Leben der Bergbauern verknüpft gewesen, und es hatte sich daher in diesen Gegenden eine spezifische Wildererkultur entwickelt, von der dieses Marterl zeugt. Das Marterl kündet aber auch von einer Zeit, in der es nicht nur den Tatzelwurm gab, sondern auch Leute, die es nicht so eilig hatten, die sich neben der Arbeit im Holz oder am Hof noch die Muße nahmen, gemeinsam beim Bier zu sitzen. Ich trinke einen Apfelsaft, verspreche dem Wirt, ihm mein Buch über die Wilderer zu schicken, und fahre weiter bis nahe an die deutsche Grenze. Hier wohnt der alte Schmuggler Max D. Ich nähere mich dem etwas abseits gelegenen Bauernhaus, betrete es und sage laut: "Grüß Gott!" – "Komm herein!" tönt es aus der Küche: Der Schmuggler sitzt am Tisch und löffelt eine Suppe. Er ist ein rüstiger Mann um die 65. Herr Dr. Adler hat ihn über meine Absichten schon unterrichtet, und er beginnt, über seine Abenteuer zu erzählen. Es war in der Zeit nach dem Krieg, als es den Leuten hier sehr schlecht ging. Eines Tages erschien ein Mann bei ihm und versprach ihm Geld, wenn er gewisse Dinge hinüber nach Deutschland bringe. Max D. willigte ein. An einem der folgenden Tage brachte ein Lastwagen Kaffeesäcke ins Haus, die er nachts in ein Bauernhaus jenseits der Grenze schmuggelte. Von dort wieder transportierte er vor allem Tabak nach Österreich. Zigaretten waren damals ein gutes Geschäft, an dem viele junge Burschen als Schmuggler verdienten. Auch für den Tierarzt Adler war er tätig gewesen: Er hatte für ihn Medikamente geschmuggelt. Der Tierarzt wiederum hatte die Medikamente im Salzburger Raum weiterverhandelt. Von

Max D. erfahre ich eine Menge über die Tricks und Gefahren des Schmuggelns. Dafür danke ich ihm sehr. Ich schieße noch einige Fotos von ihm und fahre wieder zurück nach Lofer. Am Abend besuche ich ein ländliches Platzkonzert, welches die Trachtenkapelle für begeisterte Sommergäste gibt. Man spielt den Kaiserjägermarsch und andere selige Stücke. In einem Bistro, das hier auch existiert, genehmige ich mir eine Pizza und ein Bier. In diesem Bistro findet sich die ländliche Jugend ein, die, wie mir scheint, die ländlichen Gasthäuser gerne den deutschen Feriengästen überläßt.

"Zeit lassen!"

Mir scheint, diese Fremdenverkehrskultur, der ich fast überall begegne, ist der Ausfluß eines Zeitalters, in dem man den Urlaubsgästen schnell alpenländische Gemütlichkeit verkaufen will. Aber eine solche gibt es in Wahrheit nicht. Denn auch in den Gasthäusern herrscht das Prinzip der Eile, für Wirt wie für Gäste. Schnell muß etwas serviert sein, und schnell muß es der Gast auch konsumiert haben. Macht der Gast bei halbvollem Teller eine kurze Pause, so kann es passieren, daß ihm die eifrige Kellnerin den Teller davonträgt. Ich behaupte kühn, daß ein solches Verhalten der modernen Autokultur entspricht, für die es typisch ist, daß vorbeifahrende Freunde einander nur mit kurz vom Lenkrad gehobenen Fingern grüßen, bevor sie aus dem Blickfeld verschwinden. Wie stolz und menschlich klang dagegen jener Gruß von Tiroler Bergbauern, die einander bei einer Begegnung gewöhnlich zuriefen: "Zeit lassen!" Heute dürfte dieser Gruß verschwunden sein. Bauern, Jäger und andere Leute ziehen lieber mit ihren Geländeautos in die Höhe. Nichts mehr erinnert an das alte "Zeit lassen!", den schönen und menschenfreundlichen Gruß unserer Vorfahren. Ein spanischer Autor hat einmal gesagt, wenn man diesem Jahrhundert dereinst einen Namen verliehe, so müsse man es das Jahrhundert der Stümperei nennen, denn vieles, was gut gemacht hätte werden sollen, wäre schlecht und stümperhaft geworden.[20]

Dafür wurden Dinge perfekt gemacht, auf die man besser verzichtet hätte. Ich denke da an die Atombombe oder die Autos usw. Ein nobles Umgehen mit Zeit verbietet es, derartige Dinge,die alle mit Eile zu tun haben, hervorzubringen. Der Mensch, der Herr über seine Zeit und damit über sich selbst werden will, benötigt Distanz zur Eile, aber auch zur Vergötterung der Arbeit. Darauf trinke ich mein Bier, gehe schlafen und verachte die Grenzen, die die Zeit uns tagtäglich setzt.

[20] P. Salinas, Verteidigung des Briefes. Stuttgart 1983, S. 47f

Zwischen St. Johann und Innsbruck: Wahrheiten

Lofer, St. Johann, Alpbach, Innsbruck
Die Wissenschaft und die Wahrheit ohne Grenzen
Wahrheiten der Mächtigen und im Alltag
Das "Erkennen" von Wahrheiten

Ich sehe zu, daß ich mich davonmache aus dem Hotel "Forellenstube". Als Radfahrer scheine ich hier eher als sonderbarer Gast, der nicht so recht zu den braven Sommerfrischlern paßt, eingestuft zu werden. Damit habe ich mich abgefunden. In der Wärme des Tages pulsiert das Blut kräftig in meinen Gliedern, und ich komme rasch voran, den Paß Strub hinauf und in ein Seitental auf die Straße nach Fieberbrunn. Ich freue mich, in den Tag und den angenehmen Sommerwind hineinzufahren. Ich durchquere kleine Dörfer, die sich herzlich dem Fremdenverkehr ergeben haben, mit überall emsig herumschwirrenden Sommergästen, die noch schnell etwas fürs Wochenende besorgen oder sich bei einem der vielen Reisebüros nach einer Fahrt nach Salzburg, ins Salzkammergut oder sonstwohin erkundigen. Es ist Samstag vormittag: Ich erkenne es allein am Sturm vor der Ruhe des Sonntags in den Dörfern und Läden. Ich radle durch Fieberbrunn und nehme die Straße nach St. Johann. Dabei mache ich eine interessante Beobachtung: Rudelweise begegnen mir – oder besser: überholen mich – hintereinanderfahrende Radler im Renntrikot. Sie rasen dahin und ignorieren mich geflissentlich. Ich bin das nicht gewohnt. Ich brülle ihnen Grußworte nach, jedoch ohne Erfolg. Diese Burschen radeln drauflos und nehmen mich als einsamen und wackeren Radfahrer mit Gepäck nicht zur Kenntnis. In St. Johann löst sich das Rätsel: Auf einem großen Transparent über der Straße steht: "Rad-Cup". Also echte Radmeisterschaften werden hier abgehalten. Daher der tiefe Ernst der im "Gänsemarsch" in die Pedale tretenden Herrn Rennradler.

Nach Wörgl wird die Straße durch das Inntal ruhiger, denn hier führt auch eine Autobahn entlang. In Brixlegg beschließe ich, einen Abstecher nach Alpbach zu machen, wo zu dieser Zeit wieder die Hochschulwochen stattfinden. Ich habe vor einigen Jahren daran teilgenommen. Ich erinnere mich an hochweise und wichtige Kerle. Diesmal möchte ich mir das Getue nur kurz ansehen, als Außenseiter, als jemand, der nicht dazugehört, der auf seinem Fahrrad die Weisheit der Teilnehmer lediglich am Rande bemerkt. Dies verschafft mir eine gewisse Souveränität, die Souveränität des Vaganten, der nicht zu tief in Kulturen eintauchen will, sich aber ein Bild davon macht und erhobenen Hauptes mit einem stillen Lächeln weiterzieht. Die Straße nach Alpbach steigt an, ich trete kräftig und ausdauernd in die Pedale. Auch die letzte steile Kurve zwingt mich nicht, abzusteigen. So wie mich die gelehrte Welt nicht zwingen kann: Ich fahre mein Rad und schiebe es nicht! Unweit vom Kongreßgebäude mache ich Pause im Gastgarten vor einem Hotel, in dem offenbar die noble Intelligenz wohnt und diskutiert, lehne mein Rad an einen Pfosten und setze mich an einen Tisch. Mein Raddreß und das Gepäck lassen mich als jemanden erscheinen, der mehr oder weniger zufällig hier vorbeigeradelt kommt. Dies ist in meinem Sinn. Ich schaue in die Sonne und beobachte die feinen Teilnehmer an dieser Hochschultagung. Ein nobler Herr, seine Frau und seine Kinder eilen an mir vorbei und nehmen Platz. Man merkt, er fühlt sich hier zu Hause und als jemand, der Achtung verdient. Ich erlaube mir die Taktlosigkeit, ihn, als er an mir vorüberschwebt, zu fragen, ob er der Wirt sei. Er bejaht belustigt, ignoriert mich aber dabei. Er will offensichtlich andeuten, derlei Witzbolde nimmt man hier nicht ernst. Zu seinem Tisch gesellt sich eine Ärztin der Psychiatrie, die ich von Altaussee her kenne. Ich grüße sie freundlich, sie erwidert distanziert gelangweilt. Ich gewinne den Eindruck, daß ich nicht recht hierherpasse in meinem Raddreß. Vielleicht schickt es sich nicht, derart gekleidet in einem noblen Gastgarten zu sitzen. Irgendwie störe ich das Bild der in teurer Tracht verweilenden, Kaffee schlürfenden und Gespräche führenden Tagungsteilnehmer. Die bewußte Ärztin hat keine Lust, meine Person näher wahrzunehmen, schon gar nicht, als ich ihr zurufe: "Ich bin von Altaussee mit dem Fahrrad hierhergekommen!" Diese Feststellung wird als Affront gewertet, denn ab nun werde ich vollends ignoriert. Ich schweige. Doch da kommt ein würdiger Herr, ein liebenswürdiger Professor der Soziologie an der Universität Linz aus dem Hotel. Ich kenne ihn schon lange. Seinem Wohlwollen verdanke ich sogar eine Erwähnung meiner Person in einem Fachlexikon. Ich schätze ihn aufrichtig! Ein angenehmer Mensch! Er sieht mich und begrüßt mich mit den Worten: "Sieh da! Der Herr Girtler. Ich grüße Sie. Ich habe ohnehin mit Ihnen zu schimpfen!" Ich freue mich, ihn hier zu sehen, und sage das auch. Er setzt sich an meinen Tisch, wir bestellen je ein Glas Apfelsaft, wozu ich einlade. Ich erzähle von meiner Radtour und den kulturwissenschaftlichen Absichten, die ich damit verbinde. Schließlich erlaube ich mir die Frage: "Und warum wollen Sie mit mir schimpfen?" Er antwortet, mich von der Seite ansehend: "Eigentlich müßte man den Medien einen Vorwurf machen und nicht bloß Ihnen, weil Ihre Arbeiten häufig genannt und vorgestellt werden. Das, was Sie machen, das ist nicht die Soziologie schlechthin. Es ist der Rand, den Sie behandeln. Und durch die Medien wird dieser Rand in die Mitte gerückt. Ihre Arbeiten über Dirnen, Sandler, Bauern, Wilderer und ähnliche Leute beziehen sich nicht auf das Zentrale der Soziologie. Man sollte meinen, wenn man Ihre Aktivitäten anschaut, das ist die wahre Soziologie. Das ist sie aber nicht. Ihnen gelingt es, Ihre Sachen in den Vordergrund zu stellen. Das erweckt einen falschen Eindruck von der Soziologie." Ich werfe höflich ein, daß ich auch über die "feinen Leute", zu denen so ziemlich alle gehören, geschrieben habe. Mein väterlicher Freund geht darauf nicht ein und fährt fort: "Und außerdem machen Sie gern eine Show aus Ihren Forschungen." Ich nicke und ergänze: "Das mag sein, denn irgendwie habe ich vielleicht etwas von einem Gaukler in mir. Menschenfreundliche Gaukler, die etwas zu sagen haben, waren mir stets sympathisch. Und warum soll nicht auch der Wissenschaftler seine Dinge verkaufen? Und warum soll er nicht darauf schauen, daß seine Arbeiten gelesen werden? Und warum ist es verwerflich, wenn man so schreibt, daß der Leser einen Gefallen an den erforschten Zusammenhängen findet? Und außerdem: Was ist der Rand der Gesellschaft? Leben wir nicht alle am Rand? Gibt es überhaupt so etwas wie ein gesellschaftliches Zentrum? Ich weiß, daß mir manche freundliche Zeitgenossen den Vorwurf machen, ich würde mich nur für Randkulturen interessieren. Der größte Vorwurf gegen mich ist allerdings der, daß ich meine Studien mit einer gewissen Heiterkeit verbinde und die Dinge nicht traurig-trostlos schildere. Es ist ja typisch für die wissenschaftliche Gemeinschaft, daß nur der als angesehener Wissenschaftler gilt, der traurig und unverständlich schreibt und spricht." Der gute Linzer Professor hört mir lächelnd zu und gibt keinen weiteren Kommentar ab. Er interessiert sich für die Radtour und meint, er wolle mich abfahren sehen. Er wolle sehen, wie ich das Rad besteige und in Fahrt bringe. Ich tue ihm den Gefallen und verabschiede mich freundlich, von meinem Fahrrad aus. Nachher, auf dem Weg in das Inntal zurück, fällt mir ein, der liebenswürdige Herr könnte mit seiner Bitte, ich solle das Rad besteigen, vielleicht die Absicht verfolgt haben, mich möglichst sicher aus Alpbach hinauszukriegen. Schließlich bin ich ein Fremdkörper in dieser "scientific community", vor allem von den Symbolen her.

Die wohl wichtigsten Symbole dieser Gemeinschaft weiser Leute sind: eine gelehrte Sprache, geflissentlicher Ernst und die Vorstellung, ein Träger der Wahrheit zu sein. Symbolisch überhöht sich dies durch eine spezielle, vornehme Kleidung, die hier vorwiegend die noble Tracht ist. Eines ist mir allerdings klar: Alle Leute hier haben mit Wahrheit zu tun. Sie kennen sie und verkaufen sie und erachten es offensichtlich als Störung ihres Geschäftes, wenn jemand Wahrheit mit Heiterkeit anpreist. Wissenschaft hat ernst zu sein, zumindest solange, als man nicht beim gemeinsamen Büfett steht. Die Ernsthaftigkeit der Wissenschaft zeigt sich in typischer Weise darin, daß bei Berufungen, wenn es also um die Besetzung von Lehrstühlen an Universitäten geht, diejenigen kaum eine Chance haben, beachtet zu werden, welche die Sache mit einigem Humor angehen. Ich kenne dies aus eigener Erfahrung.

Daran denke ich, als ich von Alpbach in das Inntal hinunterrolle. An kleinen Dörfern mit Kapellen führt mich der Weg vorbei. Ein Gewitter zwingt mich zum Anhalten. Ich lasse die kurze Rast und das Phänomen der wissenschaftlichen Wahrheit auf mich einwirken.

Bevor ich nach Innsbruck fahre, mache ich auf meiner Landkarte den kleinen Ort Rinn aus und erinnere mich, daß es um das "Anderl von Rinn" einen zähen Streit in der Kirche gab. Dieses "Anderl" soll nach einer greulichen Sage von herumziehenden Juden getötet worden sein. Die Geschichte diente lange Zeit dem religiösen Antisemitismus dazu, die Juden insgesamt als Übel zu deklassieren. Es wurde also eine eigentümliche Wahrheit aufgebaut, auf die sich fanatische Christen und anderes Volk beriefen. Von dieser Wahrheit wich man endlich ab, als vernünftige Menschen aufzeigten, daß Wahrheiten wie diejenige des "Anderl von Rinn" nicht nur höllisch-bösartig sind, sondern daß auch die historische Grundlage fehlt. Um andere Menschen zu desavouieren, werden also Wahrheiten bzw. Wirklichkeiten erzeugt. Eine Wissenschaft aber, die zum Handlanger wird, ist zutiefst humorlos und inhuman. Ich wage die Behauptung, daß erst eine Wissenschaft, die sich mit offenem Herzen dem Menschen zuwendet und mit leichtem Lächeln seine Tricks, Schwächen und auch Bösartigkeiten beschreibt und deutet, dazu verhelfen kann, die Herzen der Menschen zu öffnen. Ich habe dies zumindest mit meiner Studie über die Sandler oder Penner, die Vagabunden der Großstadt, versucht, und mir war es dabei wichtig, auch den Witz dieser Leute darzustellen, der ihnen hilft, halbwegs menschlich zu überleben.[21] Mir schrieb einmal ein Gefängnisinsasse, in seiner Situation benötige er viel Humor. Und ein lieber, bereits verstorbener Freund, der in einem deutschen KZ eingesperrt war, erzählte mir, selten in seinem Leben hätte er so viele Witze gemacht wie damals in Auschwitz. Der Witz hat also eine wichtige Funktion, nämlich dem Leben Halt zu geben und eine Distanz zu den Grausamkeiten des Alltags aufzubauen. Mit dem Witz oder allgemein mit Humor ist es möglich, grausamen "Wahrheiten", die eigentlich keine sind, die Spitze zu nehmen. Vor diesem Hintergrund erscheint auch die Geschichte des "Anderl vom Rinn" als eine bitterböse Sage, die ernste, in der Religion beheimatete "Wissenschaftler" früherer Zeiten erdacht haben.

*

Ich lasse Rinn hinter mir und radle langsam nach Innsbruck. Im Hotel "S. A", dessen vollen Namen ich lieber verschweige, habe ich von Alpbach aus ein Zimmer reservieren lassen. Dieses Zimmer, das sauteuer ist, entpuppt sich als ein Loch mit Fernsehapparat und Dusche. Ich nehme es dennoch und flüchte anschließend gleich in ein gemütliches Innsbrucker Bierlokal,

---

[21] R. Girtler, Vagabunden der Großstadt. Stuttgart 1982

trinke in ordentlichen Zügen und spüre die Wahrheit des Augenblicks. Mir wird deutlich, daß Wissenschaftler Grenzen aufbauen zwischen sich als denjenigen, die angeblich die Wahrheit kennen, und denjenigen, die als gewöhnliche Menschen an der Wahrheit nur nippen dürfen. Symbolisch verklärt wird schließlich die Wissenschaft durch eine Art Liturgiesprache, die Außenstehenden den Zugang zu ihr erschwert und sie zu einer Art Religion macht. Die Priester der Wissenschaft sind somit Leute mit wenig Witz, die Angst haben, durchschaut zu werden.

Die Wissenschaft und die Wahrheit ohne Grenzen

Wissenschaft und Wahrheit sind sehr subjektive Dinge. Die Priester der Wissenschaft geben vor, die Wahrheit zu kennen und den Menschen vollkommen bestimmen zu können. So gibt es soziologische Gelehrte und Theorien, welche menschliches Handeln in Gesetzmäßigkeiten zwingen wollen. Das gelingt aber nicht, denn der Mensch ist ein zu komplexes Wesen. Wilhelm Busch meint zu Recht: "Kein Ding sieht so aus, wie es ist, am wenigsten der Mensch, dieser lederne Sack voller Kniffe und Pfiffe!"

Dennoch versucht man, soziologische Gesetze zu basteln, wie etwa, daß Menschen, die nicht geliebt werden, unglücklicher seien. Betrachtet man die Menschen genauer, so wird man vielleicht einige entdecken, die sich aus der Tatsache, daß sie nicht geliebt werden, überhaupt nichts machen. Wir sind hier bei der wichtigen Frage der Wahrheit, der wir uns eigentlich nur nähern können. Gefährlich sind alle Religionen, Ideologien und politischen Richtungen, die meinen, im alleinigen Besitz der Wahrheit zu sein. Sie neigen dazu, jene zu vernichten, die einer anderen Meinung sind. Im Zeitalter der Inquisition verfolgte man alle Menschen gnadenlos, die an bestimmten Glaubensgeboten zweifelten. Die Bischöfe jener Zeit verfochten ihre Theorien bzw.

hielten an den Gesetzen fest, daß nur jene Menschen "gut" sein könnten, die im Sinne der heiligen Kirche lebten. Wenn jemand meint, wir heutigen Menschen wären großzügiger, so täuscht er sich gründlich.

Auch heute werden Wahrheiten aufgebaut, an denen zu rütteln man nicht so ohne weiteres wagt. In der Zeit des Nationalsozialismus stellte man Juden und andere Menschen als minderwertig hin. Die Wissenschaften machten fleißig mit und bauten wundervolle Theorien auf, wonach Menschen mit einer bestimmten Schädelform u. ä. gefährliche und hinterhältige Individuen seien. Es werden Wahrheiten geschaffen, die religiösen Charakter haben und daher bedrohlich sein können. Kennzeichnend für die Vertreter religiöser Wahrheiten aller Art ist, daß sie bisweilen die Symbole der "falschen Wahrheiten" vernichten. So warfen eifrige Protestanten während der Reformationszeit Muttergottes-Statuen als Symbol der verhaßten Katholiken ins Feuer. Denkmäler wurden gestürmt, um neuen Wahrheiten zum Sieg zu verhelfen. Eine noble Aufgabe der Kulturwissenschaft wäre es, aufzuzeigen, daß es absolute Wahrheiten eigentlich gar nicht geben kann. Dies will der Philosoph Sir Karl Popper in seinen Arbeiten andeuten.[22] Und die Antike legte Sokrates ebendiese Erkenntnis in den Mund, als er seinen Freunden zurief: "Ich weiß, daß ich nichts weiß!" Wieviel Unglück wäre der Menschheit erspart geblieben, wenn sie diese Weisheit ernst genommen hätte! Auch geografische Grenzen scheiden manchmal Wahrheiten: Wahrheiten auf der einen Seite können Unwahrheiten auf der anderen sein. Dies meinte wohl der Philosoph Pascal, als er festhielt, daß etwas diesseits der Pyrenäen als Wahrheit und jenseits der Pyrenäen als Irrtum gelten mag.[23] Grenzen können also Welten und ihre Wirklichkeiten trennen. Dies war

[22] Vgl. dazu z. B.: K. Popper, Das Elend des Historizismus. Ders., Die offene Gesellschaft und ihre Feinde

[23] B. Pascal, Gedanken. Stuttgart (ohne Jahr), S. 74

bis vor kurzem am "Eisernen Vorhang" der Fall. Sorgsam achtete man darauf, daß Wahrheiten vom Westen nicht in den Osten kämen und umgekehrt. Daher war es verboten, bestimmte Bücher aus West-Berlin nach Ost-Berlin hinüberzubringen. Man mußte sie hinüberschmuggeln. Ich selbst hatte vor einigen Jahren Probleme, als ich ostdeutschen Zöllnern ein Buch, welches ich in West-Berlin erstanden hatte und welches die deutsche Geschichte behandelte, zeigte. Man besah sich das Buch und erachtete es als gefährlich. Es wurde mir gegen eine entsprechende Bestätigung abgenommen. Damals wurde mir so recht bewußt: Es gibt Leute im Osten, die etwas dagegen haben, daß "Wahrheiten" aus dem Westen die mühsam aufgebauten "Wahrheiten" des Ostens in Frage stellen. Ähnliches geschah auch während der Reformation und der Gegenreformation. In den Alpengegenden, in denen viele Bauern den lutherischen Glauben angenommen hatten, war es verboten, die Lutherbibel, die in der allgemein verständlichen deutschen Sprache geschriebene Bibel, zu lesen. Priester, Bischöfe und Papst waren daran interessiert, daß die Leute ein gottgefälliges, was bedeutete, ihnen gefälliges Leben führten. Man hatte berechtigte Angst, daß die Bauern mit der neuen Wahrheit, mit dem neuen Glauben, den Zwang der Katholischen Kirche abschütteln würden, was sie schließlich auch taten. Freilich erst, nachdem sie die neue Wahrheit kennengelernt hatten, z. B. daß nach dem Neuen Testament Jesus gütig und es das höchste Gebot sei, den Nächsten wie sich selbst zu lieben. Von all dem hatte man ihnen vorher nichts erzählt. Aristokratie und Priesterschaft knechteten die Bauern mit dem Hinweis, daß Gott ihnen die Macht über sie gegeben habe. Und an eine solche Wahrheit glaubten die Bauern schließlich nicht mehr. Wie ich oben schon erwähnt habe, stützen manche Wissenschaftler voll Eifer Wahrheiten, die den Mächtigen gefällig sind. Dies betrifft die Professoren an den päpstlichen Instituten, ebenso wie es für ihre Kollegen an den Universitäten in der ehemaligen DDR gegolten hat und wie es für jene an den sogenannten freien Universitäten im Westen gilt. Überall pflegen sie ihre sorgsam gehüteten Wahrheiten und Symbole. Und wehe, wenn man diese verletzt! Man stelle sich vor, um das Jahr 1940 hätte jemand an der Wiener Universität mit Vehemenz darzulegen versucht, daß die Rassentheorie ein Unsinn sei. In der DDR war es üblich, gewichtige Arbeiten vor allem an den Wahrheiten von Karl Marx auszurichten. Aufrechte Urgeschichtler gingen daran, ihre Funde in das Schema von der gesellschaftlichen Entwicklung einzupassen, das Karl Marx "erfunden" hat. Natürlich waren diese Herren Gelehrten plötzlich peinlich berührt, als die Grenzen fielen und die neue Wahrheit hereinbrach: daß nämlich das, was Karl Marx gesagt hatte, doch nicht ganz so stimmte. Die braven Diener des alten Systems mußten sich schnell umstellen. Zu mir meinte nun ein Professor der DDR, der früher wacker die marxistischen Thesen vertreten und die DDR hochgelobt hat, er sei "schon immer" gegen dieses System gewesen. Wissenschaftler sind also vorsichtige Menschen, die ihre Theorien nicht selten nach den Wünschen derjenigen ausrichten, von denen sie ihre Pfründe erhalten. Mit ihren sogenannten Wahrheiten haben Menschen einander ruiniert. Um wieviel gescheiter wäre es gewesen, wenn sie miteinander über ihre verschiedenen Perspektiven gesprochen hätten. Denn jeder hat auf seine Weise "recht", und jeder kennt einen Teil der Wahrheit.

*

Mein Bier, welches ich hier am Abend trinke, ist für mich die Wahrheit schlechthin. Ich genieße es und schließe die Augen dabei. Das Bier erfreut Herz und Sinn, es läßt mich den Zauber der Straße, die Eleganz des fahrenden Rades und einen bunten Tag fühlen. Heinrich Heine rief einmal aus: "Schlage die Trommel und fürchte dich nicht und küsse die Marketenderin – das ist die ganze Wissenschaft, das ist der Bücher tiefer Sinn." Die Wahrheit der Wissenschaft liegt auch in der Freude an den kleinen Schönheiten des Lebens, die ich gerade als Radfahrer spüre. Eine solche Einstellung läßt andere Wahrheiten neben sich gelten. Damit unterscheidet sich diese Wahrheit von allen anderen, die vorgeben, die einzig richtigen Wahrheiten zu sein. Mit dem Argument, das "Gute" zu erkämpfen, wird das sogenannte "Schlechte" vernichtet, nämlich der Ketzer durch den Katholiken, der "Linke" durch den "Rechten" und umgekehrt. Die Missionare von rechts und links sind es, vor denen man sich zu hüten hat. Ihre Wahrheit steht im Widerspruch zu der Wahrheit der alten Vaganten und Herumzieher, für die der gute Schluck und ein zufriedenes Leben auf der Landstraße wichtig waren. Der Vagant lernt auf seinen Wanderungen viele Grenzen und daher viele Wahrheiten kennen. Vaganten sind keine Verfechter von Wahrheiten, dazu haben sie zu wenig Macht, aber sie durchschauen die Wahrheit der braven Bürger und versuchen, sich ihnen für den Moment anzupassen, um vergnügt zu überleben. Mit einem stillen Lächeln falten sie die Hände zum Gebet, um eine Klostersuppe zu erbitten. Die Wahrheit dieser Herumzieher richtet sich also an der Frage aus: Wie kann ich am besten mit Würde überleben?

Wahrheiten der Mächtigen und im Alltag

Die Masse der Menschen ist mit einfachen Wahrheiten leicht zu lenken. Das wissen Politiker und Kirchenfürsten. Sie schaffen daher Symbole, wie heilige Bücher, Kronen, Talare, Uniformen, Kreuze, Denkmäler und andere Dinge und dazu noch Rituale wie Massenkundgebungen, Königskrönungen, Meßfeiern, Dichterehrungen und Ordensverleihungen. Eine besondere Qualität scheint eine politische Wahrheit durch das Auftreten einer charismatischen heiligen Person wie eines von Gott begnadeten

Kaisers oder eines durch die Vorsehung berufenen Führers zu erhalten. Wichtig für den Absolutheitscharakter einer Wahrheit ist außerdem, daß Menschen vorhanden sind, die daran glauben. Und der Glaube an eine Wahrheit wird weiter gefestigt, wenn eine ganze Gruppe oder eine amorphe Masse von Menschen ihr huldigt. Der Einsatz von kräftigen Symbolen, wie eine Fahne mit einem Adler, und feurigen Gemeinschaftsritualen, wie lautstarke Aufmärsche, unterstreicht den besonderen Charakter der Wahrheit. Als Grenzen überschreitender und an Grenzen interessierter Radfahrer fallen mir besonders die mit stolzen Fahnen und diversen Inschriften versehenen Zoll- bzw. Grenzstationen auf. Die Fahnen und vor allem das Staatswappen sollen dem Einreisenden verdeutlichen, daß er nun einer neuen Herrschaftsgewalt unterworfen ist, er also den Bereich neuer "Wahrheiten" betritt. Auch die friedlichste Regierung bedient sich dabei einer Reihe von Symbolen, die etwas mit Gewalt zu tun oder zumindest eine kriegerische Tradition haben. So steckt in der Staatsfahne das Wort "grundfano", was soviel wie "Kampftuch" heißt. Und als Wappentier wählte man reißende Tiere, wie Adler und Löwen. Friedliche Tiere, wie ein Lamm oder ein Hase, finden kaum den Weg in ein Staatswappen. Räuberische Tiere jedoch dienen vornehmlich dazu, dem gehorsamen Volk und Einreisenden, auch dem Radfahrer, die Wahrheit des Herrschaftsanspruches symbolisch klarzumachen.

Jemand, der auf Reisen geht, wie ich als Radfahrer, erlebt viele Wahrheiten. Er erlebt, wie Menschen in den Hotelbars sich um Noblesse bemühen und wie sie zutiefst beleidigt sind, wenn man sie nicht als das ansieht, was sie darstellen wollen. Aus diesem Grund habe ich mir gestattet, den Menschen als "animal ambitiosum", als Wesen, das nach Beifall strebt, zu bezeichnen. Andererseits fällt es Menschen, die von mächtigen Leuten erniedrigt und degradiert werden, schwerer, Vornehmheit darzutun. So wie mir, als ich vor ungefähr fünf Jahren mit dem Fahrrad nach

Straßburg fuhr. Ich war damals bekleidet mit einem roten Trikot und abgeschnittenen Jeans. Meine Aufmachung mag einige freundliche Hotelportiers, bei denen ich um ein freies Zimmer fragte, dazu bewogen haben, in mir einen gefährlichen Landstreicher zu sehen. Ich wehrte mich jedoch gegen ihre abschätzigen Blicke mit einer Haltung des Hochmutes und des stolzen Radfahrers, der verkommene Hotelportiers verachtet. Meine legere Radfahrerkleidung wurde somit zum Symbol einer gewissen Erhabenheit.

Es gibt aber auch Symbole, wie ein Sträflingsgewand oder ein gelber Stern, die Menschen als "minderwertig" kennzeichnen sollen. Man spricht hier von Stigmatisierung. Es werden dabei Wahrheiten aufgestellt, um Menschen zu degradieren.[24] Solche Stigmatisierungen begegnen uns täglich. Aber der Erniedrigte läßt sich auf Dauer die Arroganz des Erniedrigers nicht gefallen. Er, der ebenso ein "animal ambitiosum" ist, greift zur Gegenwehr und zeigt, daß er Würde besitzt. Dabei kann er das Symbol, das seiner Erniedrigung dienen soll, z. B. eine Gefängniskleidung, mit Stolz tragen, um über die Erniedriger zu triumphieren. So waren die Bauern nach den mittelalterlichen Kleiderordnungen gezwungen, Bundschuhe zu tragen. Die kostbaren Schuhe standen den feinen Leuten zu. Dieser Bundschuh, der Schuh minderer Qualität, wurde dann aber zum Symbol des Aufstandes gegen die Aristokratie. In dem Lied von Florian Geyer, dem Bauernführer um 1525, heißt es übrigens: "Er trägt den Bundschuh in der Fahn'." Eine Strategie von degradierten Menschen kann also darin bestehen, den Inhalt von Symbolen umzudrehen. Er stigmatisiert sich selbst, um sich Würde zu verleihen.[25] Wahrheiten, dies sei damit angedeutet, sind also gesellschaftlich bedingt, sie sind veränderlich, interpretierbar und

---

24 Zum Thema Stigmatisierung vgl.: I. Goffman, Stigma. Frankfurt/Main.

25 Vgl.: W. Lipp, Selbststigmatisierung. In: H. Brüsten u. J. Hohmeier (Hg.), Stigmatisierung. Bd. 1, Neuwied 1975, S. 25 ff

ganz allgemein zerbrechlich[26], wenn man z. B. dahinterkommt, daß der nobel gekleidete Herr gar nicht so nobel, sondern ein Hochstapler ist.

Das "Erkennen" von Wahrheiten

Trotzdem bestimmen solche Wahrheiten unser Leben. Und der Kulturwissenschaftler hat herauszufinden, wie die Menschen einer Gruppe ihre Welt selbst sehen (und nicht, wie der Soziologe oder Philosoph sie sieht), also welche Wahrheiten sie haben. Gegenstand der Kulturwissenschaft sind demnach die "Wahrheiten" der Leute. Allerdings wird er diese "Wahrheiten" kaum exakt festhalten können. Der Wissenschaftler kann sich nicht völlig von seinen eigenen Vorstellungen lösen, sie beeinflussen ihn bei seinen Interpretationen. Er kann sich der Wahrheit also nur nähern. Die Diskussion, ob man die Wahrheit "wirklich" erfassen könne, ist daher sinnlos. Ein Mafiaboß meinte einmal: "Die Wahrheit können wir nicht erfassen. Und wenn wir sie doch erfassen können, so können wir sie nicht vermitteln." In diesen Worten liegt eine tiefe Weisheit.[27] Ein vollkommenes wissenschaftliches Erkennen wird nie möglich sein. Nicht anders verhält es sich in den Naturwissenschaften, die allerdings einen ganz anderen Erkenntnisgegenstand haben als die Kulturwissenschaften. Die Kultur- oder Geisteswissenschaften zielen auf all das, was der Mensch schafft und mit Bedeutung versieht (z. B.

---

26 Vgl. dazu näher auch: E. Weingartner, F. Sack u. J. Schenkein, Ethnomethodologie – Beiträge zu einer Soziologie des Alltagshandelns. Frankfurt/Main 1976; P. Berger u. Th. Luckmann, Die gesellschaftliche Konstruktion der Wirklichkeit. Frankfurt/Main 1969

27 Das "Vorverständnis" des Wissenschaftlers bestimmt also seine Erkenntnis der Wirklichkeit. Vgl. dazu: Gadamer, Wahrheit und Methode. Tübingen 1975. Kants Erkenntnisphilosophie baut ja ebenso darauf auf, daß unsere Erkenntnis durch Vorgegebenes bestimmt ist.

eine Schreibmaschine, auf der er Liebesbriefe schreibt). Die Naturwissenschaften versuchen dagegen, Dinge zu beschreiben, denen bestimmte Gesetze innewohnen. Radfahrer etwa fallen aus der Betrachtung des Naturwissenschaftlers heraus, denn sie deuten ihre Welt und handeln danach. Sie handeln nicht nach Gesetzen, sondern aufgrund ihrer Überlegungen, die durch Freunde u. a. beeinflußt sein können. Dies alles interessiert vielmehr den Kulturwissenschaftler, der etwa herausfindet, daß Radfahrer einander typischerweise grüßen. Denn der Kulturwissenschaftler sucht das Typische, nicht das Gesetzmäßige [28]. Und das Typische ist eben das Interessante. So zum Beispiel die Überlegung, daß Radfahrer sich nicht sinnlos betrinken. Hinter diesem Satz steckt kein Gesetz. Ein Gesetz steckt hinter dem Stein, der aufgrund der Schwerkraft zu Boden fällt. Der Stein überlegt nicht, ob er zu Boden fallen soll, sehr wohl aber überlegt der Radfahrer, ob er sich wieder einmal betrinken oder den entgegenkommenden Radfahrer grüßen soll.

Wahrheiten im Bereich des menschlichen Handelns und Deutens können auch in Widerspruch geraten: Für den Radfahrer bedeutet es eine Wahrheit, daß Autos eine problematische Sache sind. Der Autofahrer wiederum mag in den Radfahrern anarchistische Wegelagerer sehen.

Gleichzeitig sind solche Wahrheiten wandelbar, wenn zum Beispiel der Autofahrer einsieht, daß das Auto doch nicht ein so

---

[28] Karl Popper meint, wesentlich wäre für einen Satz der Wissenschaft, daß er "falsifizierbar" ist, d. h. er muß widerlegbar sein. Findet sich ein Beispiel, das dem aufgestellten Satz bzw. Gesetz (z. B., daß alle Kupferdrähte Strom leiten) widerspricht, so gilt dieses Gesetz nicht. In den Geisteswissenschaften jedoch gibt es keine "Falsifizierbarkeit". Treffe ich einen Radfahrer, der nicht grüßt, so ist die These, daß Radfahrer einander grüßen, keineswegs widerlegt. In der Geschichts- oder Sozialwissenschaft gibt es keine Gesetze, sondern Tendenzen des Handelns oder eben Typen. Max Weber spricht von Idealtypen – vgl. die Diskussion in: Girtler, Methoden der qualitativen Sozialforschung.

wunderbares Fortbewegungsmittel ist, wie er geglaubt hat. Ein Beharren auf alten Wahrheiten kann zu Konflikten führen. Der große Don Quijote des Cervantes war ein Meister im Beharren: Er glaubte an das alte Rittertum, das es zu seiner Zeit bereits nicht mehr gab. Für ihn war die Wahrheit der Ritter maßgeblich, in ihrem Zeichen verehrte er Frauen und kämpfte gegen Riesen. Ihn irritierte der Spott der Umwelt nicht, und er tat alles, damit seine Wahrheit auch bestehen blieb. Die große Kunst des Kulturwissenschaftlers wäre es, hinter die einzelnen Wahrheiten zu kommen und ihnen den Ernst zu nehmen. Denn ein Beharren auf Wahrheiten kann auch gefährlich sein. Und der Mensch entwickelt die merkwürdige Tendenz, an alten, vorgefaßten Wahrheiten festzuhalten.

*

Ich greife zu meinem Glas Bier und denke zurück an den Herrn Professor aus Linz, der mir heute in Alpbach beim Apfelsaft – ein langweiliges Getränk! – klarmachen wollte, daß ich die Wissenschaft nicht mit dem gebührenden Ernst vertrete. Aber für mich ist die Soziologie (und auch andere Kulturwissenschaften) eine Disziplin, die den Kontakt zum Menschen zu suchen hat, und sei es auch an Biertischen oder in Schmugglergasthäusern. Nur so kann man der "Wahrheit" nahekommen. Die Wissenschaft zeigt einen Weg in Richtung Himmel oder Olymp, wo es die Wahrheit vielleicht gibt. Hier auf der Erde sind wir jedoch bloß Suchende im Sinne des Sokrates. Und dieses Wissen, daß wir nur Suchende sind, ist ein wichtiges Argument dafür, daß wir der Wissenschaft, vor allem der Kulturwissenschaft, auch stillen Humor abzugewinnen haben und gewisse Dinge nicht allzu ernst nehmen sollen. Dies meinte wohl ein Professor aus Bielefeld, als er sich einmal lobend über meine Arbeit äußerte. Ein Lob, das mich mit solchem Stolz erfüllte, daß ich mich zu der

Unbescheidenheit (für die ich den Leser gleich auch um Verzeihung bitte) hinreißen lasse, es hier wiederzugeben: "Auf dem Hintergrund allenthalben zunehmenden Wissenschaftsbetriebes, Hörsälen, Textbüchern, Antragsformularen, Hearings, Kilometerleistung etc. erinnert Girtler deutlich daran, daß Wissenschaft mit Forschung zu tun hat – und er erinnert in erfrischender Weise an die nach wie vor großen Möglichkeiten einer Forschungspraxis, die als Einheit von Kopf und Hand/Fußarbeit sich darstellt, zeigt er doch in seinen Arbeiten, daß Neues, Fortschritt auch – ja gerade – im Bereich der Sozialwissenschaft häufig weniger erlesen werden kann, denn erlaufen werden kann und muß! Von größter Bedeutung aber scheint mir, daß Girtler tätig sich einer bedrohlichen Verarmung des Wissenschaftsbetriebes widersetzt – einer Verarmung, gekennzeichnet durch Distanz- und Humorlosigkeit, Geschäftigkeit und Gschaftelhuberei, Mißgunst und vertrockneter Ernsthaftigkeit. Es ist eine Verarmung, die den meisten von uns, sofern wir dazu noch fähig sind, von Zeit zu Zeit über Gemütswallungen der Trauer und/oder des Zornes bewußt wird. Girtler ist wahrlich kein Priester [!] der Wissenschaft – ich möchte ihn vorstellen, als Propheten einer 'fröhlichen Wissenschaft' im heiter-ernsten Sinne Nietzsches. Friedrich Schiller hat einmal gesagt: "Einem ist sie (und er meinte die Wissenschaft) die hohe, die himmlische Göttin, dem anderen eine tüchtige Kuh, die ihn mit Butter versorgt. Girtler ist sie 'himmlische Göttin' – und ich kann mich des Eindrucks nicht erwehren, daß sie eine schöne sein muß, die er nicht nur anbetet, sondern mit der er gemeinsames Spiel treibt." Und es ist das Fahrrad, mit dem ich dieser "himmlischen Göttin", die jenseits der Grenzen wohnt, über Pässe und auf Bergstraßen vielleicht näherkomme.

Brenner und Sterzing: Nobler Sport

Innsbruck, Brenner, Sterzing
Sport als Erlebnis an Grenzen
Der noble Anreiz des Sports

Die Nacht in dem vornehmen Loch des angeblich "romantischen" Hotels habe ich Gott sei Dank überstanden. Ich bin froh, meine Reise fortsetzen zu können. Die erste Etappe des heutigen Tages führt mich zu den schönen Hängen nördlich des Inns.

In einem prachtvollen Haus mit großem Garten, Schwimmbad und eigenem Wasserfall, von dem sich angeblich vor einigen 100 Jahren eine Frau aus Gram wegen der Verurteilung ihres Gemahles hinuntergestürzt haben soll, werde ich zunächst von Frau Fiegl und ihrer Mutter erwartet.

Der Ehemann der guten Frau Fiegl ist in den Bergen unterwegs, und ihre sieben Kinder haben das Weite gesucht. Dafür ist noch eine ältere Dame, die Freundin der Mutter, anwesend. Frau Fiegl begrüßt mich freundlich, zeigt mir das Haus und bittet mich dann zum Frühstückstisch im Garten. Ihre Mutter, eine eindrucksvolle Dame, erzählt mir von ihren Schmuggelaktivitäten. Das ist auch der Grund für meinen Besuch. Sie schmuggelte stets dann, wenn die Familie über Kontinente hinweg übersiedelte. Sie glaubt fest an den heiligen Antonius, denn dieser habe ihr einige Male beim Schmuggeln geholfen. Intensive Gebete hätten ihn veranlaßt, Zöllner davon abzubringen, weiter ihr Gepäck zu durchsuchen, oder auch sie überhaupt verschwinden zu lassen. Hier wird der heilige Antonius zum Schutzpatron der Schmuggler, ein bemerkenswerter Heiliger. Ich beiße herzhaft in die Brötchen, die man mir serviert hat, und genieße den Morgen bei charmanten Damen. Frau Monika Fiegl läßt es sich nicht nehmen, mich mit dem Rad bis zur Stadtgrenze von Innsbruck zu begleiten. Es ist gegen Mittag, als ich Frau Fiegl noch meinen Dank für das schöne Frühstück und das Interview mit ihrer schmuggelnden Mutter zurufe. Ich werde ihre Geschichten in meinem Schmuggelbuch verarbeiten. Dann geht es weiter nach Igls. Ich bin dankbar für dieses Rad. Das Wetter ist schön, und ich habe Zeit. Hübsche Tiroler Häuser mit bemalten Wänden – Szenen aus dem Leben der Heiligen und der Historie – wecken mein Interesse. An einem alten Wirtshaus ist zu lesen: "Ob Heide, Christ oder Jud', eine Rast tut jedem gut!" An der Mauer eines anderen Gasthauses sind müde Pferde mit großen Fuhrwerken dargestellt. Ich sehe sie vor mir, die Männer, die mit den Fuhrwerken hier unterwegs waren. Kräftige Leute, die ordentlich zuzupacken und zu trinken wußten. Es wird vor allem das Salz aus Österreich gewesen sein, das hier auf diesen Wegen nach Süden gebracht wurde. Ein drittes Gasthaus wieder zeigt an seiner Vorder- und Breitseite Episoden aus der Geschichte der Post, die als Regal in den Händen derer von Thurn und Taxis lag. Diese alte Salzstraße, wie man sie auch nennt, hat ihren Reiz. Sie führt hoch über dem Inntal dahin. Ich sehe die Bundesstraße und die Autobahn tief unter mir. Bei Matrei ist es zu Ende mit der alten Straße, die sich seit Jahrhunderten in ihrer Führung kaum verändert haben mag, und ich gelange auf die Bundesstraße und spüre die brausenden Autos.

In Matrei befand sich, wie an einem alten Haus zu lesen und im Bild geschildert ist, im Franzosenjahr 1809 das Hauptquartier des Oberkommandierenden des Tiroler Volksaufstandes Andreas Hofer, einer imponierenden Persönlichkeit, die in Mantua auf Befehl Napoleon Bonapartes erschossen worden ist. Die Gegend ist voller Geschichte. Über den Brenner, eine natürliche Grenze nach Süden, waren sie seit Jahrhunderten gezogen, die Könige, Fürsten, Bischöfe, Ritter und die fahrenden Scholaren, die vagierenden Studenten. Sie alle erhofften sich etwas vom Süden: die einen die Kaiserwürde, die anderen einen Zuwachs an Wissen und wieder andere bloß das Abenteuer. Heute sucht man im Süden vor allem Sonne und Meer. Ich nähere mich dem Brenner, Wolken ziehen sich zusammen. Ein Gewitter kündigt sich an. Plötzlich beginnt es zu donnern, und schon stürzt ein Regenguß auf mich herab. Auf dem Paß nehme ich in einer Telefonzelle Zuflucht. Da der Regen nicht aufhört, radle ich weiter, hinunter nach Sterzing. Ich bin gänzlich durchnäßt, bis in die Knochen spüre ich die Kälte. In Sterzing werde ich erwartet: von meinem Namensvetter Manfred Girtler, einem edlen, braven Kaufmann, der in einem alten gotischen Haus mit seiner Frau Beate und seinen Kindern residiert. Ich werde freundlich aufgenommen. Ich kann mich duschen und umziehen.

Im überdeckten Garten warten bereits Gäste: ein umgänglicher Plantagenbesitzer aus Bozen namens Georg mit seiner Frau – und etwas später gesellt sich ein höchstrangiger Zollbeamter der Provinz Bozen zu uns. Seine Aufgabe war es früher, nach großen Schmugglern zu fahnden. Er erzählt mir von Schmugglerstreiks in Neapel, und mir wird aus seinen Geschichten klar, daß Schmuggler eine wichtige Funktion für die Versorgung von Menschen haben können. Anläßlich dieser Schmugglerstreiks hätten sich die Schmuggler beklagt, daß die Zollbehörden zu streng gegen sie vorgingen, derart, daß es ihnen unmöglich wäre, gewisse Dinge, wie Zigaretten, den sehnsüchtig danach verlangenden Neapolitanern zu liefern. Zum späteren Abendessen hat Manfred Girtler vier Professoren aus Palermo mit ihren Familien eingeladen. In einem großen, noch original holzgetäfelten Zimmer nehmen wir an einem langen Tisch Platz. Es herrscht heitere Stimmung. Es gibt Paste und hervorragenden italienischen Käse, dem man den Zauber der norditalienischen Landschaft anmerkt. Wir trinken Wein und mischen ihn mit Wasser. Erst jetzt merke ich, daß die Professoren hier am Tisch von der juridischen Fakultät kommen. Trotz ihres italienischen Temperamentes merkt man ihnen den Staub der Gesetzbücher an. Erst als das Thema Fußball aufs Tapet gebracht wird, wachen die Italiener auf und begeistern sich für italienische Stars und italienische Mannschaften. Ganz allgemein hält einer der Herren aus Palermo fest: "Jeder Sport hat von seinem Ursprung her etwas mit Gewalt und Heldentum zu tun. So war es bereits in der Antike." Der Sport erhebt aus dem Alltag, er geht an Grenzen, wie der Krieg. Tatsächlich sind beide miteinander verwoben, denn der Gegner soll besiegt oder gar, wie beim Boxsport, unschädlich gemacht werden.

Sport als Erlebnis an Grenzen

Der sich beim Sport an seiner Grenze bewegende Mensch ist bereit, Leiden auf sich zu nehmen, die er sich in seinem Beruf niemals auferlegen würde. Ähnlich verhält es sich auch mit anderen Freizeit-Aktivitäten wie z. B. dem Camping. Im Stau fährt man zu Campingplätzen, dort lagert man auf engstem Raum, ist in ständiger Berührung mit dem Nachbarn und gezwungen, Gemeinschaftstoiletten, Gemeinschaftsduschen usw. zu benützen. Es zeigt sich hier ein Bild, das ganz ähnlich dem von Flüchtlingen ist, die, eng aneinandergeschart, zu überleben suchen. Auch Flüchtlinge haben Zelte und sind von gemeinschaftlichen Einrichtungen abhängig. Es wundert einen, warum Menschen, die sich ein gemütliches Hotel leisten können, die Qualen und Plagen eines Campingplatzes auf sich nehmen. Dieses vollkommen unverständlich erscheinende Verhalten ist wohl dadurch zu erklären, daß die zeltenden Leute die Grenze des Überlebens und damit das Abenteuer suchen. Der Campingplatz hat mit Außeralltäglichkeit zu tun, und diese fasziniert. Vor demselben Hintergrund sind auch die Abenteuer-Urlaube, die mit Überlebenstraining und Gefahr in Verbindung stehen, zu sehen. Man ist bereit, viel für das Erleben von Situationen zu bezahlen, denen man sich im "normalen" Leben und im Beruf kaum aussetzen würde. Im Außeralltäglichen wird die Grenze des eigenen Ich gesucht.

Besonders roh etwa ging es bei dem alten Ballspiel der Azteken zu, das mich ein bißchen an Fußball erinnert: Die verlierende Partei mußte damit rechnen, von den Siegern und ihren Anhängern ordentlich verprügelt und manchmal sogar getötet zu werden.

Das Ballspiel als kultisches Gemeinschaftserlebnis kannten auch die Indianerstämme im Nordosten Nordamerikas. Bei diesem von zwei Parteien durchgeführten Spiel wurde ein Holz- oder Lederball, der nicht mit der Hand berührt werden durfte, mit Schlägern durch Tore oder gegen Pfosten befördert. [29] Solche indianischen Ballspiele waren also mehr als Sport, genau wie das Fußballspiel mehr ist als Sport. Symbole, Rituale und gemeinsame Handlungen vermengten sich zu archaisch anmutenden Aktivitäten von Stämmen. Die häufig mit Sport in Zusammenhang gebrachten ehrenwerten Charaktereigenschaften wie Fairneß und Ritterlichkeit scheinen nur verbal eine Rolle zu spielen, während tatsächlich über sie hinweggegangen wird. Dies meint auch der amerikanische Kulturwissenschaftler Thorsten Veblen. Für Veblen baut der Wettsport auf einer kriegerischen Kultur auf und hat etwas von Verschlagenheit und Hinterlist an sich. [30]

---

[29] Tischner, Völkerkunde. Frankfurt/Main 1963, S. 143

[30] Th. Veblen, Theorie der feinen Leute. 1899, 1986; R. Girtler, Die feinen Leute, S. 351ff.

Der noble Anreiz des Sports

Sport ist bisweilen eine gefährliche, heldenhafte Angelegenheit, die eine spannende, manchmal wohl auch gewaltvolle Abwechslung zum Alltag bringen soll. Diese Abwechslung konnte sich zunächst nur der feine Mann leisten, der noble Barbar und der Ritter, der die Muße zum Turnier hatte. Der kleine Mann kommt historisch recht spät mit dem Sport in Berührung: erst im vorigen Jahrhundert, als Bürger und Arbeiter die ersten Turn- und Sportvereine gründeten. Damit wurde der Sport den adeligen und feinen Menschen als alleinige Domäne streitig gemacht. Diese nun fühlten sich bemüßigt, ihrerseits nach Sportarten zu suchen, die sie von anderen Leuten abschirmen und allerlei Emporkömmlinge abhalten konnten. Boxen zum Beispiel, zur Zeit Homers noch eine Angelegenheit aristokratischer Krieger, wird bald uninteressant für den noblen Herrn. Das Bergsteigen schließlich war im vorigen Jahrhundert noch eine Sache des vornehmen Mannes. So ist es typisch, daß der österreichische Alpenverein 1863 von drei Wiener Jus-Studenten gegründet wurde, von denen zwei dem niederen Adel angehörten. Bemerkenswert erscheint in diesem Zusammenhang, daß es Städter sind, die den vornehmen Zugang zum Berg suchen. Der Bauer, der sich täglich auf den Berg plagt und dem Vieh hinterherläuft, steht dem wackeren Kletterer und kühnen Tourenschifahrer eher verwundert gegenüber. Er versteht es nicht, daß man sich nur des Vergnügens wegen die Berge hinaufquält. Es gibt allerdings auch in der bäuerlichen Welt junge Burschen, die Mutproben wagen und in die Felsen steigen, um hier verbotenerweise der Gams nachzujagen. Dies hat mit Mannbarkeit, aber in einem gewissen Sinn natürlich auch mit Sport zu tun, denn der junge Bauer mußte ein guter Kletterer und gut bei Fuß sein.

*

Sport ist also eine Sache des Menschen, der Zeit hat, an und für sich nutzlos, aber gerade deshalb reizvoll. Auch das Radfahren ist deshalb reizvoll, denn mit anderen Verkehrsmitteln wäre ich schneller unterwegs.

In einem vornehmen Zimmer, das mir die Girtlers liebenswürdigerweise zugedacht haben, schlafe ich gut, als Vagant, der die Einsamkeit des Radfahrens dem Massenzirkus des Sports vorzieht, der morgen seine Reise fortsetzt, um neue Grenzen zu entdecken.

Zwischen Jaufenpaß und Sölden: Blutige Mannwerdung

Sterzing, Jaufenpaß, Timmelsjoch, Sölden
Fremdenverkehrskultur und Folklorespezialisten
Jugend auf der Suche nach dem Außeralltäglichen
Rauhe und blutige Mannbarkeitsrituale –
Mutproben an der Grenze zur Mannwerdung

Beate und Manfred Girtler bereiten mir in ihrem noblen Sterzinger Haus ein feines Frühstück. Die weitläufige, an alte Herrschaftsansitze erinnernde Küche hat meine Sympathie. Hier ist Leben, hier spielen Kinder, hier wird gekocht, geplaudert und sogar gegessen. Eine Küchenkultur präsentiert sich mir, die die moderne Zeit in Europa zumeist verdrängt hat. Diese Art von Küchen ist kleinen Küchen gewichen, die bloß dem Kochen dienen. Aber hier im Haus der Girtlers in Sterzing existiert sie noch, die alte Küche.

Hier bespreche ich mit meinem Gastgeber die kommende Tagesroute. Eigentlich möchte ich zuerst über den Jaufenpaß und dann über das Timmelsjoch radeln. Aber es heißt, das Timmelsjoch sei wegen des langen Tunnels für Radfahrer gesperrt. Also entscheide ich mich für den Weg über den Jaufenpaß, Meran und den Reschenpaß. Ich bedanke mich bei den Girtlers herzlich für die freundliche Aufnahme und ziehe los. Man soll lieben Gastgebern nicht durch allzu langen Aufenthalt auf die Nerven fallen. So bewahrt man sich den guten Ruf und hat keine schlechte

Nachrede. Zunächst verfahre ich mich und gelange in ein Seitental. Obwohl ich dadurch Zeit verliere, verfliegt mein Ärger rasch, denn ich habe es mir bei dieser Radtour zur Regel gemacht, auch die mißlichen Dinge positiv zu nehmen. Man muß die Dinge von ihrer schönen Seite sehen, denke ich mir und genieße die Rückfahrt aus dem Seitental zur Straße auf den Jaufenpaß.

Der Weg schraubt sich nun in die Höhe. Alle paar Kilometer frage ich, wie viele Kilometer noch zu fahren seien. Um ca. halb zwei Uhr bin ich auf dem Paß, in über 2000 Metern Höhe. Ein wundervoller Blick eröffnet sich mir ins Passeiertal. Dann geht es in steilen Kurven hinunter nach St. Leonhard im Passeier. Eigenartigerweise glaube ich beim Hinunterfahren stets, der Weg sei länger und beschwerlicher als die Strecke hinauf. Wahrscheinlich deshalb, weil man sich beim Hinunterfahren der vielen Kurven und Steigungen erst so recht bewußt wird. Da die körperliche Anstrengung der Talfahrt minimal ist, entsteht wohl der Eindruck, der umgekehrte Weg müsse um so vieles schwieriger sein. Jedenfalls bedauere ich auf meinen Fahrten von den Pässen die bergauf schwitzenden Radler immer zutiefst.

In St. Leonhard überlege ich mir aufs neue, ob es nicht doch ein einmaliges Erlebnis sei, trotz Radfahrverbotes auf das Timmelsjoch zu radeln. Ich wäge die Risiken ab. Da kommt mir – ich bin schon auf dem Weg nach Meran – ein Radfahrer im Raddreß entgegen. Den frage ich um seine Meinung. Als er mich zum Timmeisjoch ermuntert, drehe ich kurzerhand um und schlage die Richtung dorthin ein. Ungefähr in 1500 Metern Seehöhe stoße ich auf ein Schild, das ein Fahrrad im roten Kreis zeigt: Ab hier ist also das Fahren mit Fahrrädern verboten. Ein Straßenarbeiter, der zufällig dort steht, zerstreut jedoch meine Bedenken: Es kämen genügend Radfahrer hier vorbei und keinem sei noch etwas passiert. Ich stelle mich vor die Verbotstafel und lasse mich fotografieren. Eine schöne Erinnerung, wenn ich das Joch heil überstanden habe, denke ich mir. Dann radle ich weiter. Acht

Kilometer vor dem Joch gelange ich zu einem Gasthaus. Wenn es zu regnen beginnt, kann ich immer noch hierher zurückkehren. Eine Möglichkeit, gerettet zu werden vor den Unbilden der Berge!

Tatsächlich umkreisen dunkle Wolken die Berge um das Joch. Dies erfüllt mich einigermaßen mit Schrecken und Vorsicht. Die Kehren werden steil und eng. Ich mühe mich redlich. Dann sehe ich vor mir das Loch des Tunnels. Nun also beginnt die Gefahr für den Radfahrer. Der 500 Meter lange Tunnel hat den Vorteil, daß er ganz gerade durch den Berg führt und deshalb Licht vom anderen Ende her eindringt. Es reicht aus, um sich orientieren zu können. Zum Glück fahre ich allein durch den Tunnel. Kein Auto kommt mir entgegen und stört mich durch Lärm oder blendet mich. Immerhin ist auch mein Rennrad unbeleuchtet, besitzt aber auf dem Hinterrad ein prächtiges Katzenauge. Ich trete kraftvoll in die Pedale, und nach einigen Minuten bin ich im Freien, auf der anderen Seite des Berges, auf dem Timmeisjoch. Nun zieht sich die Straße einige 100 Meter gerade hin bis zur Grenze. Es ist sehr kühl hier oben. Ein Glücksgefühl ist in mir, wie ich es auf solchen Pässen stets empfinde. Freude erfüllt mich, daß ich den Schwierigkeiten der Strecke getrotzt habe und der Hölle des Tunnels entronnen bin. Im vorigen Jahr, in den Tunnels auf dem Weg über den Reschenpaß, war ich durch die vielen Autos in arge Bedrängnis geraten. Damals sah ich sekundenlang nichts. Hinter mir hörte ich fernes Brausen, jagende Autos kündigten sich an. Meine ganze Hoffnung hing an meinem bunten Trikot mit seinen grellen Farben. Das Trikot ist Teil meiner Ritterrüstung, die mich schützen soll. Hinter mir rasten die Autos mit ihren Lichtspuren. Dann war ich im Freien und atmete eine andere Luft als drinnen im Tunnel, wo teuflischer Gestank von höllischen Fahrzeugen mir den Atem raubte. Es ist das Reich des Teufels oder der Teufel, dem ich im Tunnel begegnete. Die Autos erinnern mich an den Teufel. Sie weisen eine merkwürdige Ähnlichkeit mit ihm auf: Der Teufel – Luzifer, wie er in der Bibel heißt – war früher ein Engel, bevor ihn Gott aus dem Paradiese verstieß. Er war zunächst ein freundlicher Vertrauter des Herrn im Himmel, der ihn liebevoll Luzifer, das heißt "Lichtträger", nannte. Er spottete Gottes und wurde zum Teufel. Lichtträger sind auch die Autos mit ihren Scheinwerfern, wenn sie in die Tunnels schießen. Sie erhellen zwar den Tunnel, vielleicht zum Vorteil des Radfahrers, aber sie vermögen ihn und die Welt in eine Hölle zu verwandeln. Es besteht eine eigenartige Parallele zwischen dem Auto und dem Teufel als "Lichtträger". Beide trugen einst die Hoffnung des Himmels und der Erde. Doch beide enttäuschten, weil sie Gott ähnlich sein und die Welt beherrschen wollten und wollen.

Ich mache kurz Rast und plaudere mit den österreichischen Grenzern. Dann setze ich meinen Weg fort, hinunter nach Sölden.

In Sölden treffe ich auf eine reiche Fremdenverkehrskultur, an der sich der Sommergast nach ganzer Herzenslust erfreuen kann. Der Nordländer erlebt hier wackeres Tirolertum mit Blasmusik, Heimatabend und rustikalen Gasthäusern, in denen geschnitzte Stühle und buntgeschürzte Kellnerinnen darauf hinweisen, daß sich der gut zahlende und mit dem Auto anreisende Urlauber hier wohlfühlen darf. Der Radfahrer ist gegenüber dem Urlauber in einer eher prekären Situation. Seine Symbole, das Fahrrad und das bunte Gewand, heben ihn heraus aus dem Schwärm hereinbrechender Gäste. Er gehört einer anderen Welt an. Das weiß und ahnt der Radfahrer und ist auch stolz darauf. Hier in Tirol bewege ich mich in einer Walt-Disney-Kultur, die für den Urlauber geschaffen wurde und die ihm eine gewisse Exotik verspricht. Dazu gehören Tracht und Volksmusik. Schlüpft der Urlauber in die Tracht, so begibt er sich symbolisch auch in ein anderes Sein, er wird zu einem noblen Menschen, der als solcher seine freie Zeit genießt.

Die Tracht ist seit dem vorigen Jahrhundert eng mit aristokratischer Jagd und vornehmer Lebensweise verknüpft. Das Raffinierte an dieser Trachtenkultur ist nun, daß man meint, sie wäre mit alter bäuerlicher Kultur verknüpft. Tatsächlich waren es jedoch der Adelige und der feine Bürger, welche die Tracht zum Symbol einer ländlich-feinen Lebensweise gemacht haben. So wiesen Volkskundler nach, daß die berühmte Zillertaler Tracht auf die Zillertaler Vogelhändler zurückgeht, die im vorigen Jahrhundert durch Deutschland zogen und sich eine eigenartige Kostümierung einfallen ließen, um auf den Märkten Aufsehen zu erregen. Viele Bürger, die sie so sahen, beschlossen, in der Gegend, wo man sich so kleidet, den Urlaub zu verbringen. Dies war die Geburtsstunde der Zillertaler Tracht. Der Radfahrer steht und fährt außerhalb dieser Trachtenkultur. Er ist weder homo alpinicus, Alpenmensch in Tracht und mit deftigen Worten, für den der Nordländer schwärmt, noch ein Urlaubsgast, der sich als kühner Bergbesteiger gibt. Daß der Radfahrer sich außerhalb dieser Ferienkultur befindet, erkennt er in dem Gasthaus, in dem er müde von der Tagestour Erholung sucht, ein Bier bestellt und nach einem Zimmer fragt. Ich nehme in Sölden Quartier in der Pension "Cornelia" und beziehe ein Zimmer mit vielen Holzmöbeln. Ich dusche mich heiß und marschiere anschließend in das nächste Gasthaus, eine Pizzeria, wo ich tüchtig esse und trinke. Erholt kehre ich in die Pension zurück. Dort treffe ich die Schwester der Vermieterin, die mich lächelnd begrüßt: "Ja, grüße Sie, Herr Professor. Ich kenne Sie von einem Vortrag, den Sie in Windischgarsten gehalten haben. Meine Schwester hat mir gesagt, da ist ein Professor mit einem Fahrrad gekommen und will über die Schmuggler etwas schreiben. Ich habe ihr gesagt, so ein Blödsinn, welcher Professor kommt mit dem Fahrrad? Jetzt sehe ich aber, daß es stimmt!"

Die gute Frau, die mir erzählte, wie man früher von Sölden aus Vieh nach Italien geschmuggelt hat, war offensichtlich etwas mißtrauisch angesichts der Mitteilung über einen radelnden Universitätsprofessor. Wahrscheinlich hatte sie einen Hochstapler erwartet. Ich finde das nett! So geht es einem Radfahrer, er wird nicht für voll genommen. Der Radfahrer hat eher Ähnlichkeit mit einem Vagabunden als mit einem Professor. Für den Professor geziemt es sich offensichtlich nicht, mit dem Fahrrad zu fahren. Von ihm wird erwartet, daß er mit dem Auto kommt oder sonstwie in Würde absteigt. Der Radfahrer erscheint verdächtig, als einer, der sich kein Auto leisten kann oder dem man wegen Trunkenheit am Steuer den Führerschein abgenommen hat, oder einfach als unverbesserlicher Abenteurer. Und Abenteurer sind nur in Maßen gerngesehene Gäste, weil sie die anderen Gäste verwirren und dem Ruf des Gasthauses schaden könnten.

Aber da ich nun als Professor mit Fahrrad identifiziert worden bin, brauche ich mich nicht weiter um mein Prestige kümmern.

Fremdenverkehrskultur und Folklorespezialisten

Charakteristisch für die Fremdenverkehrskultur, die ganz Europa durchzieht, ist, daß sie dem Menschen etwas Außeralltägliches, Abenteuerliches anbietet. Der Mensch entflieht für kurze Zeit seiner "normalen" Welt, die bestimmt ist durch Beruf, Eheleben, langweilige Freunde, Kirchenbesuche und Beamte. Er kehrt ihr den Rücken und läßt sich durch Folklorespezialisten in eine Traum-Welt versetzen. In Sölden etwa bin ich auch in einen "Heimatabend" mit schmalzigen Heimatliedern und Schnulzen aus den fünfziger Jahren geraten. Das vorwiegend aus Deutschland stammende Publikum wiegte sich im Takt, und einige tanzten. Manche grölten. Das Bier floß, und die Kellner machten ein großes Geschäft.

Die Masse an Gästen, die während des Sommers die klassischen Urlaubsländer und Urlaubsorte überflutet, muß unterhalten werden. Dafür schuf man eine Menge Folklorespezialisten und Animateure und "ländliche", sündhaft teure Lokale, die einander alle gleichen.

Die Menschen, die in dieser Fremdenverkehrskultur Abwechslung suchen, liegen wie Sardinen an den Stränden, marschieren in Karawanen auf die Berge und radeln auf vorgegebenen Radwegen. Die Einsamkeit der Berge und Inseln, die in den Prospekten angepriesen wird, gibt es dann aber nicht mehr. In fast allen Kulturen kennt man Möglichkeiten, die Monotonie des täglichen Einerlei zu fliehen. Sei es durch rauschende Feste, bei denen anschließend ordentlich gerauft wird, oder sei es durch Urlaub in einem fremden Land.

Sehr raffiniert geht es bei den Eskimo zu, wie Marcel Mauss beschreibt.[31] Für diese Leute ist es typisch, daß sie die Hälfte des Jahres in engem Kontakt mit ihren Stammesgenossen leben und die andere Hälfte auf abenteuerlicher Jagd verbringen. Die Einsamkeit, in der man ernste Gefahren auf sich nimmt, wird zum heldenhaften Erlebnis, von dem man im Winter gerne in den Schwitzhütten oder auch sonstwo berichtet. Ähnlich halte ich es mit meinen Radtouren, von denen ich das ganze Jahr über meinen Freunden erzähle.

Jugend auf der Suche nach dem Außeralltäglichen

Der geschilderte abenteuerliche Urlaubsgast ähnelt dem jungen Menschen, der ebenfalls einige Strapazen auf sich nimmt, um dem durch Eltern, Schule und andere Instanzen vorgegebenen Alltag zu entfliehen. Der Jugendliche geht in die Berge, klettert durch wilde Eiswände, zieht sich bunt an oder nimmt das Fahrrad und überläßt sich dem Zauber der Landstraße. Auf solche Weise wird das eigene Selbst gestärkt, dies spürt der junge

---

31 M. Mauss u. H. Beuchat, Essai sur les variations Saisonnières des Sociétés escimos etude de morphologe sociale. Paris 1906

Mensch, aber auch der Erwachsene, der als Kletterer, Schifahrer oder sonstwie als Abenteurer dem Alltag entflieht. Es werden hier also Grenzen überschritten, um über den gewöhnlichen Trott des Lebens zu triumphieren und die eigene Person zu einer erhabenen zu machen. Auch ich sah mich auf dem Timmeisjoch in der Rolle des Abenteurers, der sich nicht wesentlich von einem erlebnishungrigen Jugendlichen unterscheidet. Ich fühlte Jugendlichkeit in mir, als ich mich den Schwierigkeiten des Passes und der Witterung stellte. Interessant ist in diesem Zusammenhang, daß die Generäle Napoleons kaum über 25 Jahre alt waren. Ihr Elan und Mut zum Wagnis verhalfen den Heerzügen des Korsen zu triumphalen Erfolgen. Jugendlich dürften auch die Führer der Völkerschaften gewesen sein, die im frühen Mittelalter über die natürliche Grenze der Alpen zogen und in Italien Kulturen und Reiche schufen. Eines dieser Reiche war dasjenige der Langobarden: Im 8. Jahrhundert heiratete die Tochter eines Langobardenkönigs mit dem schönen Namen Liutbirg den Bayernherzog Tassilo, Vetter und Gegenspieler Karls des Großen. Tassilo hatte sich offensichtlich Unterstützung von den Langobarden erwartet, um sein Stammesherzogtum mächtig und stark zu machen. Doch Karl der Große ließ dies nicht zu und verbannte den wackeren Bayernherzog in ein Kloster. Auf dem Grabstein Tassilos soll zu lesen gewesen sein: "Primum Dux, post Rex, ad imum Monachus". In diesen Worten drückt sich Karriere und Tragik eines um die Macht kämpfenden Mannes aus, der als Herzog begann, dann sich als König sah, weil er sich Karl dem Großen gleichgestellt hatte, und der schließlich als Mönch starb. Es liegt im Menschen, um Ansehen und Ruhm sich zu bewerben. Viele, vielleicht die meisten, scheitern, wenn sie zu übermütig werden, wie eben Tassilo von Bayern. Sein dem Kloster Kremsmünster gestifteter Kelch, der sogenannte Tassilokelch, ist von einfacher und stolzer Schönheit. An seinem Fuß ist zu lesen: "Tassilo Dux Fortis et Liutbirg Virgo Regalis" – "Tassilo, tapferer Herzog, und Liutbirg, königliche Jungfrau". Erhabene Worte, von einem jugendlichen Herzog stammend, der das Kloster Kremsmünster gegründet und seine Hände nach Macht und königlicher Würde ausgestreckt hat.

Dieser Tassilo verkörpert in seinem Drang das Urbild einer Jugend, die die engen Fesseln des Überkommenen sprengen will – und oft auch sprengt. Revolution ist nur möglich über die Jugend, die sich Zeit nimmt und Zeit hat, um sich mit der ererbten Welt verändernd auseinanderzusetzen. Grundsätzlich war und ist es jene Jugend, welche frei von harter körperlicher, bäuerlicher und sonstiger Arbeit ist, und welche die Muße hat, darüber nachzudenken, wie die Welt zu verändern ist. Tassilo scheiterte an diesem Vorrecht. Grundsätzlich hat Jugend nicht bloß etwas mit physischer Reife und Lebensalter zu tun, sondern es geht um viel mehr. Je nach Gruppe und Kultur wird Jugend verschieden definiert und gesehen: In den alten bäuerlichen Kulturen zum Beispiel wurden die Bauernkinder schon mit sieben oder acht Jahren auf das Feld oder in den Stall geschickt. Sie mußten bereits hart arbeiten. Kindheit oder Jugend im Sinne einer von der Arbeit freien Zeit, die dazu dient, den jungen Menschen auf das Leben als Erwachsener vorzubereiten, gab es am bäuerlichen Hof nicht.[32] Das Kind des Bürgers dagegen hat Muße, seine Jugend zu genießen. Es gibt Studenten, die bis zu ihrem 29. Lebensjahr die Gunst der Jugend für sich beanspruchen. Der Mensch, der die Jugend genießen darf, lernt langsam, sich in der Erwachsenenwelt zu orientieren und sie auch kritisch zu betrachten. Generationskonflikte, die es bei Bauernkindern so gut wie nicht gab, sind dafür typisch. Das Bauernkind hat keine Zeit, darüber nachzudenken, was am Tun der Eltern schlecht oder kritikwürdig ist. Das Kind wird an die Arbeit gebunden, und wenn es diese nicht erfüllen kann, so muß

---

32 Vgl.: R. Girtler, Aschenlauge. Bergbauernleben im Wandel. Linz 1987

es damit rechnen, gescholten und zurechtgewiesen zu werden, durch den Knecht, die Magd oder den Bauern. Diese alte bäuerliche Welt war also nicht immer freundlich, sie konnte mit urtümlicher Gewalt die einzelnen Menschen erniedrigen, wenn sie nicht den Vorstellungen entsprachen, die man sich von einem arbeitsamen Individuum machte. Aber dennoch waren auch in dieser ländlichen Kultur die jungen Leute daran interessiert, die Erniedrigungen, die sie zu spüren hatten, abzuschütteln und Anerkennung zu finden. Es gab für den jungen Burschen auch so etwas wie Mannbarkeitsrituale, nämlich ritualisierte Handlungen, durch die man hohes Ansehen finden konnte. Dazu gehörte das regelmäßige Raufen der Burschen, aber auch – vor allem im Gebirge – das Wildern, überhaupt wenn es einem gelang, dem hohen Jagdherrn die Gams wegzuschießen. Beim Bezirksgericht im oberösterreichischen Windischgarsten wurden, wie man mir erzählt hat, die Raufer und Wilderer sogar privilegiert behandelt, denn offensichtlich dürfte der Richter mit der Lust der jungen Burschen, sich als wagemutig und kräftig zu präsentieren, Einsicht gehabt haben. Heute ist in den Dörfern an die Stelle des Raufens und Wilderns das verwegene Motorradfahren und gefährliche Autorasen getreten. Für den braven Bürgersohn besteht darüber hinaus noch die Möglichkeit, durch sportliche Hochleistungen, durch Teilnahme an Jugendbanden und andere zweifelhafte Aktivitäten sein Selbstverständnis als junger Erwachsener zu stärken.

Rauhe und blutige Mannbarkeitsrituale – Mutproben an der Grenze zur Mannwerdung

Während bei uns Mannbarkeitsrituale bis auf gewisse Ausnahmen mehr oder weniger an Bedeutung verloren haben, sind sie in den sogenannten "primitiven" Kulturen ziemlich exakt und detailliert geregelt. Die Firmung bei uns ist ein Relikt eines solchen Mannbarkeitsrituals, bei dem die Firmlinge vom Bischof eine Ohrfeige und vom Paten eine Uhr erhalten. Härter ging es in den alten Stammeskulturen zu. Bei den Sioux-Indianern zum Beispiel wurden den jungen Männern feierlich Haken in die Brustmuskeln gesteckt, auf denen man sie dann in die Höhe zog. Seine Männlichkeit bewies der junge Indianer, indem er dies alles lächelnd über sich ergehen ließ. In den schlagenden Studentenverbindungen Deutschlands und Österreichs – früher existierten solche auch in Czernowitz, Prag, Brunn und anderen Hochschulstädten – wird ein heute noch ähnlich blutiges Mannbarkeitsritual geübt: Um ein Vollmitglied des Freundschaftsbundes zu werden, verlangt man von dem jungen Studenten, auf "Mensur zu steigen". Das heißt, es wird ihm aus einer anderen Verbindung ein Gegner gesucht, mit dem er auf "Schläger", eine Abart des Säbels, zu fechten hat. Dieser Kampf ist genau ritualisiert. Die beiden Sekundanten der Fechtenden, die zunächst aus den umstehenden Zuschauern, Mitgliedern anderer Verbindungen, einen Unparteiischen gekürt haben, führen das martialische Kommando. Bevor es aber soweit ist, wird den beiden Kontrahenten ein Kampfanzug angelegt. Da mit den Schlägern nur "hoch" gefochten wird – Kopf und Gesicht sind Ziele der Hiebe –, werden Hals und Augen besonders geschützt. Zumindest ein Arzt muß einer solchen Partie beiwohnen.

Bevor der Kampf rituell beginnt, stehen die beiden Parteien einander bereits gegenüber. Dabei werden die letzten Handgriffe am Paukzeug, der Ausrüstung, getan. Ein Kollege schaut, ob der Schläger auch ordentlich "pfeift", und andere beruhigen den Paukanten. Sind die Fechtenden und ihre Sekundanten parat, so verlangt einer der Sekundanten vom Unparteiischen "Silentium für die Austragung einer Mensur". Blitzartig verstummen die Gespräche in der Korona zwischen den in den Farben ihrer Verbindung erschienenen Zuschauern. Charakteristisch für dieses Mannbarkeitsritual ist, daß keine Frauen anwesend sein dürfen. Der Kampf und das Zuschauen sind reine Männersache. Der Kampfplatz wird sodann "ausgesteckt": Die beiden Bereiche, in denen die Fechtenden zu stehen haben, werden durch Kreidestriche von den Herrn Sekundanten rituell abgegrenzt. Davon leitet sich das Wort "Mensur" für die *ganze* Kampfhandlung ab, nämlich als ein für das Fechten "abgemessenes" Feld. Das Thema Grenze beherrscht auch dieses Mannbarkeitsritual.

Nun ist es soweit: Die Sekundanten treten in die Mensur – die Boxer bezeichnen ihren Kampfplatz als "Ring" –, die Fechtenden nehmen Aufstellung, und auf das wechselnde Kommando der Sekundanten hin schlagen sie aufeinander mehr oder weniger elegant ein. Das Kommando teilen sich die beiden Sekundanten. Sie stehen jeweils zur Linken ihres Paukanten, mit einem Schläger in der Hand und einem "Stierkopf" zum Schutze des eigenen Schädels angetan. Ihre Aufgabe ist es, am Ende jedes Ganges die Fechtenden zu trennen und den Verlauf der Mensur im Sinne ihres Paukanten durch Feststellung von Inkommentmäßigkeiten des Gegners und ähnlichem zu beeinflussen. Die Mensur beginnt damit, daß der eine ruft: "Angenehm!", womit er ausdrücken will, daß nun gefochten werden kann. Der Gegensekundant antwortet: "Bitte sehr!" Darauf wieder der erste: "Auf zur Mensur, legt Euch aus!" Die Paukanten heben ihre rechten Arme, geschützt durch sogenannte Stulpen, über den Kopf. Die Spitze des Schlägers zeigt ungefähr unter die Achsel des Gegners. Nun erwidert der Gegensekundant: "Sie liegen aus!" Jetzt ruft der erste: "Los!" Die beiden Paukanten schlagen nun fechtend die Klingen zusammen, auf die Stulpen und, wenn der Gegner unvorsichtig ist, auf den Kopf des Gegners.

Diese Art des Kämpfens, welche sich aus dem Säbelfechten entwickelt hat, sollte dem Fechten, wie es an den Universitäten üblich war, die Brutalität nehmen, aber dennoch ist die Angelegenheit blutig. Hie und da trifft ein Paukant den anderen auf den

Kopf oder an der Wange. Das ist nicht immer einfach, überhaupt wenn der andere sich zu decken versteht. Die Dauer einer Mensur variiert je nach Universitätsstadt und Komment. Grundsätzlich müssen an die 40 Gänge durchgefochten werden, außer ein Pauker trägt eine Wunde davon, von der der Paukarzt meint, sie sei schwer genug, um die Mensur abzubrechen. Ist dies der Fall, so tritt der Sekundant des verwundeten und blutenden Paukanten vor und sagt: "Herr Unparteiischer, ich bitte um Silentium, wir erklären die Abfuhr." Bei kleineren Wunden, den Schmissen, wird weitergefochten. Die Umstehenden verfolgen die einzelnen Schläge und Schmisse genau. Rinnt Blut, so quittieren die einen, die Verbindungsfreunde des Verletzten, dies mit Bedauern, die anderen mit Frohlocken. Nach jedem Gang, das sind jeweils vier Hiebe der Kontrahenten, fallen die Sekundanten ein und trennen die Klingen. Dabei kann es zu Konflikten zwischen den Sekundanten kommen. Sie sprechen einander rituell mit "Sie" an, auch als Studienfreunde, und kritisieren die gegnerischen Paukanten, wenn sie inkommentmäßige Hiebe gefochten haben oder sonst wie aufgefallen sind. Nach dem letzten Gang verliest der Unparteiische das Mensurprotokoll und erklärt die Mensur für beendet. Die blutenden Paukanten gehen, nachdem sie sich des Kampfanzuges entledigt haben, in einen Nebenraum, wo der Paukarzt sie wieder zusammenflickt. Auch für die Umstehenden, die über das Blut und die Verletzungen ihre Scherze machen, hat sich somit das Abenteuer erledigt. [33]

Hinter diesem Mannbarkeitsritual, das ähnlich dem blutigen der Sioux ist, steht eine alte Tradition. Feine Leute taten sich auf Mensuren hervor. Zu ihnen zählen Bismarck, Karl Marx, Arthur Koestler [34], Oskar Kreisky (der Onkel des früheren österreichi-

---

33 Spannend und greulich beschreibt auch Mark Twain in seinem Buch "Bummel durch Europa" (München 1967, S 15ff) eine Mensur in Heidelberg.

34 Arthur Koestler beschreibt in seinem autobiographischen Roman "Der Pfeil ins Blaue" (Frankfurt 1982) sehr detailliert sein Leben in einer schlagenden

schen Bundeskanzlers) und viele andere. In schlagenden Verbindungen war auch ein Großteil der Männer, die gegen Hitler das Attentat vom 20. Juli 1944 geplant hatten und hingerichtet wurden.

Dieses alte Mannbarkeitsritual der Mensur erinnert an wilde Zeremonien bei kriegerischen Stämmen. Sie alle haben dieselbe Funktion: dem jungen, noch unsicheren Burschen das Gefühl zu vermitteln, eine ungewöhnliche, urtümliche Mutprobe, die ihn als Mann bestätigt, abgefordert zu haben. Auch der berühmte amerikanische Indianerforscher und Kulturanthropologe deutscher Abstammung Franz Boas war als Student in Münster Mitglied einer schlagenden Verbindung, einer Burschenschaft. Er trug einige Schmisse im Gesicht. Als ihn einmal Studenten in den USA fragten, woher er die Narben in seinem Gesicht hätte, erzählte er, sie stammten von einem Bären in Labrador. Später jedoch gab er zu, daß er ein wilder Fechter gewesen sei.[35] Mannbarkeitsrituale dieser Art und ihre Symbole, das wichtigste ist der Schmiß, üben auf junge Leute einen eigenartigen Reiz aus. Der Humanist und Weltbürger Arthur Koestler schreibt von diesen Verbindungen: "Es ist gewiß ein Paradoxon, daß diese erzkonservativen, anachronistischen, rauf- und sauflustigen Burschenschaften psychologisch gesünder waren als jede andere geschlossene Gemeinschaft, der ich seither begegnet bin ... "[36] In unserer westlichen Zivilisation gibt es noch eine Reihe anderer Gruppen, die mit ähnlichen Strategien junge Leute dazu bringen, stolz auf sich zu sein. Unter jugendlichen Motorradfahrern, die eine Vielzahl von Symbolen – wie Lederjacken, Halstücher und Totenkopfringe – besitzen, gibt es Mutproben auf den Motorrädern. Und Jugendliche, die die Berge lieben, suchen in steiler

---

Verbindung und auch seine Mensur.

35 Vgl. A. Kardiner u. E. Preble, Wegbereiter der modernen Anthropologie. Frankfurt/Main 1974, S. 138

36 A. Koestler, Der Pfeil ins Blaue, S. 112

Wand oder im Eis das gefährliche Vergnügen. Auch in Drogensubkulturen läßt sich dieses Phänomen nachweisen. Hier besteht die Mutprobe in der Einnahme der giftigen Rauschsubstanzen. Eine Parallele dazu findet sich in den Gruppen junger Männer, die gemeinsam dem Alkohol zusprechen und gewaltige Mengen an Bier oder Wein in sich schütten. Derjenige genießt das höchste Ansehen, der am meisten verträgt. Um in einer solchen Gruppe bestehen zu können, ist es freilich wichtig, die betreffenden symbolischen Handlungen – die Mensur, die Rauferei oder die Drogeneinnahme, die ja ebenso ritualisiert ist – durchzuführen. Das Ablehnen einer solchen Handlung zieht den Ausschluß oder andere Schwierigkeiten nach sich. Die Hippies der sechziger und siebziger Jahre distanzierten sich auf andere Weise von der tradierten Kultur. Sie schwärmten von Indien, zogen sich bunt an und machten Musik. All die Aktivitäten, wie sie hier beschrieben und angedeutet wurden, führen in eine andere Welt, sie sind gekennzeichnet durch den Bezug zur Transzendenz: Der Mensch, der die Grenze des Alltags hinter sich läßt, auf hohe Berge steigt oder in heiße Wüsten fährt, ist getrieben von dem Gedanken, sich aus seiner kleinen Welt entfernen zu können, um sich über sich selbst zu erheben. Vielleicht steckt gerade darin der vage Wunsch, der den Menschen seit Anbeginn beseelt, der Wunsch nach Gottähnlichkeit und Unsterblichkeit. Lästig wird es allerdings, wenn alle gleichzeitig und massenhaft sich auf den Kriegspfad begeben.

*

Noch bin ich als Radtourenfahrer allerdings ziemlich alleine, und das beglückt mich. Müde schlafe ich ein. Ich spüre die Plagen meines Kampfes um das Timmelsjoch.

Inntal und Landeck: Bunte Sprache

Sölden, Inntal, Landeck
Die Bedeutung der Sprache
Sprache als Grenze
Die Buntheit der Gaunersprache

Erst um neun Uhr wache ich auf. Ich habe gut geruht nach der abenteuerlichen Fahrt über das Timmelsjoch. Es war nicht einfach, was ich da unternommen habe – noch dazu als Großvater! Stolz klingt in mir nach.

Beim Frühstück in der gemütlichen Stube mit ihren freundlich gedeckten Tischen und stillen Gästen trinke ich eine gute Tasse Tee mit Milch. Dazu esse ich ein paar Honigsemmeln. Ich habe sie notwendig, ich brauche Kraft. Die Schwester der Pensionsinhaberin setzt sich, wie vereinbart, an meinen Tisch. Sie zündet sich eine Zigarette an und erinnert sich an meinen heiteren Vortrag. Es scheint dieser Vortrag gewesen zu sein, der in ihr gewisse Sympathien für mich geweckt hat, denn nun erzählt sie mir von sich aus, was ich so über das Schmuggeln in früherer Zeit wissen will. Irgendwie ist sie davon angetan, daß ich als Forscher unterwegs bin. Sie hat sogar so etwas wie Achtung vor mir, dem Radfahrer, dem sonst eher spärlicher Respekt gezollt wird.

Ihre Schilderungen beziehen sich auf die mühsamen Wege zu den Jöchern, die Armut der Leute hier, bevor der Fremdenverkehr Einzug gehalten hat, und die wackeren Burschen, die als Schmuggler, weil sie immer etwas Geld hatten, bei den Mädchen begehrt waren.

Gegen elf Uhr verlasse ich das gastliche Haus und fahre durch das Ötztal hinunter. Ich passiere Lengenfeld, das mir seit einer Tagung, die hier einmal stattgefunden hat, in schlechter Erinnerung geblieben ist. Es waren langweilige Leute damals im Juli und langweilige Tage. Man wollte mit Gewalt modern und kulturfreudig sein. Wahrscheinlich erhofften sich einige Politiker von der gescheiten Veranstaltung, über die auch ein paar Zeitungen pflichtgemäß berichteten, etwas Feuer für ihre politische Karriere.

Nun erreiche ich Imst. Nach meiner Karte müßte hier ein Radweg oder sonst ein gemütlicher Pfad nahe des Inns entlangführen. Auf der Suche danach verfahre ich mich und irre auf Feldwegen umher. Da erblicke ich einen Radfahrer mit einem Rucksack auf dem Rücken. Sein Rad ist ein klassisches Rennrad ohne Gepäcksträger und Kotschützer. Ich hingegen besitze beides, Kotbleche und Gepäcksträger, und muß deshalb mein Gepäck nicht auf dem Rücken tragen. Der Radfahrer, ebenso ratlos nach dem Weg suchend wie ich, entpuppt sich als Münchner, der nach Bozen will. Er ist schnell unterwegs. Wir suchen gemeinsam den Weg und finden ihn schließlich auch. In Landeck trennen wir uns. Er fährt weiter über den Reschen, ich mache in Landeck Station, wo ich Bruno Öttl einen Besuch abstatten will.

Dieser Bruno Öttl, seines Zeichens Musiklehrer am Landecker Gymnasium, hat mir Informationen über alte Schmuggler im Paznauntal versprochen, die vor Zeiten Kaffee und Saccharin vom schweizerischen Samnaun über die Berge nach Ischgl und Käppi brachten. Er selbst hat bereits Rundfunksendungen im Paznauner Dialekt über einheimische Originale, darunter auch Schmuggler, gestaltet.

Das Ehepaar Öttl empfängt mich herzlich und bietet mir ein

hübsches Zimmer für die Nacht an. Bruno Öttl schlägt auch gleich vor, ins Paznauntal hinaufzufahren bis in die Nähe von Käppi, wo wir einen alten Schmuggler, hoch in den Neunzigern, interviewen könnten. Öttl hat dessen Familie, braven Bergbauern, bereits "Post schicken lassen", daß wir beide, er, den man von Rundfunksendungen kennt, und ich, der Professor aus Wien, an diesem Nachmittag kämen. Die Wendung "jemandem Post schicken", ihm also eine Nachricht zukommen lassen, erinnert übrigens an die Zeiten, als es noch kein Telefon gab und man auf Freunde, Nachbarn oder gutmütige Herumzieher angewiesen war, wenn man andere Leute von etwas in Kenntnis setzen wollte. Das "Postschicken" war eine ehrfurchtgebietende Handlung, denn man hatte grundsätzlich wichtige Dinge zu übermitteln. Dem Telefon vertraut man auch Nebensächlichkeiten an, man spricht über Dinge, die es oft nicht wert sind, daß man ein Wort dafür verschwendet, wie den guten Appetit des Mannes, das neue Kleid der Frau und die Schulerfolge der Kinder. Aber die "Post", die man jemandem "schickt", hat den Charakter des Verheißungsvollen und Unausweichlichen. Sie bezieht sich darauf, daß wichtiger Besuch ins Haus steht, daß jemand zu heiraten gedenkt, daß es jemandem schlecht geht, daß der Arzt unterwegs ist, oder daß Freunde um Unterstützung bitten.

Da Bruno Öttl kein Auto besitzt und mein Fahrrad nicht uns beide zugleich transportieren kann, nehmen wir einen Mietwagen. Für Ausnahmefälle – dies entspricht meiner Auto-Philosophie – hat das Auto seinen Sinn. Ich wende mich gegen das Auto als ein Verkehrsmittel, das vom Menschen Besitz ergriffen hat und ständig eingesetzt wird, aber ich akzeptiere es, wenn dringliche Sachen zu erledigen sind. Durch das Paznauntal fahren wir auf einem Nebenweg steil bergan. Kleine Bauernhäuser schmiegen sich an die himmelwärts strebenden Wiesen. Ich bewundere die Bauern, die heute noch hier das Gras mähen und es dann in Körben zum Hof schleppen. Ein Ausrutscher kann leicht im gefährlichen, nicht zu bremsenden Sturz in die Tiefe enden. Die kleinen Kinder auf den Höfen müssen wohl dazu angehalten werden, mit Vorsicht aus der Haustüre zu laufen, die sich zur steilen Wiese hin öffnet. Bei einem alten, ganz aus Holz erbauten Hof halten wir das Auto an. Hier ist der Schmuggler zu Hause. Er sitzt in der Stube, zurechtgemacht für unseren Besuch, mit Hut, einem Symbol der Würde, schönem Hemd und alter Sonntagsweste, auf der die silberne Uhrkette schimmert. Auch die beiden Urenkelkinder sind anwesend.

Der Enkelsohn, er ist der stattliche Bauer des Hofes, bietet uns Schnaps an, und dann beginnt Bruno Öttl, im alten Paznauner Dialekt mit dem wackeren Schmuggler zu sprechen. Dieser erzählt von seinen abenteuerlichen Märschen über die Berge nach Samnaun und den Kaffee, über den sich die Menschen hier gefreut haben und an dem er nicht schlecht verdient hat. Die Schmuggler waren angesehene Burschen, sie hatten Geld und waren gute Bergsteiger. In den Zeiten der Not verhalfen sie den Leuten zu den notwendigen Dingen des Lebens, zu denen auch das Saccharin, der Süßstoff, gehörte. Ganze Banden von Schmugglern waren hier unterwegs. Bei Käppi heißt eine Siedlung heute noch Saccharinsiedlung, denn die Häuser dort sind mit dem Geld aus dem Saccharinschmuggel erbaut worden. Langsam gewöhne ich mich an die Sprache, das Paznaunerische. Es ist eine farbige Sprache. Und es ist ein Verdienst Bruno Öttls, daß er in Radiosendungen diesen alten Dialekt pflegt. Er ist einer der ihren, er stammt aus einem kleinen Dorf bei Käppi, wo seine Eltern Kleinbauern waren.

Wir verabschieden uns von dem Alten und seiner Familie. Ich habe einiges profitiert und auf meinem Kassettenrecorder festgehalten. Wir fahren weiter zu einem anderen Haus, das noch höher oben liegt. Eine alte Bäuerin macht uns auf und bittet uns zu Tisch. Sie serviert uns alten, schimmligen Käse. Auch sie erzählt vom Schmuggel. Öttl scherzt, ich verstehe nur Teile der

Unterhaltung. Aber dennoch gefällt mir die Situation, der Zauber der Sprache und die Lebenslust der Leute, welche die Härte des Lebens hier spüren.

Dann geht es wieder steil bergab. Wir fahren zurück nach Landeck, es regnet leicht, Nebel drückt in das Tal. Bei einem alten, einsamen Haus an der Straße bittet mich Bruno stehenzubleiben. Dies war einmal ein Wirtshaus, in dem auch Schmuggler verkehrten und ihr Bier tranken. Nur ein schwaches Licht dringt aus dem Haus. Wir klopfen an. Nach einiger Zeit wird die Türe vorsichtig geöffnet. Schemenhaft im Dunkel des Vorraumes erscheint der Wirt, eine große, rundliche Figur mit einem stattlichen Kopf. Öttl kennt ihn auch von den Radiosendungen. Wir dürfen in die ehemalige Gaststube treten, die heute das Wohnzimmer des Wirtes ist. Noch steht die ursprüngliche Einrichtung mit den alten braunen Tischen und Stühlen. Wir nehmen Platz. Ein Bier wird uns kredenzt. Geld nimmt er nicht dafür. Er freut sich, daß wieder einmal Gäste hier sind. Öttl erzählt ihm von meinen Absichten, über Schmuggler zu forschen. Ich merke, wie seine Augen zu funkeln beginnen. Er erinnert sich seiner Jugend, der Vorkriegszeit, als er selbst mit Kaffee und Saccharin unterwegs war und sich einiges Geld erschmuggelt hat. Und hier in der Gaststube sind sie gesessen, die alten Freunde, die vor den Grenzern, den Zöllnern, flüchteten. Ein herrliches Gespräch mit einem kompetenten Herrn, der sich bei Schmugglern auskennt! Ich bin dankbar. Und mein Dank klingt ehrlich, als wir gehen. Wir suchen noch ein weiteres Gasthaus auf, bevor wir nach Landeck zurückfahren. Es regnet in Strömen. Hoffentlich ist morgen gutes Radwetter. Frau Öttl, eine Schottin, hat noch ein kleines Nachtmahl für uns bereit.

Es war ein ergiebiger Tag heute für mich, den radfahrenden Feldforscher. Ich habe auch gesehen, daß gute Interviews dann möglich sind, wenn man mit Leuten kommt, die einem den Weg ebnen. Personen vom Schlage Bruno Öttls sind von großem Wert für Forschungen, wie ich sie durchführe. Man braucht Freunde, die als Führer in fremden Welten fungieren. Die Welt des Paznauntals ist für mich fremd, zumindest fremd gewesen, bis ich eben mit Bruno Öttl kam. Ihm sei für seine Freundschaft gedankt.

Die Bedeutung der Sprache

Bruno Öttl hat mir damals einen interessanten Nachmittag bei Leuten beschert, die ich zum Großteil nicht verstanden habe. Ihr Paznaunerisch ist meilenweit von der deutschen Hochsprache entfernt, welche Lehrer und Ämter in das Tal gebracht haben. Zwar handelt es sich um einen deutschen Dialekt, aber er hat viel Eigenständiges, und einige Wörter scheinen mir eher mit dem Englischen verwandt zu sein als mit dem Deutschen. Ganz ähnlich verhält es sich mit dem alten oberösterreichischen Dialekt, in dem das Wort "afta" oder "oftan" für "dann", "danach" oder "nachher" dieselbe Wurzel wie das englische "after" haben dürfte.

Sprache *ist* etwas Verbindendes und von hohem symbolischem Gehalt. Als wichtigstes Symbolsystem macht sie es möglich, daß Menschen miteinander Gedanken austauschen und über Dinge sprechen können, die nicht anwesend sind. Wesentlich am Symbol ist, daß es für eine Gruppe von Menschen ein und dieselbe Bedeutung hat. Menschen betrachten sich als kulturell verwandt, wenn sie dieselbe Sprache beherrschen oder bestimmte Ausdrücke verstehen. Jede einzelne Subkultur entwickelt innerhalb einer größeren Sprachgemeinschaft ihre eigene Sprache oder zumindest einige selbständige Ausdrücke. Die Kenntnis solcher Spezialwörter schafft Distanz zu anderen Leuten und ist Ausweis für die Zugehörigkeit. So ist es für einen Jäger geradezu lebenswichtig, die Jägersprache zu beherrschen. Eine besondere subkulturelle Sprache ist diejenige der Ganoven. Die Gaunersprache basiert auf einer langen Tradition, die weit in das Mittelalter zurückgeht. Sie wird auch als "Rotwelsch" bezeichnet, ein Ausdruck, der bereits im 12. Jahrhundert bekannt war. Obwohl die Kultur der Vaganten seit der Mitte des vorigen Jahrhunderts mehr und mehr zurückgedrängt wird – was mit dem Aufkommen der Arbeiterbewegung zusammenhängt –, besitzt sie nach wie vor Bedeutung. Stößt jemand in die Gesellschaft von Ganoven vor und versteht dabei einzelne Worte nicht, dann kann es sein, daß er als Spitzel oder ähnlich suspekte Person angesehen bzw. behandelt wird. So erging es mir, als ich vor vielen Jahren unter den Sandlern Wiens, den obdachlosen Nichtseßhaften, wie der Soziologe sie fachgerecht bezeichnet, forschte.

Nicht anders als bei den Ganoven geht es bei den feinen Gelehrten zu, die ihre speziellen Begriffe, komplizierten Redewendungen und fremdländischen Ausdrücke besitzen. Will man in der Fachwelt Ehre und Ruhm erringen, so ist es ratsam, bei Vorträgen und in Publikationen regelmäßig das eine oder andere dieser gelehrten Wörter einfließen zu lassen. In der Soziologie etwa griff man vor einiger Zeit häufig zu den Wendungen "reflektieren" und "relevant". Aber auch sonst bedient sich die gelehrte Welt einer für den Laien zum Teil völlig unverständlichen Sprache. Eine solche Gelehrtensprache erfüllt eine wichtige Funktion: Sie hält Außenstehende von Kritik und ähnlichem unfreundlichem Betragen ab und vermittelt das Bild einer weisen Welt der Wissenschaft, die eine natürliche Grenze zu jenen Leuten bildet, von denen man sich fernhalten will. Auf dieselbe Weise versuchten mittelalterliche Gelehrte, das Latein einzusetzen, wodurch sie sich Zugriffen des "einfachen" Publikums vornehm entzogen.

So haben Ganoven und Gelehrte also große Ähnlichkeiten miteinander, insofern als beiden darum zu tun ist, sich durch eine Spezialsprache von anderen Leuten abzuheben. Der Ganove tut dies, um z. B. Informationen, die Außenstehende nichts angehen, an seine Kumpanen weiterzugeben, und der Gelehrte weiß sich durch eine komplizierte Sprachform unter seinesgleichen. Verachtung trifft alle jene, die sprachlich nicht "mithalten" können: den jungen Soziologen, der bei Diskussionen seiner Kollegen nur vornehm schweigt und hier und da mit "Ja" antwortet, ebenso wie den Eindringling in die Szene der Ganoven. Wegen Unkenntnis der Gaunersprache wurde ich bei meinen Studien im Wiener Gaunermilieu von Ganoven, die ich noch nicht kannte, als gefährlich und als "Wams" (Gaunerwort für "Verräter") definiert. Einmal ging einer sogar mit einem Bierkrug auf mich als den Fremden los. Ich stand gerade bei einer Gruppe ehemaliger Häftlinge und Obdachloser, die über meine Forschungsabsichten und meine Profession Bescheid wußten. Mit den Worten: "Laß' ihn in Ruhe, das ist ein klasser Bursche, der lädt uns oft auf ein Bier ein!" bewahrten meine Freunde mich vor Komplikationen in der Lebenswelt, in die ich eingedrungen war und deren Sprache ich nur stümperhaft beherrschte.[37]

Als Soziologe, der an vielen Kongressen teilgenommen und manchmal überhaupt nichts verstanden hat, sowie als heutiger Kenner der Gaunersprache bin ich mir der ungeheuren Symbolkraft der Sprache bewußt. Zu Recht bezeichnet der amerikanische Kulturphilosoph George Herbert Mead die Wörter als "signifikante Zeichen"[38], denen Menschen eine bestimmte Bedeutung beimessen. So steht z. B. das Wort "Baum" bei uns für je-

---

37 In meinem Buch "Methoden der qualitativen Sozialforschung" versuche ich darzutun, daß es gerade in solchen Kreisen von großem Nachteil sein kann, wenn man sich verkleidet und verstellt. Ich bin stets am besten gefahren, wenn ich erzählt habe, was ich will und wer ich bin.

38 Dem "signifikanten" Zeichen steht das "natürliche" Zeichen gegenüber, das nicht vom Menschen mit einer bestimmten Bedeutung versehen ist, sondern das durch seine Art (z. B. ein Pfeil, der in eine Richtung weist) auf seine Bedeutung hinweist. Näher vgl.: G. H. Mead, Geist, Identität und Gesellschaft. Neuwied 1973

nen Gegenstand, der aus Wurzeln, Stamm, Asten usw. besteht. In einer anderen Kultur könnte dieses Wort etwas ganz anderes bedeuten. Unter dem Wort "Rettich" stellt sich der brave Bürger ein Gartengemüse vor, während für den Wiener Ganoven der "Rettich" der Abort der Gefängniszelle ist. "Hau dich in den Rettich!" bedeutet also unter Ganoven nicht, man möge sich in ein Gemüsebeet werfen. Menschen, die keine gemeinsame Sprache verbindet, die also keine derartigen "signifikanten Zeichen" haben, ähneln dem Tier, das keine Symbole kennt. So wie auch andere Symbole, z. B. die Kleidung, kann eine Sprache dazu verwendet werden, auszudrücken, was man sein will. Unterdrückte Minderheiten bedienen sich ihrer besonderen Sprache, und Leute sprechen bewußt ihren Dialekt, um stolz auf ihre kulturelle Eigenart hinzuweisen.

Sprache als Grenze

Wie wir gesehen haben, hat Sprache etwas mit Grenze zu tun. Es sind nicht nur die geografischen Grenzen, wie die Berge und Jöcher um das Paznauntal, die Sprachen voneinander trennen, sondern es gibt auch soziale Grenzen. Und deren Zahl ist groß – auch innerhalb einer Stadt: Leute aus den alten Arbeiterbezirken beherrschen ein anderes Vokabular als jene feinen Leute, die im Zentrum rund um die Bankhäuser und großen Kirchen wohnen. In der Szene der Ganoven und des fahrenden Volkes wird wieder ein vollkommen anderer Sprachstil gepflegt. Diese Verschiedenheit der Ausdrucksweise kann für solche Leute vor Gericht zum Problem werden, denn die Sprache der Richter ist die Sprache der besseren Gesellschaft, der sie nicht angehören. Mitunter bleibt auch dem "kleinen" Mann aus einer unteren sozialen Schicht das, was ihm der Richter zu sagen hat, völlig unverständlich. Um seine Würde zu wahren oder um der Erniedrigung durch eine mühsame Anpassung an das Vokabular des

Gerichtes zu entgehen, mag dem kleinen Dieb und trinkfreudigen Stadtstreicher nichts anderes übrigbleiben, als die gegen ihn erhobenen Vorwürfe mit einem Lächeln zu erwidern oder nobel zu schweigen. In jedem Fall aber haben es die gebildeten Leute aus höheren sozialen Schichten vor Gericht leichter, denn sie sprechen die Sprache der Richter. Ähnlich ist es auch bei Polizisten, die sich mit Leuten der Straße nicht schwertun, während sie mit den Menschen des sogenannten Bildungsbürgertums Mühe haben – vor allem bei Vernehmungen, wenn sie durch sprachliche Gewandtheit und eine vornehme Terminologie irritiert werden. Als ich vor vielen Jahren bei der Wiener Polizei meine Studien machte und mit Erlaubnis des Innenministeriums in Funkstreifenwagen mitfahren durfte, fiel mir auf, wie locker und einfallsreich Polizisten mit Dirnen, Obdachlosen und anderen Mitgliedern von Subkulturen umgingen. Es machte ihnen geradezu Spaß. Gegenüber diesen "einfachen" Leuten mußten sich die Polizisten keinen Zwang auferlegen, denn es war nicht zu erwarten, daß man eine Beschwerde gegen sie einbringen bzw. mit Erfolg einbringen würde. Außerdem erfuhren die Polizisten in dieser Szene jene Anerkennung und Steigerung des Selbstwertgefühls, die ihnen im Umgang mit Intellektuellen, Beamten und anderen feinen Personen grundsätzlich versagt bleibt.

Die Buntheit der Gaunersprache

Es gibt Soziologen und Sprachwissenschaftler, die meinen, Leute aus unteren sozialen Schichten würden sprachlich Leuten aus oberen Schichten unterlegen sein, sie würden keine ausgeformte, "elaborierte", wie der Linguist Basil Bernstein meint, Sprache besitzen.[39] Dem möchte ich hier feierlich widersprechen, denn

[39] B. Bernstein, Soziale Struktur, Sozialisation und Sprachverhalten. Amsterdam 1970

sowohl die armen Leute im Paznaun als auch die Wiener Bewohner der Arbeiterbezirke und erst recht die Ganoven besitzen alle für sich einen großen Sprachschatz, der zwar nicht identisch mit dem Hochdeutschen ist, der aber dennoch seinen eigenen Zauber und seine eigene Tiefe hat. Um dies zu zeigen, möchte ich noch einmal auf die Gaunersprache zurückkommen, nämlich auf das sogenannte Rotwelsch.[40] Zu der Sprachgemeinschaft des Rotwelsch gehören Penner, Zuhälter, Dirnen, Diebe, Falschspieler und andere ehrenwerte Leute. Die Sprache der Ganoven ist von ihrem Gehalt her so etwas wie eine Geheimsprache mit hoher symbolischer Bedeutung. In diesem Sinn heißt es in einem Gaunerbuch aus dem Jahre 1793: "Denn hauptsächlich reden sie [die Gauner] diese Sprache alsdann, wenn sie unter fremden Leuten sind, denen nicht zu trauen ist, und wenn sie einander etwas Geheimes zu sagen haben … Insofern leistet ihnen ihre Gesellschaftssprache allerdings sehr wichtige Dienste. Sie können mit Hilfe derselben, mitten unter Fremden, einander ungehindert ihre Gedanken mitteilen, ihre Pläne entwerfen, ihre Operationen bestimmen, einander Nachrichten geben, die für ihr Fach wichtig sind."[41]

Die deutsche Gaunersprache hat ihren Wortschatz nicht nur dem Mittelhochdeutschen und Jiddischen entlehnt, sondern auch dem Tschechischen, Französischen, Italienischen u. a. Für den Interessierten möchte ich hier beispielhaft einige dieser Wörter, wie ich sie selbst erarbeitet habe, wiedergeben[42]:

Kimmler (Kimme = Laus), Wapler, Pestitschek: schlechter, minderwertiger Mensch

---

40 Über die alte Kultur der Ganoven vgl. auch: F. C. Avé-Lallemant, Das deutsche Gaunertum. Wiesbaden 1858

41 G. J. Schäffer, Abriß des Gauner- und Bettelwesens in Schwaben. Stuttgart 1793, S. 287f

42 R. Girtler, Der Adler und die drei Punkte. Wien 1983 (vgl. besonders im Anhang das Vokabular der Wiener Gaunersprache)

Stranzenstat sein (Stranze = Bett; mhd. state = ohne): obdachlos sein
Fuchsene Schah (Fuchs = Gold): goldene Uhr
Bockvalat sein (Bock – von Bockleder = Schuhe): keine Schuhe besitzen
Brasetl (franz.): Armband
Jemanden die Rippe eindrücken (rotw. Ripar = Geldtasche): jemanden um Geld bitten, betteln
Marie, Flieder, Flins: Geld
Flepn (span. jidd. Fleppe = Urkunde, Paß): Ausweis
Fleck, Ziehharmonika: Brieftasche
Ponem (jidd. Ponim): Gesicht
Pausen: schlafen
Bär, Jogl, Janker, Fuchsener: Geldschrank
Puffer, Puffn, Kanone, Bleispritz'n, Krachn: Revolver, Pistole
Fisch, Trawanker, Feitl, Nusch: Messer
Chilfern (jidd. chillef = Geldwechsel): beim Geldwechsel betrügen
Eindibler, Hackngeher, Schrangler: Einbrecher
Heh, die Gschmierten, die Schmier, Kiberer (mhd. kiben = schimpfen): Polizei
Klavier spielen: Fingerabdrücke abnehmen
Mülli gehn, maier gehn, müllisieren, quitsch gehn: verhaftet werden
Einen Holzpyjama anziehen, einen Holzpyjama angemessen bekommen, in die Kisten hupfen, des Teufels erster Heizer werden, umistehn, die Lackböck angemessen bekommen: sterben

Sowohl der Gauner- als auch der Gelehrtensprache ist eine eigenartige Mystik eigen, welche die Gruppen aus dem Alltag des braven Bürgers heraushebt und ihnen den Anstrich des Besonderen gibt.

Die Welt der abseits des "Normalen" sich befindenden Kulturen ist vielen Soziologen fremd, weil sie durch ihre manchmal höchst komplizierte Sprache keinen Zugang finden und von den Menschen dort auch nicht verstanden werden. Die Sprache ist es, die für die Herren Kollegen die Grenze bildet, um in andere, "tiefere" soziale Welten vorzustoßen. Es ist sicherlich nicht leicht für einen brav erzogenen und fleißigen Sozialwissenschaftler, die Grenze der eigenen Sprache zu durchbrechen und in die sozialen "Niederungen" abzusteigen. Freilich ist es oft mühsam, Grenzen dieser Art zu überwinden. Manchem scheint es leichter zu fallen, sich auf englisch oder französisch zu unterhalten als in der Sprache des fahrenden Volkes.

Es gibt Spezialisten, die helfen, durch Sprachen entstandene soziale Grenzen zu durchbrechen. Sie ähneln den Schmugglern, die geografische Grenzen überschreiten, um Gegenstände in eine andere Kultur einzubringen. Diese Spezialisten heißen für gewöhnlich Dolmetscher. Ihre Funktion kann bisweilen eine sehr wichtige sein: Sie überbringen keine materiellen Gegenstände, sondern Gegenstände des Geistes, nämlich Gedanken. Aber einer, der sich in fremde Subkulturen begibt, benötigt mitunter Leute, die ihm in dieser Sprachwelt gute Führer sind, damit er auch weiß, wie er auf bestimmte Ausdrücke zu reagieren hat, und ob es gescheit ist, bestimmte Ausdrücke überhaupt zu verwenden. Meine Freunde aus den verschiedenen Wiener Subkulturen waren mir sehr behilflich, wenn ich einzelne Wörter nicht verstanden habe. Ohne sie wäre ich verloren gewesen und schmählich untergegangen. Über die Sprache öffnen sich Welten, und man muß dankbar sein, wenn man Führer in diesen Welten hat. Jeder gute Sozialforscher benötigt dringend solche Wegbegleiter und Grenzenüberschreiter.

Hochalpenstraße und Klösterle: Subkulturen

Landeck, Silvretta-Hochalpenstraße,
Klösterle
Subkulturen und ihre Erforschung
Das Problem der Vergötzung der Arbeit

In dem netten Zimmer, das mir die Öttls für das Nachtlager zur Verfügung gestellt haben, schlafe ich herrlich. Das Frühstück, das mir höchst nobel bereitet wird, ist kräftigend. Man hat sogar an ein Müsli gedacht, welches mir als Radfahrer, der noch einiges vorhat, helfen mag, tüchtig in die Pedale zu treten. Die Öttls sind liebenswürdige Gastgeber, von denen ich mich nun dankbar verabschiede. Es ist schon nach zehn Uhr, als ich mich auf das Rad setze und winkend davonfahre. Das Wetter ist heute schön, aber etwas kühl.

Ich verlasse Landeck in Richtung Silvretta-Hochalpenstraße. Es waren schöne, aufschlußreiche Stunden, die ich hier in dieser Gegend verbracht habe. Noch einmal sei Bruno Öttl gedankt. Bevor ich abgefahren bin, habe ich noch in sein Gästebuch geschrieben: "Mit dem Fahrrad über Jöcher zu fahren, mit Schmugglern zu zechen und freundliche Gastgeber zu haben, das ist Wissenschaft." Und es ist auch tatsächlich Wissenschaft, was ich auf dieser Reise mache: Ich suche Kontakt zu Menschen und geografischen Grenzen. Ich erlebe sie unmittelbar. Die Grenzen sind die Jöcher und Pässe hier, wo Menschen leben, die heute nicht mehr mit Schmuggelgut marschieren müssen. Aber dennoch erinnert man sich stets an die alten Schmuggler, denn diese waren in irgendeiner Weise Helden. Ich nähere mich Ischgl, berühmt als altes Schmuggelnest. Auch dort will ich einen Schmuggler aufsuchen, dessen Adresse mir Bruno Öttl gegeben hat.

Wie tief das Schmuggeln in der Bevölkerung dort verwurzelt ist und wie es heute romantisiert bzw. verkitscht wird, zeigt sich darin, daß man für die Urlauber Schmugglerfahrten veranstaltet. Der brave Gast aus Deutschland darf mit dem Bergführer über die Jöcher in die Schweiz hinübermarschieren, was ihm ein abenteuerliches Gefühl vermitteln soll. Das Bewußtsein, etwas Ungesetzliches nachzuvollziehen, verschafft ihm eine leichte Gänsehaut, obwohl es sich nur noch um ein Spiel handelt.

Beim Fremdenverkehrsamt entdecke ich einige Reklamezettel für solche "Schmuggeltouren", und ich nehme mir welche für meine Arbeit mit. Dann begebe ich mich zu jenem Herrn, von dem mir Öttl erzählt hat. Ich finde ihn zunächst nicht vor, aber nach einer kurzen Weile des Wartens nähert sich mir ein Geländewagen. Ihm entsteigt der einstige Schmuggler, der heute Jagdaufseher ist. Ein überheblicher Bursche! Er trägt den typischen Gesichtsausdruck des durch den Fremdenverkehr verdorbenen, nur am Geschäft interessierten Bergmenschen, der noch dazu Jäger ist. Radfahrer langweilen ihn offensichtlich, denn er blickt mich mit eigentümlicher Arroganz an. Ich verzichte auf nähere Erkundigungen, denke mir meinen Teil und mache kehrt.

In diesem Ort Ischgl hat sich eine brutale Fremdenverkehrskultur breitgemacht, und es stimmt mich traurig, daß die alte Welt der Schmuggler und Bergbauern derart hinweggefegt worden ist. Ich nehme auf meinem Rad Abschied von Ischgl und werfe keinen Blick mehr zurück.

Auf der Weiterfahrt gelange ich in einen kleinen Ort, der ein "Bauernmuseum" besitzt. Das interessiert mich. Ich betrete einen Laden mit Andenken allerlei Art, an den ein Gastzimmer in urtümlichem bäuerlichem Stil anschließt. Und mitten darin befindet sich die alte Bauernstube mit allerhand Dingen des täglichen Lebens. Nicht schlecht gemacht, denke ich mir. Der Besucher, der mit offenen Augen kommt, merkt hier, wie armselig die Menschen in dieser Gegend früher gelebt haben. Auch alte Schuhe sieht man, ebenso wie eine Schlafkammer mit bescheidenen Betten. Im unmittelbar angeschlossenen, adaptierten Gastraum, der wie um das "Museum" herumgebaut erscheint, darf der Besucher dann Fremdenverkehrskost konsumieren, nachdem er sich an der Armut und Kargheit vergangener Zeiten delektiert hat.

Ich plaudere ein bißchen mit der Köchin des Hauses, erzähle von meinen Abenteuern auf dem Rad und fahre ab. Weiter geht es nun durch Galtür hindurch und dann steil hinauf. Prächtige Wiesen, auf denen wohlgenährte Kühe grasen, dehnen sich rechts und links der Straße aus. Urlauber bleiben stehen, um die Kühe zu bewundern. Für so manchen mag es eine Seltenheit sein, Kühe im Freien zu sehen. Es gibt viele Gegenden, wo das Rindvieh hauptsächlich in Ställen gehalten wird und kaum ans Tageslicht kommt. Die Kühe hier sind wahre Aristokraten unter den Rindern, das merkt man ihnen an, wie sie da stolz am Almgras sich gütlich tun und, ungerührt von den Autos, die Silvretta-Hochalpenstraße benützen. Oben auf der Bielerhöhe, dem höchsten Punkt dieser Straße, ist einiges los. Man kauft Ansichtskarten, trinkt Coca-Cola und fotografiert die fernen Gletscher, deren Namen ich nicht kenne. Auch ich kaufe ein paar Ansichtskarten. Dann geht es wieder steil hinunter, von 2100 Metern Seehöhe aus. Ich radle durch bekannte Schiorte wie Partenen und Schruns. Knapp vor Bludenz biege ich in die alte Arlbergstraße ein und freue mich, den Schnellstraßen entronnen zu sein. Offensichtlich zu früh, denn bald mündet die alte, gemütliche Straße in die neue, vielbefahrene Arlbergstraße. Nun flitzen Autos an mir vorüber, aber ich fahre stolz dahin. In Klösterle nehme ich Quartier, in einem angenehmen Hotel mit angenehmen Zimmern. Ich esse in einem Gasthaus, welches von Urlaubern und Fernfahrern besucht wird. Mein Hunger ist gewaltig, und ich kann es kaum erwarten, bis die Kellnerin Speis und Trank bringt. Ich lasse mich sogar unhöflicherweise dazu hinreißen, die Kellnerin, eine hübsche Frau, zur Eile anzuhalten, da ich Radfahrer sei. Ich hoffe, sie trägt es mir nicht nach. Immerhin erringe ich ein wenig ihre Sympathie, als ich ihr nachher in kurzen Sätzen – sie hat es eilig – von meiner Radtour erzähle, und ich habe schließlich doch den Eindruck, sie entschuldigt mein Drängen und meinen Heißhunger mit meiner Zugehörigkeit zur Subkultur der Radfahrer, besser: der Tourenradfahrer. Irgendwie erfüllt es mich mit Behagen, einer derartigen Subkultur anzugehören. Ich habe es schon erwähnt: Ich fühle mich als Aristokrat der Landstraße und als Nachkomme der alten Fahrenden.

Subkulturen und ihre Erforschung

Das alte fahrende Volk bildete sehr wohl eine eigene Kultur mit eigenen Überlebenstechniken und einer sonderbaren Sprache, die zum Teil identisch mit dem schon genannten Rotwelsch ist. Seine Nachfahren, die Penner, Vagabunden und kleinen Ganoven tragen eine spannende Kultur weiter, die zu erforschen gerade den Soziologen und Kulturwissenschaftler faszinieren müßte, aber die wenigsten können das. Ich meine, der wahre Radfahrer, wie ich oben schon ausgeführt habe, bringt eine besondere Neigung zum Erforschen menschlichen Handelns mit. Und wenn man diese Kultur der Fahrenden und Ganoven ansieht, so wird man bemerken, daß diese Leute nicht bloß deshalb zu sogenannten Abweichlern wurden, weil sie ein schlechtes Elternhaus oder psychische Störungen haben, sondern weil sie in diese spezielle

Welt hineingewachsen sind und dort all das gelernt haben, was sie brauchen, um halbwegs würdevoll zu überleben. Für den aufrechten Soziologen, der eine gute Forschung machen will, ist es demnach wichtig, die betreffenden Menschen dort aufzusuchen, wo sie leben und ihre vom braven Bürger mißachtete Tätigkeit ausüben. Bloße Interviews alleine geben jedoch zu wenig her, oder man läuft dabei Gefahr, beschwindelt zu werden. Auch ist es nicht sehr feinfühlend, Kriminelle in Gefängnissen aufzusuchen, um sie dort für wissenschaftliche Zwecke zu interviewen. Solche Interviewsituationen erinnern an den Besuch in Zoos, wo man Gorillas zu beobachten gedenkt.[43] Leider handelt es sich bei der soziologischen Forschung zum Teil um eine solche Soziologie "hinter Gittern". Wenn ich wissen will, wie Stadtstreicher zu Geld und ihrem täglichen Bier kommen, so muß ich ihre Kneipen aufsuchen und mich mit ihnen in den Parks treffen. Das Problem dabei ist allerdings, daß diese Leute auch meine Lebenswelt, diejenige an der Universität, kennenlernen wollen. Es entspricht nun dem Grundsatz der Fairneß, daß man sie nicht vom Universitätsinstitut fernhält. Und so besuchen mich heute noch regelmäßig alte Pennbrüder, die ich von früher kenne.

Auf die Idee, solche Gruppen zu studieren, kam ich, als ich vor Jahren nach einem Motorradunfall für einige Monate im Krankenhaus lag. Mein Bettnachbar war ein Bordellbesitzer, der, mittlerweile zu Reichtum gelangt, damals am Beginn seiner Karriere stand. Mit ihm freundete ich mich bald an. (Diese Freundschaft dauert auch heute noch an.) Durch ihn kam ich zum ersten Mal in Berührung mit der Kultur der Kriminalität und der Gaunersprache. Ich beschloß, mich näher mit derartigen Randgruppen zu beschäftigen. Gerade Subkulturen, die streckenweise au-

---

[43] Zu dieser Frage der Feldforschung in Subkulturen siehe auch: N. Polsky, Forschungsmethode, Moral und Kriminologie. In: J. Friedrichs, Teilnehmende Beobachtung abweichenden Verhaltens. Stuttgart 1973, S. 51 ff; – H. Becker, Außenseiter.

ßerhalb der Legalität existieren, sind insofern für den Kulturwissenschaftler interessant, als hier echte Überlieferungen aus früheren Jahrhunderten offenkundig werden. Und es ist problematisch, die Mitglieder solcher Subkulturen einfach als psychisch abnorm oder ähnliches einzuordnen, wie es diverse Psychologen und auch Soziologen tun.

Das Problem der Vergötzung der Arbeit

Charakteristisch für die an der Grenze, am sogenannten Rand der Gesellschaft lebenden Menschen ist eine besondere Einstellung zur Arbeit. Ganz allgemein distanzieren sich Vagabunden vom Prinzip der Arbeit, dies zum Ärger des braven Bürgers, für den Arbeit zum Lebenselixier geworden ist, ganz im Sinne des Genfer Reformators Calvin, für den nur jener Mensch ein Vollmensch ist, der arbeitet und auf diese Weise Güter anhäuft. Arbeitslosigkeit wird als persönliche Schande und Niederlage angesehen. Das Wort "Faulheit" ist in Verruf gekommen. Faulheit wird in die Nähe des Teuflischen gerückt, während man früher darin eine schöpferische Tätigkeit erblickte: Der edle und schöpferische Faule gebietet über die Zeit und läßt sich nicht von ihr beherrschen. Die klassischen Vaganten, die Herumzieher des Mittelalters, und ihre modernen Nachfahren vertraten und vertreten indes eine Kultur, in der Arbeit und Zeit verdrängt oder zumindest nicht als wesentlich begriffen werden. Hier ähneln diese wackeren Leute den feinen Herren, aristokratischen Leuten und noblen Ganoven, die es ebenso als unwürdig betrachten, sich einer sklavischen Arbeit (hier ist vor allem die körperliche gemeint) zu unterwerfen. Ein Wiener Graf, ein liebenswürdiger Herr, sagte mir einmal, auch ein Sandler könne ein Aristokrat sein, denn Aristokratie sei eine Lebenshaltung. Nichtstun kann also durchaus jemanden adeln, allerdings genießt jener ein höheres Ansehen, der es sich durch Erbschaft, Grundbesitz, erworbenes Vermögen und ähnliche lukrative Dinge leisten kann, nichts zu tun. Ein Zuhälter von beträchtlicher Wohlhabenheit meinte folgerichtig zu mir, durch echte – körperliche – Arbeit hätte noch niemand Reichtum und Ansehen erworben. Der Mann hat recht, denn dem knechtisch arbeitenden Menschen wurde seit jeher – sowohl als für Adelige sich abrackernder Bauer oder als Sklave am Fließband – das Los zuteil, degradiert zu werden. Vaganten und Sandler – und nicht die fleißigen Arbeiter – befinden sich in einer stolzen Tradition, die auf Christus zurückgeht. Christus beliebte, mit seinen Jüngern durch die Gegend zu ziehen und gemeinsam zu trinken. Wenn der Wein ausging, wurde er vermehrt. Und schließlich forderte Christus den Petrus auf, seine Arbeit, nämlich das Fangen von Fischen, aufzugeben.

Die moderne abendländische Philosophie ist allerdings eher eine Philosophie der Arbeit und steht im Widerspruch zum Ideal der Antike, als man vor allem den feierte, der, müßig lebend, über seine Zeit frei verfügte und stolz darauf war, mit gelehrten Leuten über schöne Dinge zu sprechen. Heute geniert sich der gute Bürger, "faul" zu sein. Er bleibt sogar im Urlaub ein leistendes Subjekt. In diversen Clubs halten Animateure Leute, die sich von ihrer Arbeit erholen wollen, zur Weiterarbeit an, hetzen sie in Booten aufs Meer hinaus und zwingen sie, beim Tennisspiel dem Ball nachzujagen. Eine ganze Freizeitindustrie lebt davon, daß auch im Urlaub gearbeitet werden muß.

Erst wenn der Mensch wieder gelernt hat, seine Zeit zu genießen und denjenigen zu achten, der auch ohne viel Geld und Arbeit Spaß am Leben haben kann, erhält der an den Rand des gesellschaftlichen Seins gedrängte Arbeitslose eine echte Chance, als vollwertig akzeptiert zu werden. Schöpferische Faulheit muß wieder als erstrebenswert gelten. Das will aber nicht heißen, daß Arbeit nicht notwendig ist. Sicherlich ist sie notwendig, aber nicht in dem pervertierten Sinn, wie er sich zum Teil heute manifestiert und Menschen ins Unglück reißt oder verunsichert, weil sie keine Arbeit haben. Arbeit ist nicht Lebenselixier schlechthin, sondern ist – der Tradition der Antike gemäß – ein "notwendiges Übel"! Die Distanz zur Arbeit, wie sie typisch für den Sandler ist, dokumentiert auch die Ausgrenzung solcher Menschen in unserer Kultur. Als Nichtarbeitender, der vielleicht nach persönlichen Schicksalsschlägen oder Gefängnisaufenthalten in der Anonymität der Stadt den Kontakt zu Sandlern gesucht hat, steht der Mensch außerhalb der Welt des braven Bürgers. Er spürt die Grenze, die man vor ihm errichtet hat, und versucht, damit fertigzuwerden, ebenso wie er versucht, mit einem vielschichtigen System von Symbolen und Strategien [44] in einer ihm unfreundlich gesinnten Welt zu überleben.

*

Auch der wackere Tourenradfahrer ist Vagabund und Aristokrat in einem. Auch für ihn ist die Straße die Welt, in der er würdig zu leben hofft. Damit schlafe ich ein – nachdem ich zur Freude der Kellnerin kräftig gegessen und getrunken habe.

---

[44] Vgl. R. Girtler, Die feinen Leute.

Zwischen Arlberg und Lustenau: Der Wirt als Rebell

Klösterle, Arlberg, Bregenzer Wald, Bödele, Lustenau
Das Dilemma der modernen Eßkultur oder
Die Tablett-Träger
Die Gaststätte als Bühne
Wirt und Gasthaus – Der Wirt als Rebell
Grenzbezirke: Extrazimmer
Sandler und wenig feine Leute als Ausgegrenzte im Gasthaus

Beim Frühstück entdecke ich im Wirt des angenehmen Hotels einen politischen Experten, der gewaltig über die Politiker schimpft und begeistert von all den Leuten ist, die auf politischer Bühne die Hinterlistigkeiten von Politikern der Welt anprangern. Während ich meine Honigsemmel esse und meinen Tee trinke, höre ich mir den noblen Herrn an. Er will mir ein weiches Ei verabreichen, aber ich lehne dankend ab, mit der Begründung, ein Ei sei meinem Magen und der Radfahrt nicht eben zuträglich. Schon vor meiner Tour 1989 auf das Stilfserjoch habe ich mir aus Höflichkeit von meinem Wirt ein Ei aufzwingen lassen, und es ist mir gar nicht bekommen: Als ich mich auf das 2700 Meter hohe Joch hinaufgeplagt habe, fühlte ich mich sehr elend. Ich bin mir sicher, daß es das Ei gewesen ist, das sich auf meine gesamte Konstitution ungünstig ausgewirkt hat.

Ich esse also kein Ei. Dafür zahle ich und mache mich auf den Weg, den Arlberg hinauf. Bald überholen mich drei Radfahrer, die schnell unterwegs sind, allerdings ohne Gepäck, dafür mit einem Begleitauto, welches, wie ich nachher erfahre, von der Frau des ältesten der drei Radfahrer gelenkt wird. Sie grüßen, wir unterhalten uns kurz, dann sind sie weg. Bald biege ich in die gemütliche Straße zum Flexenpaß ein. Der Hauptverkehr geht durch den Arlbergtunnel in Richtung St. Anton. Nun steigt die Straße an, sie führt durch kleine Tunnels und längere Galerien, in denen es nach Autoabgasen stinkt. Endlich bin ich auf dem Flexenpaß, 1800 Meter hoch. Zu meiner freudigen Überraschung treffe ich hier wieder auf die drei Radfahrer. Ich sei höchstens um fünf Minuten langsamer gewesen als sie, tröstete mich einer der drei. Ich ergehe mich nun in Schilderungen über den Wert des Radtourenfahrens und die Heuchelei derjenigen, die sich als große Umweltschützer geben, aber die Räder auf dem Dach ihrer Autos bis zum Fuß der Pässe transportieren, um sich dort erst schneidig aufs Rad zu schwingen. Es sind trotzdem nette Herrn, da oben auf dem Paß. Der Wind pfeift, es ist kühl, zu kühl für diese Jahreszeit. Die Sonne scheint, aber sie hat keine Kraft. Daran habe ich mich während der letzten beiden Tage gewöhnt. Der Sommer, der bis vor einer Woche noch heiß war, scheint an Kraft verloren zu haben und überschüttet uns mit kühler Luft. Ich schildere meine Radtour und die Idee, die dahintersteckt, nämlich über Grenzen und Schmuggler zu arbeiten. Der älteste Herr erwähnt nun, daß sie Lehrer sind und daß er einen ehemaligen Bezirksschulinspektor, jetzt Regierungsrat, namens Bösch in Lustenau kenne, der über Schmuggel historisch gearbeitet hätte. Ich danke und fahre ab. Zuerst nach Zürs, dem weltbekannten Wintersportort, der jetzt im Sommer wie ausgestorben ist. Die vielen Hotels sind gesperrt, lediglich im Postamt regt sich Leben. Ein Beamter sitzt hier, den ich um Briefmarken bitte. In Warth, es ist Mittag, mache ich Pause und trinke eine Buttermilch. Eigentlich hatte ich geplant, danach durch das Lechtal zu fahren, aber jetzt erscheint mir der Weg durch den Bregenzer

Wald nach Lustenau, dem alten Schmugglernest, interessanter. Ich radle also hinein in den Bregenzer Wald. Eine prachtvolle Gegend erschließt sich mir. Es geht gemütlich bergab. Almmatten wechseln mit dichtem Wald ab. Irgendwo vor Dornbirn halte ich an. Eine Nostalgie-Eisenbahn hat hier ihre Station. Heitere Leute steigen aus. Unweit von mir beobachtet ein schlankgewachsener Herr die Eisenbahn. Wir kommen ins Gespräch. Ich lobe die Radfahrt und äußere meine Kritik am Auto. Da lächelt er und erwidert, er fahre gerne mit dem Auto. Ich bin verblüfft, denn mir schien, als hätte ich einen Gleichgesinnten vor mir. Doch dann sehe ich ihn zu einem Rollstuhl gehen, in dem eine Dame sitzt. Er schiebt den Rollstuhl zum Auto. Nun verstehe ich den Mann: Er zeigt seiner Frau mit dem Auto die Gegend. Ich nicke ihm freundlich zu und setze meinen Weg nach Dornbirn fort.

Sechs Kilometer sind es hinauf bis zum sogenannten Bödele, sechs Kilometer, die es in sich haben. Ich muß mich anstrengen. Oben angelangt, kaufe ich mir in einer Raststation Ansichtskarten und andere Kleinigkeiten. Dann setze ich mich in die Sonne und genieße den Augenblick, bevor ich mich wieder aufmache und hinunter nach Dornbirn radle, einer peinlich sauberen Stadt mit sichtlich fleißigen Leuten. Im nahen Lustenau nehme ich mir dann im Hotel "Zur Krone" ein nobles Zimmer. Nachdem ich mich umgezogen habe, marschiere ich ins Gasthaus "Zum Lamm", von dem die Rede geht, es sei ein ehemaliges Schmuggler-Wirtshaus. Ich betrete eine Gaststube mit alten Tischen und Stühlen und einer wundervollen geschnitzten Holzdecke aus der Zeit der Jahrhundertwende. Die Atmosphäre, die dieses Gastzimmer ausstrahlt, erinnert an vergangene Zeiten. Heutige Gaststuben sind steril und sauber, und über den Tischen liegen Tischdecken ausgebreitet. Hier wird einem die Bierflasche noch aufs blanke Holz serviert, und die drei anwesenden Männer trinken das Bier auch gleich aus der Flasche. Gläser stellt ihnen die 89 Jahre alte Wirtin erst gar nicht hin.

Ich grüße und setze mich zu den dreien an den Tisch. Hier in dieser Gaststube herrschen andere Regeln als in den üblichen Gaststätten, wo der Neuankömmling sich einen freien Tisch in größtmöglicher Entfernung von den anderen Gästen sucht. Auf diese Weise hat jeder seinen Bereich, in dem er alleine und ungestört sein will. Im "Lamm" bilden dagegen – wie in den Wiener Beisln und in den alten Dorfgasthäusern – Wirt und Gäste eine Gemeinschaft, in der jeder seinen angestammten Platz hat und in der jeder auch jeden kennt. Solche Beisln und Wirtshäuser sind so etwas wie eine Erweiterung der Wohnung. Sie boten und bieten gerade in den Städten dem die Enge der eigenen Wohnung fliehenden Arbeiter willkommene Kontakte. Hier gebietet die Norm, sich an den Tisch zu setzen, an dem bereits der Arbeitskollege, der Freund oder sonst ein Kneipenbesucher sein Bier trinkt. Auch ein Fremder wird sich dieser Regel nur schwer entziehen können. Würde er sich abseits der zechenden Stammgäste setzen, er müßte damit rechnen, als Sonderling oder sonstwie suspekte, nicht in den Rahmen passende Person definiert zu werden.

So setze auch ich mich im "Lamm" also an den Tisch der nun heiter grölenden Männer. Nicht ohne nach allen Seiten freundlich gegrüßt zu haben, bestelle ich ein Bier, ein Stück Brot und Vorarlberger Käse. Nachdem die Wirtin mir alles vorgesetzt hat, trinke ich den Männern zu und genieße das wohltuende Gerstengetränk. Einer der drei wendet sich gleich in reinem Lustenauer Dialekt an mich. Ich verstehe ihn kaum. Er zeigt sich erheitert über meine Verwirrung. Ein anderer Mann hat jedoch Mitleid mit mir und macht deutlich, was man mir mitteilen will, nämlich daß man sich über meine Anwesenheit freue. Langsam bringe ich das Gespräch auf die alten Schmuggler. Nun wacht auch der dritte auf und erzählt mit einigem Stolz, daß hier in Lustenau richtige Schmuggelexperten zu Hause gewesen seien. Die alte Wirtin fügt hinzu, es gebe sogar ein Schmugglerlied. Ich will nun wissen, wie dieses Lied lautet. Der Mann, der am meisten grölt, versucht es zu singen, doch ich verstehe nichts. Ich bitte die anderen um den Text – erfolglos. Ein reges Durcheinander entsteht. Zwei der Herren sind schon etwas beschwipst und belustigen sich über mich. Ich bitte noch einmal um den Text, denn ich befürchte, daß die Herren bald vollkommen betrunken sind. Ich lade sie auf ein Bier ein. Sie freuen sich und trinken mir zu. Ich habe an Prestige gewonnen. Endlich erinnert sich die Wirtin an die erste Strophe des Liedes: "Ein armer Schmuggler bin ich zwar, verdien' mein Geld stets in Gefahr. Doch wenn die Grenzwach' am Ufer ruht, geht das Schmuggeln noch einmal so gut. Dann fahren wir zum Rhein hinaus und werfen unsere Säckel aus. Dann kommen Österreicher, groß und klein, ein jeder will ein Säckelein." Endlich! Ich bin sehr zufrieden. Mein Kassettenrecorder hat die Strophe für die Ewigkeit festgehalten.

Ich verbringe noch eine gemütliche Stunde in diesem faszinierenden Kreis mit der wunderbaren Wirtin. Als ich dann gehe, werde ich um meine Adresse gebeten. Ich lasse meine Visitenkarte da. Man ist nun voll der Hochachtung. Ich bedanke mich herzlich, ich habe viel gelernt und erfahren. Ich spaziere zurück zum Hotel "Krone", dort trinke ich noch ein Bier und esse eine Kleinigkeit. Ich sitze an einem Tisch abseits der anderen Gäste. Das Restaurant "Krone" ist ein nobles Lokal, in dem Männer, wie ich sie im "Lamm" kennengelernt habe, nicht verkehren. Für mich war es ein interessanter Abend: Ich habe erfahren, welche Bedeutung das Essen, der gemeinsame Trunk und allerlei andere Rituale, die zu einem Mahl gehören, für eine Kultur haben können. Ich gehe sogar soweit zu behaupten, daß man eine Kultur so richtig erst über die Eßgewohnheiten der Menschen erfassen kann.

Das Dilemma der modernen Eßkultur oder Die Tablett-Träger

Unsere moderne Eßkultur hat, so scheint es mir, in den letzten Jahren einen bedeutenden Wandel erfahren, und zwar mit der Errichtung von Schnellabspeisungslokalen. Solche gibt es nicht nur in den Städten, sondern auch oben auf der Höhe, auf den vielbefahrenen Pässen: Auf dem Stilfserjoch etwa erlebte ich ein Restaurant, das mich an die Mensa der Universität oder an McDonald's erinnerte. In einer Reihe stellt man sich in solchen Gaststätten um sein Essen an, in den Händen ein Tablett. Man nimmt entweder selbst von den Speisen, die in Glasvitrinen dargeboten werden, oder zeigt mit der Hand auf die komplizierter zubereiteten Erzeugnisse der Küche. Stumme Damen reichen sie einem dann. Und auf dem Tablett wird das alles weitertransportiert bis hin zu einer Kasse, wo man in Ergebenheit zahlt. Dann sucht man sich, das Tablett jonglierend, einen Platz. Welcher Wandel der alten Eßkultur! Früher brachte – in manch gastlichen Häusern ist es noch immer so – ein Ober das bei ihm vorher sorgsam bestellte Essen. Diese Bestellung glich und gleicht einem Ritual, bei dem der Ober freundliche Ratschläge erteilt und eventuell auf frischgemachte Delikatessen verweist. Die Vorfreude steigert sich, und endlich stellt der Ober die freudig erwartete Speise vor einem auf den Tisch. Man dankt, greift zum Löffel oder zur Gabel und beginnt das löbliche Mahl.

Die moderne Zeit brachte die Schnellimbißstationen mit eigentümlichen Namen. Dort soll Essen rasch verabreicht und ebenso rasch verzehrt werden. Unpersönlich und stumm geht dies alles vor sich. Die Speisenden ignorieren einander für gewöhnlich.

Heute macht man auch an Ausflugszielen Geschäfte mit hungrigen Autofahrern. Damit änderte sich die alte Kultur der Bergsteigerhütten, die ehedem bloß der Beherbergung des müden Wanderers dienten. Auch in diesem Fall sind es die Autos, welche die alten Alpenvereinshütten in langweilige Ausspeisungsstationen verwandelt haben. Symbolisch schließt man sehr geschickt an die alte Bergsteigerkultur an, da in manchen Alpenvereinshäusern ein Raum für Bergsteiger und sonstige Wandernde, zu denen auch ich gehöre, vorgesehen ist, wo man Mitgebrachtes verzehren darf. Im Saal daneben, wo die Massenausspeisung stattfindet, ist dies jedoch per Aufschrift verboten. Im Sinne der alten Tradition scheint es wohl zu sein, daß dieser Bergsteigerraum in den letzten Jahrzehnten keinerlei Änderung erfahren hat. Dies verschafft die Illusion alten Bergsteigertums. Immerhin, hier hat man noch die Chance, mit anderen Herumziehern ein Bier trinken und sich über das Wetter, die Schwierigkeiten der Route oder den Wahnsinn der Autos unterhalten zu können. Diese Möglichkeit bietet der angrenzende Raum, wo man sich mit dem Tablett um die Speise anstellt, nicht. Er steht im krassen Gegensatz zu der Tradition der alten Bergsteigerhütten. Er ist modernst eingerichtet und erinnert ein bißchen an die Arbeit am Fließband. Die Nahrungsaufnahme wird hier zu einer genau regulierten Tätigkeit mit Anstellen, Weiterrücken, Speiseentnahme, Zahlen, Platz suchen, Platz nehmen, Verzehren und Gehen. Kontakte zu anderen Leuten oder das Gespräch mit ihnen sucht man dabei für gewöhnlich nicht. Man wird im wahrsten Sinn des Wortes schnell abgespeist. Diese Art von Essen wurde zu einem bemerkenswerten Symbol unserer Zeit. Das klassische gemeinsame Mahl wurde damit zurückgedrängt und durch Imbißstationen und Stätten der Schnellausspeisung ersetzt. Das Wort "Station" verweist auf den Charakter, den das Essen nach dem Willen der Nahrungsmittelerzeuger haben soll: den der schnellen Aufnahme. Damit hängt auch eine tiefgreifende Änderung der Einstellung zum Tier zusammen. Das Tier, welches früher, durchaus geachtet, auf dem Bauernhof mehr oder weniger frei eine Zeit seines Lebens verbringen durfte, wurde zu einem bloßen Gegenstand, mit dem man Gewinn machen kann, degradiert. Eng zusammengepfercht leben Schweine, Hühner und anderes Getier. Man entwürdigt sie, indem man sie nach unmenschlichen oder besser: untierischen Methoden aufzieht und schlachtet. Die Hühner, die wackeren Eierproduzenten, erleiden den Tod durch das vollautomatische Schlachtmesser. Für unser Wohlergehen haben Tiere zu leiden. Die sensiblen Schweine, denen es eine natürliche Freude ist, im Dreck zu wühlen, müssen in sterilen Ställen mit automatischer Fütterung und Säuberung darauf warten, bis man sie zum Schlachthof abholt. Die moderne Zeit mit ihrem rationellen Wirtschaften hat sich gegen das Tier gewendet. Das Wort "Imbißstation" paßt vorzüglich zu der das Tier mißachtenden Kultur: Es muß schnell gehen mit dem Essen.

In der Art der Nahrungsherstellung und -aufnahme spiegelt sich also eine bestimmte Kultur. In allen Gesellschaften, vor allem bei den sogenannten "Naturvölkern", ist Essen in irgendeiner Weise ritualisiert und eine vornehmlich gemeinschaftliche Angelegenheit. Das Mahl als gemeinschaftliche Tätigkeit wird für gewöhnlich durch eine bestimmte Zeremonie, wie ein gemeinsames Tischgebet, ein Trank-Opfer oder durch einen bloßen Gruß, etwa "Mahlzeit!", eingeleitet. Dann wird gegessen. Welch fabelhafter Gegensatz zum Anstehen mit dem Tablett bei Mc Donald's!

Das Anstehen und Herumgehen mit Tablett wurde zum Symbol moderner Nahrungsaufnahme, die so jedes Rituals entledigt erscheint: Es geht um bloße Konsumation und ums Geschäft. Beim klassischen Mahl, welches es gottlob noch gibt, saß man beisammen, und es drückte sich in der Art und Weise des Beisammensitzens sogar der Rang einer Person aus. So saßen bei den alten Gebirgsbauern Knechte und Mägde gemeinsam um eine Schüssel. Der Moarknecht, der Vorarbeiter, war der erste, der zulangte. Als letzter kam der jüngste Knecht an die Reihe. Wenn der Moarknecht dem jüngsten Knecht einen strengen Blick zuwarf, dann wußte dieser: Der Moarknecht will nicht, daß ich weiteresse, der schafft das alleine. Dennoch hatte diese alte Essensform ihren Vorteil: Man fand vielleicht bei dieser Gelegenheit Gehör für Probleme persönlicher Art, die denen der Mitspeisenden ähnlich waren. Eine besonders exquisite Angelegenheit war und ist das Essen bei den feinen Leuten, mit ritueller Sitzordnung und noblem Geschirr. Die Erfindung der Schnellabspeisung mit dem bereits zitierten Tablett erscheint dagegen als eine langweilige Angelegenheit. Beim gediegenen Mahl treffen einander die feinen Leute und vermögen dabei ihre Feinheit zu demonstrieren. So machte dies auch der Moarknecht, dem es wohltat, vom kleinen Knecht hofiert zu werden, überhaupt wenn dieser aus Hochachtung vor ihm mit dem Essen aufhörte. An der Tafel des alten Kaiser Franz Joseph war es ähnlich. Beendete Seine Majestät das Essen, so mußten dies auch die Tischgenossen tun. Dem Kaiser wurde damit seine Vornehmheit besonders deutlich vor Augen geführt.

Die Gaststätte als Bühne

Das gemeinsame Mahl verschafft dem feinen Menschen also eine Bühne, um sich zu präsentieren. In der Schnellimbißstation ist dies allerdings weniger leicht möglich. Hier gibt es keinen Kellner, der den Gast mit irgendeinem Titel, wie Doktor, Baron oder Hofrat, anspricht, um ihn vor den Gästen im Lokal auszuzeichnen oder um andere von der Würde der Gäste des Lokals zu überzeugen. Insofern hat der Kellner im klassischen Restaurant eine wichtige rituelle Funktion. Seine Aufgabe ist es, nicht bloß die verlangten Speisen zu bringen, sondern auch den Gast als eine feine Person hervorzutun. Was diesen ehrt und unglaublich freut. Besonders umsorgt und geehrt sieht sich der Gast schließlich, wenn der Kellner beim Abservieren des leeren Tellers höflich und deutlich fragt: "Hat es geschmeckt?" Der Gast ist angetan von diesem Mitgefühl und dankt ergeben. Es wird dabei von ihm nicht erwartet, daß er das Dargebotene einer Kritik unterzieht.

Die modernen Imbißstationen sind im Vergleich dazu zum Nachteil des feinen Gastes und des feinen Kellners geraten. Es fehlen die gute Kleidung, der schöne Schmuck, die Geziertheit der Bewegung, dazu eingesetzt, um sich vor denen, die bereits sitzen, als würdige Person zu präsentieren. Für den Neuankömmling in so einem Lokal werden die bereits anwesenden Gäste zu Zuschauern degradiert, die gezwungen sind, das Ritual des Platznehmens, eventuell des Mantel-Ablegens und die unterwürfige Begrüßung durch einen Kellner zu beobachten. Es läuft dabei mitunter eine Zeremonie ab, die den gerade Eingelangten heiligt, ihm das Gefühl vermittelt, von besonderer Qualität zu sein. Manche Gäste sind hierin richtige Spezialisten, die ihr Erscheinen in einem Restaurant zu einer für sie genußvollen Vorstellung machen. Für einige Momente sind sie Schauspieler auf einer respektierlichen Bühne. Die anderen Gäste sitzen, wie es sich für Zuschauer gebührt, und die Kellner konzentrieren sich – mehr oder weniger deutlich – auf den neuen Gast, versuchen, ihn zu taxieren, und sind neugierig, welche weiteren Aktionen er setzt. Zu solchen zählen der Blick in die Speisekarte und die Behandlung des Kellners. Hat der eben erschienene Gast auf seinem Stuhl Platz genommen, so ändert sich seine Rolle von der des Schauspielers zu der des Zuschauers. Allerdings gibt es Gäste, die dies nicht akzeptieren wollen und einiges unternehmen, um Blicke auf sich zu lenken und sich zum Mittelpunkt des Geschehens im Gastlokal zu machen. Strategien in dieser Richtung sind eine auffällige Beschäftigung mit dem Kellner, dessen Rolle eine dienende ist und der dem Gast im Sinne des Restaurants in gebührender Unterwürfigkeit zu begegnen hat. Der noble Gast weiß dies geschickt auszunützen und tut sich vor dem Publikum als wunderbarer und achtunggebietender Mensch hervor.

Das feine Gastlokal ist also nicht bloß ein Ort, an dem man speist, seinen Hunger stillt und sein Bier trinkt, sondern auch ein Ort, an dem man etwas inszenieren kann – wohl innerhalb gewisser Regeln –, um ein Schauspiel, in dem man eine gewichtige Rolle spielt, stattfinden zu lassen. Meister in derlei Darstellungen sind übrigens auch große Ganoven, für die das Gastzimmer zu einer Bühne wird, wenn sie mit Gefolge auftreten und das Personal durch große Trinkgelder sofort zu ehrfürchtigen Dienern machen.

Gaststätten, in denen Menschen sich zum gemeinsamen Mahl oder zu einem Bier treffen, üben auf mich, den Radfahrer, einige Faszination aus. Es ist alte Kultur, die hinter diesen Lokalitäten steht. Die alten Beisl, auf die ich oben hingewiesen habe, besitzen sogar unter Ganoven Tradition. Heute nennt man in Wien – aus nostalgischer Rücksicht – auch Gaststätten “Beisln”, die es im ursprünglichen Sinn des Wortes eigentlich nicht sind. Denn das Wort “Beisl” kommt aus der Gaunersprache bzw. dem Jiddischen und heißt soviel wie “Haus”, eigentlich: übel beleumundetes Haus. Bereits im 16. Jahrhundert ist das Wort “Beisl” oder “Bais” belegt, und zwar im “Liber Vagatorum”, dem Buch des fahrenden Volkes, in welchem sich auch ein Vokabular der Gaunersprache findet.

Wirt und Gasthaus – Der Wirt als Rebell

Die Benennung von Gaststätten neueren Datums mit altertümlich und gemütvoll klingenden Namen scheint heute modern zu sein. Dabei greift man auf die sonderbarsten Bezeichnungen zurück, wie “Schmankerlhof”, “Heustadl”, “Puppenstube” und “Witwe Bolte” (ein besonders häßlicher Name für ein Wiener Gasthaus, welches früher den schönen Namen “Zum steinernen Löwen” trug), um dem Gast ein Gefühl von Urgemütlichkeit zu geben. Mir erscheinen diese Bezeichnungen langweiliger und aufdringlicher als die klassischen Gasthausnamen, etwa "Zur Post", "Alpenrose", "Zum goldenen Adler", "Zur Garns" oder "Zur Tanne". Diese alten Namen sind stolze Bezeichnungen ehrwürdiger Gastbetriebe, sie verweisen aber auch auf eine alte Kultur und leutselige Wirte. Die Wirte sind bemerkenswerte Individuen, die sich durch den Kontakt mit vielen Leuten einiges Wissen aneignen. Sie erfahren viel von den Problemen der Menschen und kennen sich aus in der Politik. Bei ihnen laufen Informationen zusammen, und es gibt traditionell Wirte, die politisch aktiv wurden, wenn es not tat. So befanden sich unter den Führern des oberösterreichischen Bauernaufstandes von 1625/26 einige Wirte. Ein solcher war Christoph Zeller, der die Bauern nördlich der Donau gegen die katholischen Peiniger anführte. Und als Napoleon in Tirol einbrach, war es der Sandwirt aus dem Passeiertal, Andreas Hofer, der die Tiroler zum Widerstand gegen die Franzosen aufrief und zum Oberkommandierenden des Tiroler Volksaufstandes wurde. Das berühmte Lied, das die Tiroler heute noch eifrig singen, "Zu Mantua in Banden der treue Hofer stund", kündet von dem Heldentum dieses Wirtes. Es war übrigens kein Tiroler, der dieses schöne Lied gedichtet hat, sondern ein jüdischer Student aus Jena mit dem Namen Julius Mosen. Dieses Mannes sei hier kurz gedacht, denn in Tirol hat man seinen Namen verdrängt. Offensichtlich ist es den Tirolern unangenehm, daß sich gerade ein Herr aus Deutschland in einem Lied der Sache Andreas Hofers angenommen hat.

Grenzbezirke: Extrazimmer

Eine scharfe Grenze entsteht durch das Extrazimmer, eine Grenze, die außer von denjenigen, die dieses Zimmer gemietet haben, nur von Kellnern und Kellnerinnen und dem Wirt überschritten werden darf. Im Extrazimmer treffen einander Hochzeitsgäste, Mitglieder von Vereinen oder Teilnehmer an einem Leichenschmaus. Sie alle betrachten sich als Darsteller in einer gemeinschaftlichen Aktion. Im Extrazimmer gelten andere Regeln als in der Gaststube, Dies zeigt sich bereits an der Tisch- und Sitzordnung, die keine zufällige ist und mitunter von den Veranstaltenden genau geplant wird. Dann und wann werden Reden geschwungen, und man läßt bestimmte Leute hochleben. Sogar beim sogenannten Leichenschmaus ist die Stimmung eine gehobene. Früher, als ein Gastbesuch noch eine teure Angelegenheit war, gerade auf dem Land, wurden die Leichenschmäuse als willkommene Gelegenheiten zum Feiern angesehen. Ein Bauer meinte bei einem solchen Anlaß zu mir, manche seien nur wegen des Saufens gekommen, und manche seien bereits bei Beginn des Essens betrunken gewesen. Veranstaltungen dieser Art fanden und finden für gewöhnlich in den Extrazimmern statt. Dort sind die Feiernden und Trauernden unter sich, und man kann einander freundlich zutrinken. Das gemeinsame Mahl hat eine lange Tradition, die bis in die Antike zurückgeht und im Symposion der Griechen einen Höhepunkt erreichte. Auch Christus benützte das gemeinsame Mahl, um seine menschenfreundlichen Ideen der Welt zu verkünden. Das gemeinsame Essen und Trinken verbindet Menschen, schließt aber diejenigen aus, die außerhalb der Welt der Zechenden stehen. Besonders deutlich wurde mir dies vor vielen Jahren in Indien. Ich erlebte eine Hochzeit, bei der die Geladenen üppig tafelten, während vor dem Haus arme Menschen darauf warteten, daß ihnen Reste des Mahles zugeworfen wurden.

Das Mahl und die Essens- bzw. Trinkrituale sind also, wie schon erwähnt, Symbole für feine Leute, die auf diese Weise Distanz zu weniger feinen Leuten bekunden, um in aller Noblesse unter sich sein zu können. Ganz in diesem Sinn verstehen sich auch die noblen Herrenclubs, wo sich einander um die Mittagszeit regelmäßig die vornehmen Mitglieder treffen. Sie grenzen sich dadurch symbolisch von den Zeitgenossen ab, denen nichts anderes übrigbleibt, als ein “gewöhnliches” Gasthaus aufzusuchen. Es gibt aber auch Wirte, die, um ihrem Restaurant den Anschein der Vornehmheit zu geben, von den Gästen Stil und feines Benehmen verlangen: So achteten bis vor kurzer Zeit Wirte und Kellner eines Wiener Nobelrestaurants sehr genau darauf, daß auch alle Gäste eine Krawatte trugen. Kam jemand ohne Krawatte in das Lokal, wurde er freundlich wieder hinausgewiesen.

Sandler und wenig feine Leute als Ausgegrenzte im Gasthaus

Manche alten Wiener Gasthäuser sind in zwei größere Bereiche gegliedert. Der eine ist für die “besseren” Gäste: Tischtücher zieren die Tische, und der Kellner übt sich in vornehmer Zurückhaltung. Der andere Bereich, der Schankraum, der unmittelbar dort liegt, wo das Bier abgezapft wird, dient Gästen, die von weniger feiner Art sind, als Trink- und Aufenthaltsraum . Hier besteht die Möglichkeit, das Bier oder den Wein an einem Stehtisch einzunehmen. Die Kommunikation der oft betrunkenen Gäste erfolgt kreuz und quer durch das Lokal. Es herrscht ein ständiges Kommen und Gehen. Das Getränk holt man sich selbst von der Schank. Kellnerbedienung gibt es nicht.

Dieser Raum dient auch den Kontakten der Obdachlosen, der Sandler und der kleinen Dirnen. Er bietet ihnen Schutz vor dem Wetter und die Möglichkeit, im Gespräch dem eigenen, degradierten Ich wieder ein wenig Würde zu geben. In Bahnhofsrestaurationen existiert fast immer eine solche Teilung zwischen vornehmen und heruntergekommenen Gästen. Geografisch sind somit diese beiden Welten genau abgegrenzt. Und das Handeln des Wirtes richtet sich ebenfalls nach dem jeweiligen Raum. Während er in dem noblen Bezirk von ausgesuchter Höflichkeit ist, erachtet er die Gäste im proletarischen Bezirk als Leute, denen man keine Höflichkeit entgegenzubringen brauche und denen gegenüber man sich willkürlich verhalten könne. Sandler wissen dies und sind grundsätzlich sehr vorsichtig, um nicht den Unwillen des Wirtes zu erregen, denn ein solcher kann zu einem Hinauswurf führen. Um die Legitimation für den Aufenthalt im Restaurant zu haben, achten Sandler genau darauf, daß sich in ihrem Glas auch immer zumindest ein Schluck Bier befindet. Ist das Glas leer, und merkt dies der Wirt, so kann es sein, daß er sich berechtigt sieht, den Sandler hinauszuwerfen.[45] Einen solchen Bierkrug mit einem kleinen Schluck Bier nennen Wiener Sandler liebenswürdig "Alibikrügerl". Das Alibikrügerl verschafft das Recht auf einen beliebig langen Aufenthalt, bei dem es hoch hergehen kann, überhaupt wenn man scherzt und Wiedersehen feiert.

Essen und Trinken sind also wichtige Kulturmerkmale, dies geht mir gerade hier in Lustenau nach dem Besuch bei der alten Wirtin durch den Kopf. Und mit dem Mahl, dem Essen und Trinken, sind allerlei Grenzen verbunden, geografische und soziale.

*

Ich trinke noch ein Bier im Gasthaus "Zur Krone", schreibe in meinem Tagebuch und beobachte die feinen Gäste.

---

[45] Vgl. R. Girtler, Die feinen Leute.

Rasttag: Frauen an den Grenzen

Lustenau – Rasttag (es regnet)
Dirnen als Schmuggler einer besonderen Ware
Dirnen heute – Frauen an der Grenze

Es regnet. Ich will zu Mittag wegradeln, doch daraus wird nichts. Es ist kühl und feucht hier in Lustenau. Wie schön muß es doch jetzt im Süden sein, irgendwo in Italien oder Spanien. Mit dem Wetter habe ich Pech, denke ich mir. Doch dann gewinne ich auch dem Regen heute einen ungeheuren Vorteil ab: Ich kann mich um die Lustenauer Schmuggler kümmern. Nach dem Frühstück statte ich dem Herrn Regierungsrat Bösch, an den mich die drei Radfahrer auf dem Flexenpaß verwiesen haben, einen Besuch ab. Um neun Uhr erwartet er mich im Gemeindearchiv. Dort liegen alte Dokumente über Schmuggler auf, die er mir bereitwillig zeigt. Sie handeln von Schmugglern, die aufgegriffen wurden, aber auch von der Armut hier, die die Leute zum Schmuggeln trieb. Die Dokumente sind in alter deutscher Schrift geschrieben. Sogar eine Frau war eine berüchtigte Schmugglerin. Aus einem Protokoll aus dem Jahre 1879 ersehe ich, daß sie die Grenzbeamten furchtbar beschimpft hat. Um sie zu ärgern, hat sie sich sogar demonstrativ entkleidet. Was hier so trocken steht, war vielleicht für die Grenzer eine Abwechslung – oder auch ein Schock. Im Restaurant "Zur Krone" erfahre ich später vom Wirt wilde Schmugglergeschichten. Von ihm höre ich, ein gewisser Otto Hofer, Strickermeister, habe sich als Heimatdichter und Mundartforscher viel mit Schmugglern befaßt. Der Kreis erweitert sich. Ich rufe Herrn Hofer auf gut Glück an. Er ist freundlich und lädt mich zu sich ein. Mir wird Tee serviert, und dann erzählt mir Herr Hofer über seine Mundartgedichte. Stolz verweist er darauf, daß er noch die letzten alten Schmuggler von Lustenau interviewt hat. Ihre Geschichten habe er mit der Hand niedergeschrieben, im Dialekt, sie seien nirgends veröffentlicht. Aber auf Kassette habe er sie einmal gesprochen. Und eine solche Kassette verkauft er mir. Aus den Gesprächen mit dem Wirt und Herrn Hofer entnehme ich, daß der besondere Lauf des Rheins bzw. des alten Rheinarmes das Schmuggeln begünstigt habe. Genau verstehe ich es noch nicht. Doch dann schaue ich mir ein Luftbild an. Auf diesem sehe ich den alten Rheinarm, der vom um 1900 regulierten, gerade fließenden Rhein bei Hohenems auf die österreichische Seite abfließt und nach einigen Kilometern wieder zum Rhein zurückkehrt. Da die Schweiz offensichtlich nicht auf das Gebiet verzichten wollte, welches nun östlich des neuen Rheins bis zum alten Rheinarm liegt, blieb es schweizerisch. In dieser Ausbuchtung liegt das Schweizer Städtchen Diepoldsau. Von dort schmuggelte man Schweizer Ware nach Österreich. Um über den alten Rheinarm zu gelangen, benötigte man wohl einiges Geschick, doch war es auch wieder nicht allzu schwer, da der Rheinarm einige Untiefen und vor allem ein großes Rohr besitzt, welches vom Schweizer Gebiet herüber nach Österreich führt. Auf diesem Rohr marschierten die Burschen hin- und herüber.

Kurz darauf beginne ich die umliegende Landschaft zu erkunden. Ich möchte sehen, wo die Stellen sind, die von den Schmugglern genutzt wurden. Ich radle also bei Au hinüber in die Schweiz. Ich fahre den neuen Rhein ab, überquere ihn und gelange in das Städtchen Diepoldsau. Ein braver Schweizer Ort mit sauberen Häusern und fleißigen Leuten. Hier bekamen die

Schmuggler ihre Ware. Ich nähere mich dem kleinen, gemütlichen Grenzübergang, der über den alten Rheinarm führt. Ich fotografiere den Rheinarm. Er ist romantisch, ein stilles Wasser mit viel Buschwerk, in welchem man sich gut verstecken kann. Auf der Mitte der Brücke mache ich einige Fotos und radle zur österreichischen Grenzstation. Ein Beamter steht davor, so um die 50, der mich genau beobachtet. Ich grüße ihn von ferne, doch er reagiert nicht. Als ich zu ihm komme, frage ich ihn: "Ist das der alte Rheinarm?" Darauf erwidert er mit starrem Blick:

"Sind sie betrunken?" Ich antworte bestürzt, daß ich nichts getrunken hätte und wie er auf diese Idee käme. Darauf er: "Weil Sie nicht gegrüßt haben!" Ich: "Ich habe schon von der Ferne gegrüßt. Und ich habe wirklich nichts getrunken. Mich interessiert diese Landschaft und vor allem der alte Rheinarm, denn da ging früher der Schmuggel drüber." Der Zöllner blickt verwundert drein. Irgendwie kommt ihm die Sache komisch vor. Ich bin ihm verdächtig. Er sieht mich fest und durchdringend an, ich halte seinem Blick stand. Nun habe ich meinerseits das Gefühl, daß der gute Mann seine Zeit hier damit verbringt, ab und zu ein Glas Wein zuviel zu trinken. Doch ich will niemanden beschuldigen. Abgesehen davon ist es für mich interessant, daß man sofort als abnorm oder eben betrunken definiert wird, wenn man um ein weniges von den Alltagsregeln abweicht.[46] Diese Regeln, die unbewußt unser Handeln bestimmen – es gibt Soziologen, die sprechen von "Daumenregeln" oder Basisregeln –, haben wohl einen gewissen Spielraum, aber sie werden uns jedenfalls oft erst so richtig bewußt, wenn jemand von ihnen abweicht. Ein typisches Beispiel ist der tägliche Gruß zwischen Bekannten. Es gilt als selbstverständlich, daß zwei Bekannte einander mit einem "Grüß Gott!" begegnen. Tut jedoch einer der beiden dies einmal

[46] Vgl. dazu: H. Steinen (Hg.), Symbolische Interaktion. Stuttgart 1973, S. 32; E. Goffman, Wir alle spielen Theater. München 1970

nicht und verwendet statt dessen das Götz-Zitat, so kann es zu furchtbaren Verwirrungen kommen. Der so "Begrüßte" weiß im Moment nicht, wie er die Situation betrachten, was er von seinem Freund halten soll usw. Er beginnt, Theorien aufzustellen, um mit der für ihn vollkommen neuen Situation fertigzuwerden. Eine solche Theorie kann lauten: Der Mann ist heute betrunken. Auf diese Weise erhält die Welt ihr Gleichgewicht zurück. Und so dachte wohl auch der brave Zöllner, mit mir müsse etwas nicht in Ordnung sein, denn wie wäre sonst ein Verhalten, wie ich es an den Tag legte, erklärbar. Für einen Schmuggler hielt er mich ja doch nicht, denn ein solcher würde wohl anders die Gegend auskundschaften, unauffälliger. Daher konnte ich nur betrunken sein.

Für den Soziologen sind solche Theorien interessant, denn sie verweisen darauf, wie die tatsächlichen Alltagsregeln aussehen. Es bedurfte meiner ganzen Überzeugungskraft, um dem Mann an der Grenze deutlich zu machen, daß ich ein Wissenschaftler sei. Erst als ich ihm meinen Universitätsausweis zeigte, glaubte er mir. Er entpuppte sich als freundlicher und sogar liebenswürdiger Herr, der mir genau den Lauf des alten Rheinarms erklärte. Auch schilderte er mir die alte Holzbrücke, an deren unteren Streben sich die schmuggelnden jungen Burschen hinüberhantelten. Schließlich machte er mich darauf aufmerksam, daß auf der Schweizer Seite des Rheinarms, bei der gegenüberliegenden Schweizer Grenzstation, ein Modell der alten Holzbrücke zu sehen ist. Ich danke und radle zurück.

An der Schweizer Grenzstation wird ein Zöllner auf mich aufmerksam. Auch ihm bin ich verdächtig. Er verlangt meinen Paß. Ich sage ihm, daß ich Wissenschaftler bin, und er glaubt mir. Mich interessiert seine Einstellung zur Grenze und zum Schmuggel. Er gibt bereitwillig Auskunft: "Heute ist der Warenschmuggel nicht mehr interessant. Aufzupassen haben wir auf die vielen Türken und anderen Ausländer, die in die Schweiz wollen. Die Schweiz ist für sie alle noch das gelobte Land. Über den alten Rheinarm kommen sie leicht herüber und zwar über das Rohr. Diesen Weg wissen sie sogar in der Türkei. Dort wird den Leuten genau geschildert, wie man in die Schweiz kommt, auf was für geheimen Wegen." Dieses alte Rohr, über das früher der Schmuggel ging, dient nun dem Menschenschmuggel. Die Wege des einstigen Tabakschmuggels werden also heute von Drogenschmugglern benützt. Es gibt hier interessante Traditionen.

Als ich einwerfe, daß es für viele problematisch sei, in welcher Masse nun Leute aus dem Osten und aus Asien in unsere Länder strömten, philosophiert der Schweizer Zöllner: "Ich verstehe nicht, warum diese Menschen zu uns wollen. Bei uns bekommen sie höchstens enge, ungemütliche Wohnungen und müssen viel arbeiten. Dort in der Türkei haben sie Platz und können in der Sonne liegen. Es ist doch dumm, daß sie dort wegziehen." Der Mann hat nicht unrecht. Irgendwie erfaßt es auch mich mit Bedauern, daß man der calvinistischen Ethik zuliebe hierher einwandert. Geld und Konsum dirigieren die Welt. Der Mensch ist eben ein vornehmes, feines Wesen, welches sich Prestigegüter anschaffen und vor aller Welt glänzen will. Es ist ihm offensichtlich zu wenig, nur gemütlich zu leben und in der Sonne zu liegen. Dies ist ein eigenartiges Merkmal des Menschen und seines Kulturschaffens. Vielleicht macht gerade der Drang, sich hervorzutun, Kultur überhaupt erst möglich. Vor diesem Hintergrund ist es auch zu verstehen, daß die kommunistischen Systeme scheitern mußten, denn sie nahmen den Menschen die Chance, durch Arbeit und Geschick zu Dingen zu gelangen, die sie nicht nur zufriedenstellen, sondern auch als nobel und fein deklarieren. Getrieben von diesem Drang, marschieren Leute auf die höchsten Berge, erfinden die kuriosesten Dinge und wandern eben in Länder, in denen sie Ansehen erwerben können, wie es seinerzeit Abenteurer taten, die in Amerika nach Gold und Glück suchten. Dies alles bedenkt der gute Zöllner nicht, sondern glaubt, das Glück des Menschen müsse darin bestehen, in der Türkei in der Sonne liegen zu können. Der Fremde aus Südeuropa und Vorderasien ist hier ein großes Problem, offensichtlich hat man Angst, daß er den Wohlstand stören könnte. Gerade die Schweiz tut sich ja nicht unbedingt durch Fremdenfreundlichkeit hervor. Auch dies wird mir durch die Überlegung des Schweizer Zöllners deutlich.

Dirnen als Schmuggler einer besonderen Ware

Und man hat noch vor etwas anderem Angst, hier an der Grenze zwischen der Schweiz und Österreich, nämlich vor Dirnen, vor lockeren Frauen, die man als gefährlich erachtet, weil sie die stringente Moral, die eng mit dem Calvinismus verknüpft ist, aufzulockern scheinen.

In gewisser Weise sind Dirnen interessante Frauen, denn auch sie sind in einem weiteren Sinn Schmuggler und müßten daher auch einige Sympathien genießen. Sie sind Schmuggler, weil sie die starren Grenzen, die brave Sittenprediger, strenge Kirchenmänner und fleißige Lehrer mühsam errichtet haben, überschreiten. In eine sittlich "geordnete" Gesellschaft bringen sie Dinge ein, die darin verboten sind, Dinge nämlich, die etwas zu tun haben mit einem heiter frivolen Leben und sexueller abenteuerlicher Lust, die sich der gütige Ehemann manchmal verstohlen leistet.

Gerade weil es in dieser Gegend an freundlicher Liberalität mangelt, gibt es auch Probleme mit Zuhälterkonkurrenzen, wie die Zeitungen Vorarlbergs zu berichten wissen. In Wien etwa ist dies schon lange nicht mehr der Fall, da eine liberale Polizeipolitik das Ihre dazu getan hat, um die Zuhälter zu lammfrommen Aktivisten zu machen. Die Wiener Polizei hat auch gute Kontakte zur Welt der Prostitution, wodurch Konflikten und Brutalitäten vielleicht auch vorgebeugt werden kann. Vor einigen Jahren etwa war ich einmal mit meiner Frau Gast bei einer in ihrem Gewerbe gereiften Dirne. Mit uns war zu meinem Erstaunen auch ein Kriminalbeamter eingeladen, der sich gut mit der Dirne und ihrem Freund verstand. Mir gefiel dieser Kontakt, da er auf Liberalität und fruchtbare Zusammenarbeit hindeutete.

Prostitution war früher durchaus in das Leben der Städte integriert, wie sich am Beispiel Wiens zeigen läßt. In Wien brachte die Gründung der Universität 1365 einen Aufschwung dieses Gewerbes, das sicher nicht das älteste ist, wie gemeiniglich behauptet wird. Prostitution als Geschäft: ist mit der Gründung von Städten eng verknüpft. Und Städte existieren erst seit einigen tausend Jahren, zumindest erst seit der Jungsteinzeit. Da die Menschheit beinahe sechs Millionen Jahre alt ist, sind Gewerbe, die sich mit dem Handel und der Zurichtung von Flintsteinen befaßt haben, als die wohl ältesten anzusehen. Die Studenten der in den Städten neugegründeten Universitäten jedenfalls hatten nicht bloß Lust, an den Brüsten der Wissenschaft zu liegen, weshalb die Nachfrage nach dem Dienst freundlicher Dirnen stieg. Es gab sogar eigene Studentendirnen. Wie eng diese "gemeinen Frauen" in das Leben Wiens etwa integriert waren, zeigte sich auch daran, daß sie bei feierlichen Einzügen von Kaiser und Königen öffentliche Ämter erhielten. Die erste urkundliche Erwähnung eines Wiener Frauen- oder Freudenhauses findet sich in einem Freiheitsbrief von Herzog Albrecht III. aus dem Ende des 14. Jahrhunderts. In späteren Jahren gingen die Freudenhäuser in das Eigentum der Gemeinde Wien über.

Es gab also in Wien sehr früh bereits Bordelle. Bis zum 16. Jahrhundert waren es drei. Zwei am Wiedner Tor – in der Nähe des heutigen Naschmarktes – und eines im Stadtzentrum am Tiefen Graben. Besitzer der Häuser waren zunächst die Herzöge von Österreich. Sie führten die Häuser allerdings nicht selbst, sondern belehnten die Familie Pauperger damit. Zu Beginn des 16.

Jahrhunderts erfolgte dann ein Wandel im heiteren und lustvollen Leben der Stadt. Die Türken drangen nach Mitteleuropa vor. Neben diesem Erbfeind trat noch ein anderer Feind, ein viel gefährlicherer, in Erscheinung: die Syphilis. Diese Krankheit war damals ähnlich gefürchtet wie heute Aids. Die Welt erschien als sündig, und der brave Bürger erwartete sich vom Kaiser, daß er etwas unternahm. Für Kaiser Maximilian I. (ein bei den Bauern Tirols höchst ungeliebter Herrscher, den man nach dem Beispiel der Schweiz am liebsten mit den anderen Habsburgern aus Österreich vertreiben wollte) waren die Dirnen höchst suspekt. Er untersagte es den öffentlichen Frauen strengstens, während der Nacht herumzustreifen, um Kunden zu fangen. Maximilians Enkel, Karl V., bezeichnete die Dirnen offiziell als unehrenhaft und versuchte, sie zu stigmatisieren, sie mit dem Stempel der Ehrlosigkeit und der Sündhaftigkeit zu versehen. Dies entsprach ganz dem Geist dieser Zeit, die vom Calvinismus geprägt war und den Menschen nur dann als Vollmenschen betrachtete, wenn er auch einer Arbeit nachging. Der Vagabund, aber auch die Dirne, deren Tätigkeit nicht als Arbeit begriffen wurde, mußten damit rechnen, degradiert und gedemütigt zu werden. Für unsere abendländische Kultur ist dies etwas Neues, denn das ganze Mittelalter hindurch waren die Dirnen in gewisser Hinsicht durchaus geachtet. Besonders übel behandelt wurden sie schließlich unter dem Bruder Karls V, Ferdinand I. (1503—1564). Dieser in Spanien geborene Habsburger war ein ausgeprägter religiöser Eiferer, dem die lebensfrohen Wiener ein Dorn im Auge waren. Er verbot ihnen so ziemlich alles, was lustig war. Eines dieser tückischen Verbote betraf den "Tanz der Handswerchsgesellen mit den gemainen Frauen". Es heißt da u. a. (übersetzt ins Hochdeutsche): "Wir wollen hiemit den Handwerksgesellen verboten haben, daß sie auf offenem Platz mit den gemeinen Frauen [Dirnen] tanzen."

Ferdinand I. war auch gegen die Freudenhäuser. Die späteren Kaiser konnten sich aber ebensowenig dazu durchringen, der Errichtung eines Bordells zuzustimmen, so z. B. der liberale und großmütige Joseph II. Von ihm wird erzählt, daß er, als man ihm den Vorschlag machte, in Wien doch Bordelle zuzulassen, geantwortet habe: "Was, Bordelle? Da brauche ich über ganz Wien nur ein großes Dach machen zu lassen... "Joseph II. selbst dürfte übrigens, so erzählt es der Volksmund, gerne inkognito eine bestimmte hübsche Dirne in einem der vielen Bordelle am Wiener Spittelberg aufgesucht haben. Bei einem solchen Besuche soll er unsanft vor die Tür gesetzt worden sein. Daran erinnert heute noch ein Spruch in diesem Spittelberger Haus: "Durch dieses Tor im Bogen kam Kaiser Joseph II. geflogen, 1778".

In Wien und Umgebung ging es bei Spiel, Wein und freundlichen Dirnen heiter zu. Bereits damals waren, wie auch heute wieder, auf dem Gebiet der Prostitution "Gastarbeiter und Gastarbeiterinnen" tätig. Der Wiener Stadtwall und der dort gelegene Spittelberg bildeten Zentren des lustvollen Treibens: "Man findet auf den Wällen und Pasteien allerhand liederliche Wirtshäuser, worinnen ... Hurrereien nebst anderen abscheulichen Sünden getrieben und begangen werden; allerlei Ungeziefer, garstige Mits-Hammeln, stinkende Zottl-Böcke, Lumpengesindel, kottige Wald-Traschlen, Venus-Böcke, kretzige und schäbige Muschen [Dirnen], schändliche Nachteulen, gemeiner Stadtauswurf, grausliche Pratzengesichter, Gallanterie-Fräulein und anderes französisches Frauen-Zimmer. Alle diese machen ihre Exercitia und treiben das Venus-Handwerk daselbst." [47]

Wurden solche Frauen erwischt, so erging es ihnen schlecht. Neben dem Pranger wurden Dirnen zu hohen Geldstrafen verurteilt. "Unzüchtige Weibspersonen" wurden auch ausgewiesen oder ausgepeitscht. Dies alles geschah im Sinne des Habsburgerkaisers Ferdinand II., der 1633 eine Verordnung mit dem Titel

---

[47] G. H. Oberzill, Die bewußten Demoiselles. Wien, 1984, S. 24

"Tugendsame Lebensführung" erließ. Darin wird den Dirnen als schwerste Strafe auch das Abschneiden eines Ohres angedroht.

Besonders grausam war ein unter Maria Theresia erlassenes Gesetz, die "Constitutio Criminalis Theresiana": Hatte eine Dirne ihrem Freier etwas gestohlen oder ihn mit Syphilis angesteckt, so mußte sie strafverschärfend mit der Tortur rechnen. Dabei wurde ihr vom Henker das Haupthaar abrasiert. Den nackten Schädel bestrich man mit Ruß oder Teer, steckte die Erbarmungswürdige darauf in einen Sack und schleppte sie vor die Kirche. Nach dem Gottesdienst, wenn die Gläubigen aus der Kirche kamen, wurde sie aus dem Sack befreit und auf eine Bank gebunden, wo man sie auspeitschte. War dies vorüber, lud man sie mit mehreren anderen auf einen Karren und führte sie aus der Stadt hinaus bis zum nächsten Grenzstein. Dort angelangt, verabreichte ihr der Henker noch einen ordentlichen Fußtritt. Angeblich hielt sich diese Prozedur bis in das 19. Jahrhundert.

Eine andere Idee der hochgelobten Maria Theresia zur Säuberung Wiens von Dirnen und anderen Leuten waren die sogenannten "Temesvarer Wasserschübe". Bis dahin hatte man sich nämlich damit begnügt, Gesetzesbrecher beim Stadttor hinauszuwerfen, worauf diese oft wieder beim anderen hereinkamen. Nun aber transportierte man sie per Schiff donauabwärts in den Banat. [48]

In jedem Fall waren diese Keuschheitskommissionen üble Einrichtungen, die mit aller Brutalität in erster Linie gegen Dirnen, dann aber auch gegen ihre Kunden vorgingen. Angezeigt und verurteilt wurden jedoch nur die Armen, die sich von den

---

[48] Im 17. und 18. Jh. wurden auch viele der beim Wildern in den Bergen ertappten Burschen in den Banat ausgewiesen. Es trafen einander dort also schöne Dirnen und kühne Wilderer. Ihre Nachkommen hatten und haben heute in Rumänien einiges zu erleiden. Sie gehören zu den Menschen, die als "Volksdeutsche" die alte österreichische Kultur bis heute bewahrt haben. Dafür gebührt ihnen Dank – aber nicht Maria Theresia.

Spionen der Keuschheitskommission nicht freikaufen konnten. Maria Theresia erreichte ihr Ziel jedoch nicht – die "Hurerei" ging munter weiter.

Dirnen heute – Frauen an der Grenze

Die Prostitution hat also eine Tradition, die weit in das Mittelalter zurückreicht. Theorien, die meinen, zur Dirne werde man "geboren" oder irgendwelche psychische Faktoren bedingten die Prostitution, ist grundsätzlich zu widersprechen. Vielmehr ist es ein spezifisches Milieu, das die Prostitution möglich macht. Die Prostitution erscheint als ein in einer bestimmten Subkultur attraktiver Weg, zu Geld zu kommen. Der Zugang zu dieser Welt geschieht für Mädchen entweder durch Freundinnen oder durch Freunde, ihre potentiellen Zuhälter. Besonders interessant für Zuhälter sind jene Mädchen, die aus den Heimen kommen, denn diese sind es, die für die Zuneigung eines Mannes dankbar sind. Ein Zuhälter erzählt dazu: "Günstig ist es, wenn die sozialen Verhältnisse schlecht sind... Sie darf nur auf mich hören... Du darfst ihr nicht sagen: Du gehst nun ewig in die Hackn [auf den Strich], das wäre ein Blödsinn. Du mußt ihr sagen: Mir ist es sehr unangenehm, aber ich bin da in Problemen. Wenn du ein oder zwei Jahre in die Hackn gehst, können wir uns allerhand ersparen. Mit dem Geld kaufen wir uns dann ein Häuschen am Land und leben in ewigem Frieden... "[49] Der Zuhälter versucht also, ein psychisches und sexuelles Nahverhältnis aufzubauen, um das Mädchen soweit zu bringen, für ihn auf den Strich zu gehen. Drogen u. ä. Mittel mögen der künftigen Dirne ihren Entschluß erleichtern. Jedenfalls erscheint für die Dirne der Strich als eine wichtige Chance, für sich und ihren Freund –

---

[49] Vgl. dazu R. Girtler, Der Strich. München 1987, S. 95

der auch als Verwalter des Geldes auftritt – zu Geld zu gelangen und halbwegs nobel zu leben. Es gibt aber auch Frauen, die durch Freundinnen dazu verleitet werden, sich zu prostituieren. Hier ist es das Geld, das vorrangig lockt. Allerdings muß sie damit rechnen, von einem Zuhälter überredet zu werden, für ihn zu "arbeiten". Die "große Aufgabe" des Zuhälters liegt darin, der Dirne das zu verschaffen, was sie sonst vermißt: Zärtlichkeit und Zuneigung. Der Zuhälter wird somit zur "Hur der Hur", indem er sich dafür bezahlen läßt, daß er der Dirne seine Zuneigung schenkt. [50] Der Kunde ist für die Dirne als Sexualpartner uninteressant, zu ihm versucht sie eine soziale Distanz aufzubauen. Sie will nicht als jemand gesehen werden, der sich wie ein Stück Fleisch verkauft. Die Dirne definiert sich also als eine Person, die Sexualität verkauft, aber auch als eine Art Seelentrösterin, denn nicht wenige Kunden (vor allem Stammkunden) suchen den freundlichen Zuspruch, für den sie auch gerne zahlen. Keineswegs jedoch wird der Kunde als Lustobjekt begriffen. Charakteristisch für das Leben auf dem Wiener Strich ist eine spezifische Sprache, die ebenfalls eng mit dem Rotwelsch, der alten Gaunersprache, verbunden ist. Die Wörter dieser Sprache deuten darauf hin, daß eine alte Kultur hinter den Dirnen steht, wie z. B. das Wort "Koberin" für Wirtin oder Bordellmutter. Dieses Wort, das aus dem Jiddischen stammen dürfte, kennt bereits das Mittelalter.

*

Solche Überlegungen stelle ich bewußt hier in Lustenau an, da Lustenau nicht nur an der Grenze liegt, sondern auch in einer Region, in der Dirnen eher als gefährlich angesehen werden. Und schließlich sind Dirnen in der Tat Frauen, die viel mit ehrenwerten Schmugglern gemein haben, vor allem in ihrem Be-

---

[50] Näheres vgl.: Girtler, Der Strich.

mühen, in eine an und für sich lustfeindliche Welt, die durch fromme Bischöfe gesegnet ist, heitere Spiele mit den Sinnesfreuden einzubringen. Als Frauen an der Grenze haben sie wertvolle Arbeit zu leisten. Nicht umsonst stand über den römischen Bordellen: "Hic est felicitas" – "Hier ist Glückseligkeit". Ich radle zurück in mein Hotel. Der Wirt ist nicht mehr zu sehen. Grenzen sind etwas Faszinierendes. Von meinem Bier beseligt, gehe ich zu Bett – alleine. Morgen fahre ich weiter. Das Wetter kann wohl nur besser werden.

Zwischen Kleinem Walsertal und Tannheim: Schlachtgesänge

Lustenau, Kleines Walsertal, Oberjoch, Tannheim
Fußballfans als Krieger und ihre Symbole
Schlachtgesänge und Spottlieder
Mannbarkeitsrituale und die Liebe zum Club
Rituale der Gewalt
Die Durchbrechung von Grenzen durch Fans

Es hat tatsächlich zu regnen aufgehört. Beruhigt stehe ich auf, ich kann meine Reise fortsetzen. Mein Rad hat man hier gut aufbewahrt. Das Gepäck ist fertig. Es kann also losgehen. Ich fahre am Wirtshaus "Zum Lamm" vorüber. Die alte Wirtin steht davor und ärgert sich lauthals über einen älteren Radfahrer, der ihrem noch älteren Hund einen Tritt gegeben hat. Die Frau sieht mich und beklagt sich über den Radfahrer, der ihrem Hund angeblich jeden Tag einen Tritt versetzt. Ich bedauere den Hund und bestätige: "Das ist ein gemeiner Kerl! Als Radfahrer müßte er freundlicher sein." Damit will ich andeuten, daß es dem ehrlichen Radfahrer widerspricht, Hunde zu treten. Der wahre Radfahrer, wie ich ihn idealisierend vor Augen habe, ist ein Freund von Hunden und Menschen. Ich schieße einige Fotos von der guten Frau Wirtin, die mir gestern nicht nur Bier und Käse serviert hat, sondern auch das Schmuggellied. Sie ist eine fromme Monarchistin. Ich betrete noch einmal ihr Gastzimmer und lasse meinen Blick auf den alten Tischen und Stühlen ruhen. Schmuggler und andere feine Leute mögen da gesessen sein und ihr Bier getrunken haben. Dann begebe ich mich auf die Straße in Richtung Dornbirn.

Ich muß vom Rheintal ab und hinauf in die Höhe. Knapp vor der Grenze, in Hittisau, wechsle ich noch D-Mark. Ich verlasse also Österreich und überquere wieder eine Grenze. In einem Laden lasse ich mir noch eine Radtasche für vorne aufschwatzen. Sie paßt nicht ganz, aber der Verkäufer macht einen netten Eindruck. Und außerdem, so sagt er mir, schätze er Radfahrer sehr.

Eine Seitenstraße verläuft durch ein herrliches Wandergebiet. Eine stolze Inschrift auf einer Tafel verkündet, daß sich hier die Wasserscheide zwischen den Flüssen befindet, die in das Schwarze Meer bzw. zur Nordsee fließen. Also ein bedeutungsvoller Ort. Ein Bach in einer Klamm bildet die Grenze zwischen Österreich und Deutschland. Er ist die vielleicht schönste Grenzmarkierung meiner Radtour. Auf der deutschen Seite passiere ich grüßend ein paar Holzarbeiter. Der Weg geht nun leicht bergab. Es ist kühler geworden, und ab und zu spüre ich einen Tropfen. Die Wolken hängen tief, aber was gibt es Schöneres, als frei und erhobenen Hauptes mit dem Fahrrad durch eine schöne Gegend zu radeln? Ich komme nach Tiefenbach und fahre weiter auf einer breiten Straße mit viel Verkehr nach Oberstdorf und dann bergauf bis zum Kleinen Walsertal, wo eine Tafel verkündet, daß jetzt wieder die Republik Österreich betreten wird. Formal ist das Kleine Walsertal österreichisch, doch wirtschaftlich ist es an Deutschland angeschlossen. Ich will an einer Bude, die bereits auf österreichischem Boden steht, mit Schilling zahlen, doch man verwehrt mir dies. Hier regiert die D-Mark. Und deutsche Fremdenverkehrskultur. Das unaufhörliche Rollen von Fahrzeugen singt die Melodie des Fremdenverkehrs, von dem die Leute hier gut zu leben scheinen. Sie dürften ihre sonderbare politische Situation, die durch eine eigenartige Grenze gegeben ist, wirksam ausnützen. Das merke ich und verliere damit die Lust, weiter in das Kleine Walsertal hineinzufahren.

Ich radle über Oberstdorf nach Sonthofen, wo eine Burg aus Beton von vergangener nationalsozialistischer Herrlichkeit kündet. Eine alte Frau erklärt mir, diese Burg sei die bekannte Ordensburg gewesen. Die Nationalsozialisten, die sich einerseits als Sozialisten gebärdeten, wollten andererseits so etwas wie einen Adel schaffen. Rassisch "hochwertige" Burschen und Mädchen sollten ein Übermenschentum hervorbringen. Dies ist das eigentlich Charakteristische des Adels, daß er – auch heute noch – von seiner noblen biologischen Höherwertigkeit überzeugt ist und peinlich darauf achtet, daß kein "schlechtes Blut" in die Familie gelangt.[51]

Es war eine fatale Zeit, die des Nationalsozialismus, weil Menschen degradiert und grauenvoll behandelt wurden, wenn sie nicht in die Vorstellungen vom "braven Deutschen" paßten. Auch Vagabunden, Zigeuner und andere Leute wollte man nicht akzeptieren, weil sie dem Ideal der Arbeit nicht entsprachen. Mir sind die Vagabunden sympathischer als jene Kleingeister, die den Menschen nur an seinem Äußeren, seiner Hautfarbe und seinem Arbeitseifer messen.

Die Nazis wollten also offensichtlich eine Art Adelsherrschaft aufbauen, ganz im Stil ihrer mittelalterlichen aristokratischen Vorbilder, die jeden vernichteten oder zumindest verjagten, der z. B. den Mut hatte, an eine Religion zu glauben, die anders war als die des Landesherrn, oder der sich sonstwie rebellisch verhielt. Und noch etwas fällt mir ein, als ich durch Sonthofen radle, etwas, das von der Geschichtsforschung, die sich mit den Nazis befaßt, viel zu wenig bedacht wird: Ihre Religion vom deutschen Volk wußten die Nazis geschickt mit einer eigenartigen Romantik zu verbrämen, die eng mit der Völkerwanderung

---

[51] Vgl. R. Girtler, Die feinen Leute.

verknüpft war. Die Nazis verklärten die herumziehenden Germanenstämme. Die nach Süden stürmenden Goten, Langobarden und Vandalen boten eine ideale Legitimation für die Kriegszüge der Nazis. Der Gedanke vom "Volk ohne Raum", wie ihn nationalsozialistische Ideologen wiederholt formuliert haben, beinhaltet die Forderung, ähnlich wie es die alten Germanen taten, nach neuen Siedlungsgebieten zu suchen. In derselben Weise wie diese wollte man Marken und Burgen errichten, um das deutsche Volk vor dem Feind aus dem Osten zu schützen und diesen niederzuringen. Heroische Gestalten wie Siegfried und Theoderich wurden beschworen, um dem deutschen Volk Vorbilder zu geben, die ihm zeigen sollten, was germanischer Geist alles vermag. Es ist bemerkenswert, daß neben den Germanen auch die während des Mittelalters aus dem Osten hereinbrechenden Scharen wie die Awaren, Hunnen und Magyaren eine Aufwertung erlebten. Bücher über die Taten des Dschingis-Khan, der das größte Reich, über das je ein Mensch befehligt hat, sein eigen nannte, erzielten im Deutschen Reich hohe Auflagen. Die Grausamkeit des Dschingis-Khan schien den Nazis zu behagen. Der Drang dieses Eroberers aus China, Gebiete zu erkämpfen und die dortige Bevölkerung zu tyrannisieren, sollte in den jungen Lesern die Begeisterung für Kriegszüge wecken. Freilich bedürfen solche Überlegungen genauerer historischer Studien, aber es wäre eine interessante Aufgabe, diesen Spuren nachzugehen. Ich radle nun in Richtung Oberjoch. Die Straße steigt an, und der Fremdenverkehr nimmt offensichtlich zu. Die Ortschaften hier sind beliebte Urlaubsziele. Nun beginnt es zu regnen. Meine Fahrt geht jetzt wieder talwärts, zur österreichischen Zollstation. Meine Hoffnung, daß der kühle Regen endlich aufhört, schwindet. Ich befinde mich bereits auf österreichischem Boden und werde mir irgendwo ein Zimmer suchen, obwohl ich befürchte, daß man mich als nassen Radfahrer abweist. In Tannheim lese ich auf einer Tafel an einem Holzhaus: "Zimmer frei". Ich bleibe stehen, gehe zur Türe und klopfe an. Eine Frau um die fünfzig öffnet. Mitleidig betrachtet sie mich von oben bis unten. Und dann sagt sie die erlösenden Worte: "Kommen Sie herein. Für eine Nacht nehme ich zwar nur ungern jemanden. Aber Sie als Radfahrer tun mir leid. Bis morgen können Sie bleiben."

Meine Erleichterung ist groß, ich sehe mich als Radfahrer endlich akzeptiert. In einem kleinen Gästezimmer entledige ich mich meiner nassen Sachen.

Es ist ein eigenartiges Haus, in das ich hier geraten bin: voll mit Geweihen und ausgestopften Tieren. Sogar der Kopf eines mächtigen Widders hängt über der Stiege und blickt majestätisch ins Vorhaus. "Diesen Widder hat mein Sohn so gern gehabt. Er war unser Lieblingswidder", erzählt die Frau mit so viel Trauer über den Dahingeschiedenen in der Stimme, daß ich mich zurückhalten muß, ihr nicht mein Beileid auszudrücken. Flankiert von den ausgestopften Tieren, wandere ich zur Tür hinaus und begebe mich in ein Restaurant.

Ich denke über das Problem Grenze nach. Heute habe ich zwei Grenzübergänge überquert. Diese Grenzen sind aber keine Grenzen, die Wahrheiten voneinander trennen, wie die alten Grenzen des Eisernen Vorhanges. Sie besitzen kaum eine wirtschaftliche Bedeutung, sondern scheinen sich aufzulösen im Rahmen eines größeren Wirtschaftsraumes. Sie mögen allerdings ihren Sinn haben, bei der Verfolgung Krimineller etwa, indem sie Barrieren darstellen, die an der Flucht hindern können. Für mich als Radfahrer, der vor niemandem flüchten muß und auch nichts gestohlen hat, sondern sich aus eigener Kraft die Straße erobert, existieren sie praktisch nicht. Für mich und für viele andere auch erfüllen sie eher eine zeremonielle Funktion, wodurch dem feinen Sommergast feierlich klargemacht wird, daß er nun in ein prächtiges Erholungsgebiet einzieht.

Und massenhaft überfallen Touristen die Gegenden Tirols. Bisweilen sind sie, zu Ferienbeginn, zu Feiertagen und auch zwischendurch, Heuschrecken ähnlich. Die Kinder bilden die natürliche Grenze innerhalb der Feriengäste: Haben die Kinder mit ihren Eltern das Feld geräumt, so kommen überfallsartig die Pensionisten. Und ich sitze gerade mit solchen im Restaurant und höre ihnen zu. Sie hoffen auf besseres Wetter. Ich hoffe mit ihnen. An einem Nebentisch sitzen eine ältere Dame und ein älterer Herr. Er hat eine Illustrierte aufgeschlagen, offensichtlich älteren Datums, und liest seiner Frau etwas über Fußball vor. Er hält die Jugend für verrückt. Er verstehe diese wilden Horden auf dem Fußballplatz nicht mehr. Seine Frau nickt dazu.

Fußballfans als Krieger und ihre Symbole

Die Geschichte des Fußballsports verweist auf eine lange Tradition kriegerischer bzw. quasikriegerischer Kampfhandlungen der Anhänger. Bereits im 13. Jahrhundert scheint es beim Fußballspiel (oder dem, was man so bezeichnete) wild zugegangen zu sein. Dies läßt sich aus einem Beschluß der Synode von Exeter 1287 ableiten. Darin werden Tanzen, Raufen und andere unziemliche Sportarten, dazu zählte das Fußballspiel, auf dem Hof vor der Kirche verboten. Anlaß für dieses Verbot dürfte die Tötung eines Fußballspielers während eines Spiels auf einem Kirchhof in Manchester gewesen sein. Und 1349 drohte Edward III., alle diejenigen einzusperren, die das brutale Fußballspiel dem gentlemanwürdigen und militärisch nützlichen Bogenschießen vorzogen.

Als "teuflischen Zeitvertreib" beschrieb man 1583 das Fußballspiel, denn es biete Anlaß zu Raufereien, Blutvergießen und Mord. Seit dieser Zeit wird Fußball immer wieder mit Gewalt, Raufhändel und Verwüstung in Verbindung gebracht, und dies bis in unsere Tage. So endete im April 1890 das Länderspiel England—Schottland mit der Verwüstung des Fußballplatzes.

Abgrenzungen wurden niedergerissen, und das Feld wurde zerstört. Auch wird häufig berichtet, daß von aufgeregten Anhängern Gegenstände auf Spieler und Schiedsrichter geworfen wurden. 100 Personen wurden 1909 im schottischen Cup zwischen Glasgow Rangers und Celtic Glasgow bei einer Rauferei verletzt. Grausam war der 29. Mai 1985 im Heysel-Stadion zu Brüssel, als beim Match Juventus gegen Liverpool italienische Fans von englischen Fans in den angrenzenden Sektor getrieben wurden. Es kam zum Einsturz einer Mauer, 41 Tote und 100 Verletzte waren die Folge.

Es scheint, daß der Fußballsport als Mannschaftssport eben wegen seiner kampfmäßigen Orientierung und leichten Überschaubarkeit (die beim Handball oder Basketball nicht in diesem Maße gegeben ist) eine besondere Attraktivität genießt. Im Gegensatz zu anderen Sportarten fühlen sich beim Fußball die Anhänger dazu angefeuert, einander rituell und kriegerisch – manchmal blutig – zu begegnen. Meines Erachtens sind derartig motivierte und kämpferische Anhänger vorrangig nur bei einem Sport möglich, der Spannung bietet und bei dem Mannschaften nach bestimmten Regeln versuchen, den Gegner zu besiegen. Die Regeln werden dabei oft bewußt und hinterhältig umgangen. Schließlich ist eine Fußballmannschaft von ihrer Aufstellung, ihrem Spielplan und ihren Spielzügen her durchaus mit einer Armee zu vergleichen. Ihr Ziel ist es, die gegnerische Mannschaft auszutricksen, um schließlich über sie zu triumphieren. Wohl kennt auch der Box- oder der Tennissport Fans, aber diese formieren sich grundsätzlich nicht zu einander bekämpfenden Gruppen. Der Fußballsport bietet für seine Anhänger jedoch eine glänzende Möglichkeit, sich nach dem Vorbild einer Mannschaft zu organisieren und kriegerisch gegen die Gegner vorzugehen. Typische Begriffe wie Fußballschlacht, Schlachtenbummler, Stürmer, Verteidiger, Antreten zur Exekution (beim Elfer) usw. erinnern nur zu deutlich an Krieg und Kampf.

Kampf und Degradierung des Gegners verschaffen intensive Gemeinschaftserlebnisse. Der Fan vermag sich mit einer Gruppe zu identifizieren, ja eigentlich mit zwei Gruppen – einmal mit der Mannschaft und dann mit den anderen Fans. Die Spieler der Teams werden zu göttlichen Heroen und zu kühnen Helden, welche man aus der Ferne umjubelt und verehrt. Für diese Halbgötter ist man sogar bereit, sein Leben einzusetzen. Schlachtgesänge, Fahnen, Schals, Mützen, bestickte Jacken mit diversen furchterregenden Emblemen (z. B. Totenkopf) und T-Shirts in den Vereinsfarben werden zu kämpferischen Symbolen, die schließlich auch die Fans aneinander binden. Und die Gesichtsbemalungen einiger von ihnen erinnern stark an Kriegsbemalungen. Dazu kommen diverse Reliquien, Erinnerungsstücke an große Fußballschlachten, Vereinswäsche und Maskottchen.

Alle diese Symbole sind von großer Bedeutung für die gemeinsamen Aktionen. Sogar von Rachefeldzügen der Fans wird berichtet. Als Waffen bedient man sich der Dinge, deren man habhaft werden kann, wie etwa der klassischen Stöcke und Steine oder der neuzeitlichen Flaschen (die allerdings vorsichtshalber nicht mehr offiziell ausgegeben werden). Charakteristisch für die Gruppe der Fans ist, wie für einen Stamm auch, die Schaffung von Mythen, von Erzählungen über die heroische Vergangenheit des Volkes oder des Clubs bzw. der Fangruppe. Die Herrlichkeit der Mannschaft und ihre glorreichen Siege werden von den Fans für sich in Anspruch genommen. Man identifiziert sich mit dem Team, spricht davon, als ob man ihm selbst angehörte. Die Gegner der eigenen Helden werden verteufelt. In den Schlachtgesängen der Fans wird dies deutlich, wenn z. B. gesungen wird: "Zieht den Tirolern die Lederhosen aus!" Oder: "Schlagt den Linzern die Schädeldecken ein!" Der gegnerische Fan wird mit der gegnerischen Mannschaft identifiziert, und er wird so zum Gegenstand des Angriffes. Zorn und Wut über ein verlorenes Spiel oder über Regelverfehlungen richten sich stellvertretend für die Mannschaft gegen die Fans, was böse Folgen haben kann. Der Kampf der Spieler auf dem Platz setzt sich auf den Rängen oder vor dem Stadion fort, allerdings mit anderen Mitteln. Eine weitere bemerkenswerte Parallele zu wilden Stämmen und kriegerischen Einheiten überhaupt besteht in der Überzeugung von sich selbst und seiner Gruppe als Verkörperung des einzig wahren Menschen. Der Kulturanthropologe Levi-Strauss meint, daß ein solches Handeln typisch für viele "primitive" Gesellschaften sei[52]: Die Hottentotten nennen sich "Khoin-khoin", das heißt "Menschen der Menschen", und die Eskimo "Inku", was ebensoviel wie "Mensch" bedeutet. Interessant ist die Herkunft des Namens "Apachen": Dieser Indianerstamm zog im 14. oder 15. Jahrhundert aus dem Norden in das Gebiet der Pueblo-Indianer, mit denen es sofort zu kriegerischen Auseinandersetzungen kam. "Apachu" heißt nun nichts anderes als "unsere Feinde", Feinde der Pueblo-Indianer also, von denen sich diese zu distanzieren trachteten.

Dadurch, daß man den Gegner nicht als Vollmenschen, sondern als üble Bestie o. ä. sieht, braucht man auch keine Skrupel zu haben, wenn man ihn vernichtet. Ganz in diesem Sinn versuchen auch Fans, ihre eigene Gruppe als besonders edel zu begreifen, während sie dem Gegner das Attribut "Mensch" aberkennen. Entsprechend dieser Definition handeln und prügeln sie. Genauso wie der Stamm besitzt auch die Fangemeinde eine Art Territorium, ein Revier, welches sie gegen die "Fremden", die Anhänger der feindlichen Mannschaft, zu verteidigen sucht. Dieses Territorium ist eng verknüpft mit dem Stammplatz der eigenen Mannschaft. Bei Heimspielen eskaliert der Stolz auf dem Platz. Dem Gegner wird klargemacht, daß er der Feind ist, daß er sich zu hüten und zu schweigen hat. Mit Kriegsgeheul wird dieser Anspruch rituell in das Stadion geschleudert und auf die-

---

[52] C. Levi-Strauss, Rasse und Geschichte. Frankfurt 1972

se Weise für die eigene Mannschaft magisch der Sieg beschworen. "Hier regiert der SCR" oder ähnliche skandierte Sätze bestimmen gerade zu Beginn des Matches die Szene und verleihen, laut gerufen, der Atmosphäre etwas Unheimliches, Aufrüttelndes und Ekstatisches. Der Lärm wird stärker, die Anhänger werden fiebrig, von Schaudern erfaßt, und bereiten sich auf den Kampf vor, den zunächst stellvertretend die Teams führen werden. Das Geschrei schwillt an, wird zum Orkan, wenn die Mannschaften auf das Feld laufen.

Schlachtgesänge und Spottlieder

Es sind spezifische Schlachtgesänge, die von Einpeitschern angestimmt werden. Solche Gesänge können von einiger Brutalität sein, wie der oben zitierte Satz: "Schlagt den Linzern die Schädeldecken ein!"

Grundprinzipien der Schlachtchöre sind eine Lobpreisung der eigenen Mannschaft und eine Beschimpfung der feindlichen. Vorbildcharakter dürften die englischen Schlachtgesänge haben. Gegenstand des Spottes können dabei die sozialen Probleme der Stadt, aus der die gegnerischen Fans kommen, sein, wie z. B. die Arbeitslosigkeit und die Armut in Sheffield und Liverpool. Beim Spiel Chelsea gegen Sheffield am 2. Juni 1985, welches während des Bergarbeiterstreikes ausgetragen wurde, sangen die Fans von Chelsea höhnend: "You'll never find a job." Als besonderen Gag holten Chelsea-Fans einmal bei einem Spiel gegen Liverpool Zehnpfundscheine aus ihren Taschen und schwenkten sie über ihren Köpfen, um den Liverpool-Fans ihre Armut spöttisch vor Augen zu führen. Schlachtchöre mit Spottcharakter wurden verfaßt:

"In your Liverpool slums
You look in the dustbin for something to eat.
You find a dead rat and think it's a treat.
In your Liverpool slums."[53]

Derartige Spottlieder erinnern an die einstigen "nith"-Gesänge der östlichen und westlichen Eskimo. Diese Gesänge traten an die Stelle der Auseinandersetzungen mit den Waffen und dienten der Verspottung der Gegner. Als Sieger galten diejenigen, die den stärksten Beifall des umstehenden Publikums erhielten.[54]

Die einander lauthals verspottenden Fußballfans erwarten ähnliche Reaktionen von seiten der Zuhörer und freuen sich, wenn dem Gegner keine Texte mehr einfallen oder er sich still zurückzieht.

Das Austragen von Konflikten durch Spottlieder hat also eine interessante Tradition und findet bei den Fußballfans eine faszinierende Fortsetzung. An die Stelle eines brutalen körperlichen Kontaktes, der durch die Polizei verhindert wird, tritt der Kampf mit dem gesungenen Wort. Jede Aktion der Mannschaften wird mit Rufen begleitet, Unregelmäßigkeiten des Gegners und des Schiedsrichters werden mit Getöse geahndet, Kriegsfanfaren in Form von Hupsignalen peitschen die eigene Mannschaft auf ihrem Weg zum gegnerischen Tor an. Fahnen schwingend, wird mit viel Lärm ein erfolgreicher Schuß bejubelt, und schließlich liegen die Fans einander beim Sieg ihrer Mannschaft, ekstatisch schreiend und Freudenlieder singend (wie: "Immer wieder, immer wieder Austria"), in den Armen. Wichtig sind hier wiederum die schon erwähnten Symbole, welche die Fans der siegreichen Mannschaft dabei stolz präsentieren.

---

[53] W. Kühn, Hooliganism. Unveröffentlichte Diplomarbeit. Wien 1989, S. 85

[54] W. Hoebel, Das Recht der Naturvölker, Ölten 1968, S. 119

Mannbarkeitsrituale und die Liebe zum Club

Die moderne städtische Gesellschaft kennt kaum mehr Mannbarkeitsrituale bzw. Initiationsrituale. Sinn solcher Rituale ist, anzuzeigen, daß die Kinderrolle gegen die des jungen Erwachsenen eingetauscht wird.

Die Fußballfans pflegen nun eine Reihe von Mannbarkeits- bzw. Initiationsritualen, die dem jungen Menschen Selbstwertgefühl verleihen sollen. Dieses kann eingeschränkt sein durch Arbeitslosigkeit oder Unzufriedenheit mit Arbeitsplatz und Schule. Der Übergang von der Kindheit in die Gruppe der jungen Männer vollzieht sich in den diversen Stammeskulturen regelmäßig durch eine Reihe von Zeremonien. Der Kulturanthropologe Van Gennep spricht von den "rites de passage". Bei Fußballfans ähneln solche Rituale grundsätzlich denjenigen in Kriegergesellschaften, wie z. B. dem früheren Ariori-Bund auf Tahiti. Über diesen Bund – einer Vereinigung von Kriegern und Plünderern – schreibt Van Gennep: "Der Ariori-Bund umfaßte sieben Klassen, Stufen oder Grade, deren Angehörige sich durch Tatauierungen unterschieden, die mit dem Aufsteigen in der Hierarchie immer komplizierter und zahlreicher wurden. Die Mitglieder des Bundes stammten aus allen Schichten der Gesellschaft. Wer aufgenommen werden wollte, zeigte sich in ungewöhnlicher Kleidung und in exzentrischem Schmuck und verhielt sich, als ob er geistesgestört wäre. Wenn die Ariori glaubten, ihn gebrauchen zu können, so nahmen sie ihn zunächst als Diener an. Die erste Handlung eines Aufnahmewilligen bestand also darin, zu demonstrieren, daß er sich von gewöhnlichen Menschen unterschied. Dieses Verhalten interpretiere ich als einen freiwilligen Trennungsritus. Nach Ablauf einer bestimmten Frist wurde der Novize in den Bund aufgenommen: Man änderte seinen Namen ... er mußte eine besondere Körperhaltung erlernen und ein bestimmtes sakrales Lied singen können ... "[55] Hier zeigt sich eine Parallele zur Subkultur der Fußballfans, zumal der Fan durch Kleidungssymbole und Mutproben bzw. Rituale der Tapferkeit an Ansehen gewinnen kann.

Berichtet werden Rituale dieser Art, durch die das Mitglied sozial in der Gruppe aufsteigt, von englischen Fußballfangemeinden. Grob lassen sich die englischen Fans in drei Altersgruppen einteilen:

Die "Novices" oder "Learners": Dies sind die jüngsten Fußballplatzbesucher, die Gruppe der ungefähr Zehnjährigen. Sie stehen zumeist hinter den älteren Fans auf den Stehplatztribünen und versuchen, von ihnen zu lernen. Die "Rowdies": Zu dieser Gruppe gehören die Zwölf- bis Siebzehnjährigen. Sie sind die Fahnenträger und verursachen den größten Lärm. Sie kleiden sich in den Vereinsfarben und beherrschen die Schlachtgesänge. Sie sind es, die zum Kampf mit den Gegnern bereit sind. War man eine Zeitlang Rowdy und hat man sich als solcher einen guten Ruf erworben, so besteht die Chance, zu einem "Graduate" oder "Town boy" aufzusteigen. Ein solcher ist bereits um die 25 Jahre alt und hat einige Souveränität erreicht. Er hat es nicht mehr nötig, sich z. B. in den Vereinsfarben zu produzieren. Bei Kämpfen jedoch, in welche die eigene Gruppe verwickelt ist, da kann mit ihm gerechnet werden. Daneben gibt es noch spezielle Fan-Typen, die ihrer Gruppe Ruhm und Ehre bringen: Der "Aggro leader" steht an der Spitze dieser Hierarchie. Er führt den "Oberbefehl" bei Auseinandersetzungen. Er ist vergleichbar mit dem klassischen Stammesführer oder Häuptling. Auch genießt er den Ruf, ein guter Trinker zu sein. Bei den "Hard men" handelt es sich um ältere Fans, die durch frühere Heldentaten zu Ruhm gelangt sind, sich jetzt aber eher zurückhalten. Ihre Aufgabe besteht im wesentlichen darin, jüngeren, ungestümen

---

[55] A. van Gennep, Übergangsriten. Frankfurt/M. 1986 (1908), S. 85f

Kollegen in brenzligen Situationen behilflich zu sein. Der “Hooligan” ist ein Fan, der Heldentaten vollbringt und dadurch den Respekt der anderen Fans genießt. Besonders ehrenvoll ist eine solche Heldentat, wenn über sie am nächsten Tag in einer Zeitung berichtet wird. Aufgabe der “Chant leader” ist es, das Geschehen auf dem Spielfeld zu interpretieren und eventuell einen neuen Gesang anzustimmen. Der “Comedian” achtet darauf, daß die ganze Sache nicht zu ernst wird. Er bringt Leute zum Lachen und baut so Spannungen in der Gruppe ab. [56]

Die Kriegergemeinschaft der Fans kann also sehr wohl, wie diese Einteilung der englischen Fans zeigt, eine mehr oder weniger strenge Hierarchie mit spezifischen Chancen des Aufsteigens enthalten. Dieser Aufstieg scheint rituell und symbolisch abgesichert zu sein. Typisch für das Leben in einer solchen kriegerischen Szenerie ist, daß man Mut zeigt und den Feigling verachtet. Demnach gilt nur derjenige als wahrer Fan, der kühn und stolz die Sache seines Clubs vertritt. Beispielhaft sei auf solche Fan-Aussprüche verwiesen: “Wir hatten nie den Funken einer Chance, aber wir wußten, wir durften uns nicht ergeben.” Oder: “Normalerweise fehlen höchstens ein paar Zähne, oder man hat ein blaues Auge oder ein Cut.” Der wackere und heldenhafte Fan genießt Respekt, und er kann damit rechnen, in der Rangordnung der Fans aufzusteigen. Der Fan kann sich mit seinem Fußballclub identifizieren. In dessen Umfeld kann er im Verein mit den anderen Fans Gemeinschaftsgefühl und Anerkennung erwarten, und auch erhalten. Hier hat er eine Heimat, auf die er sich verlassen kann. In diesem Sinn ist folgender Ausspruch eines Fußballfans zu verstehen: “Die Eintracht [Frankfurt], die hab’ ich nun seit Jahren, die werd’ ich noch für Jahre haben. Aber was hab’ ich denn von einer Frau. Die schießt mich in einer Woche ab… ” Man kann sich also mit den Kollegen unter den Fußball-

---

[56] W. Kühn, Hooliganism, S. 69f

fans identifizieren, sie bieten dem Fan eine Heimat an. Das gemeinsame zentrale Symbol ist der Club. Und für diesen ist man, ähnlich wie für die "Heimat", bereit zu kämpfen.

Rituale der Gewalt

Unter der Vielzahl von Symbolen und Ritualen, mit denen sich die Fans umgeben, ist das auffälligste Symbol eine spezifische Haartracht: Sie ließen sich die Haare millimeterkurz scheren, was das Bild ihrer Aggressionsbereitschaft rituell verstärkte. Dazu krempelten sie ihre Jeans hoch, damit man die hochgeschnürten Doc-Marten-Stiefel, die Stiefel der Werftarbeiter, bewundern konnte. Außerdem trugen sie die Hosenträger offen über dem Hemd, was ihren Stolz auf die Herkunft aus dem Arbeitermilieu symbolisieren sollte. In den einzelnen Wohnvierteln bildeten sich Gruppen, die sich häufig nach dem Anführer, z. B. Smithy's Team, oder auch nach der Gegend, z. B. die Burschen von Somers Town, benannten. Diese Skinheads, wie sie sich selbst bezeichneten, waren und sind Fußballfanatiker höchsten Grades. Sie dominierten die Ränge in einigen Fußballstadien so sehr, daß bestimmte Ecken in den Stadien zum Synonym für den Skinhead-Anhang wurden (z. B. Chelsea's Shed). Binnen kurzer Zeit waren diese Burschen ob ihrer Aggressivität und ihres lautstarken Auftretens bekannt und gefürchtet. Der Fanatismus, den sie demonstrierten, entsetzte die Umwelt. Ziel ihrer Angriffe waren nicht nur andere Fans, sondern auch asiatische Einwanderer und "Typen", die als unmännlich angesehen wurden. Zu letzteren gehörten die Hippies, denen man nicht nur vorwarf, dreckig zu sein, sondern auch arbeitsscheu. Pakistani, Hippies und auch Homosexuelle, für Skinheads besondere Symbole der Unmännlichkeit, wurden regelmäßig von ihnen verprügelt. Mit ihrem Haß gegenüber Homosexuellen drückten sie allerdings lediglich die Empfindungen des Normalbürgers aus, dessen traditionelle Wertmaßstäbe sie auch übernahmen. Die Presse brandmarkte die Skinheads ob ihrer rassistischen Einstellung, einer Haltung, die weder für England noch für das übrige Europa ungewöhnlich ist. Die Skinheads fanden daher stille Sympathisanten, denen es gefiel, daß sie mit Pakistani Raufereien anzettelten und auch sonst Fremde erniedrigten. Die Angriffe der Massenmedien dienten offensichtlich dem Ziel, die Skinheads als eine extremistische Gruppe von rassistischen Fußballfanatikern zu stigmatisieren, um den eigenen behördlichen Rassismus zu verdecken.

Die Skinheads, die aus den Arbeiterwohnvierteln stammen, übernahmen auch die Wertmaßstäbe dieser Bezirke, zu denen die Angst vor Überfremdung durch Ausländer und somit auch die Angst um den Arbeitsplatz gehörten. Sie verkörperten außerdem ein puritanisches Arbeitsethos. Die konservativreaktionären Werte der Unterschicht waren ihnen also wichtig. Ihren Lebensbereich schützten sie gegen alles, was ihn ihrer Meinung nach befleckte. Allerdings ist nicht jeder Skinhead ein Rassist, sondern auch unter ihnen entwickelten sich verschiedene Richtungen, die schließlich auf das Festland gelangten. Charakteristisch für alle dürfte jedoch sein, daß sie im Verlauf von Fußballspielen gewaltsame Auseinandersetzungen provozierten. Vor dem Anstoß eines Spieles wurden häufig bestimmte Skinhead-Symbole, wie Hosenträger und Gürtel, von der Polizei beschlagnahmt.

Obwohl es um die Skinheads zu Beginn der siebziger Jahre relativ ruhig geworden war, tauchten sie (bzw. ihre Nachfolgegruppen) zehn Jahre später erneut auf und diktieren heute noch mitunter das Geschehen im Verband der Fans. Für die Skinheads und ähnliche Gruppen, die auf den Fußballplätzen Aktionen der Gewalt setzen, sind betont männliche Verhaltensweisen typisch. Es handelt sich also, wie es scheint, bei diesen jugendlichen Subkulturen um männlich dominierte Gemeinschaften. Mädchen werden zu bloßen Anhängseln degradiert. Der

Fußballsport symbolisiert für sie alle offensichtlich den Wunsch nach sozialem Aufstieg, aber auch den Wunsch nach einem eigenen Territorium. Die Fußballspieler werden dabei wohl als die "letzten großen Helden" ihrer Klasse gesehen. Dem Fußballspieler traut man den großen Sprung nach oben zu.

Die Subkultur der Skinheads entspricht somit in gewisser Weise dem, was Cohen als "delinquente Subkultur der Arbeiterklasse" bezeichnet, Für deren Mitglieder ist es typisch, daß sie als Arbeiterkinder gegenüber den Kindern aus der "Mittelklasse" benachteiligt sind, insofern als sie bei der "Jagd nach Status" von vornherein weniger erfolgreich sind. Die Subkultur bietet eine Lösung für die jungen Männer der Arbeiterklasse an, wobei die Mittelklassegesellschaft als Bezugsgruppe zurückgewiesen wird. Der "gute" Junge wird zum Gegenstand der Verachtung, der Lächerlichkeit und der Aggression. Die delinquente Subkultur verleiht also jenen einen Status, die sonst keinen haben, und sie rechtfertigt Feindseligkeit gegenüber anderen.[57] Es macht Spaß, Leute zu verärgern, die entweder gesamtgesellschaftlich anerkannt sind, wie Lehrer, Pfarrer und Arbeitgeber, oder die man verachtet, weil sie aus einer anderen Kultur kommen bzw. gewissen strengen Standards der Arbeiterklasse widersprechen, wie etwa die Homosexuellen. Die Fußballspiele werden daher für Jugendliche dieser Art zu einem spannenden Gemeinschaftserlebnis – im Gegensatz zur Schule oder einem bedrückenden Arbeitsplatz. Die Fußballfans, insbesondere jene, die die Tradition der Skinheads weiterführen, tragen demnach eine kriegerische Komponente in die Ränge der Stadien. Diese kriegerische Ausrichtung erfährt schließlich ihre besondere Betonung durch den oben skizzierten, oft sehr deutlichen Ethnozentrismus. Ein Ethnozentrismus, der charakteristisch gerade für

---

57 A. K. Cohen, Kriminelle Subkulturen. In: Soziologie der Jugendkriminalität. Hg. P. Heintz u. R. König. 2. Sonderheft der Kölner Zeitschrift für Soziologie und Sozialpsychologie. 1974 (6. Aufl.), S. 103ff

Kriegergesellschaften zu sein scheint und der im Fremden eine Bedrohung der eigenen Kultur und der eigenen Entfaltungsmöglichkeiten sieht. Der Fremde, bei uns der Gastarbeiter und der Einwanderer aus dem Osten, wird als gefährlich angesehen und verantwortlich gemacht für soziale Mißstände, so vor allem für die Arbeitslosigkeit.

Auf dem Fußballplatz weiß sich der Fan in einer Gemeinschaft, die ihn akzeptiert. Die gemeinsamen Farben sind vordringliche Symbole, über die die Gemeinschaft gefestigt wird. Sie sind die Zeichen, welche die Fans zu Stämmen machen und unter denen sie sich sammeln und zum Stadion ziehen, wie Stammeskrieger auf Kriegszug. Verliert die Mannschaft, so ist die Solidarität der Fan-Gemeinschaft bedroht. Um damit fertigzuwerden, beschimpft man den Gegner, wirft ihm Hinterlist und Tricks gegen das offizielle Reglement (die Kriegsordnung) vor, oder man bekämpft den Schiedsrichter als jemanden, der als Kriegsgott solche Niedertrachten gestattet hat. Wie eng die eingangs skizzierte Beziehung zwischen Stammeskultur und Subkultur der Fans bzw. zwischen Fußballspiel und Krieg ist, deutet eine kleine Geschichte an, die mir mein Freund Erich Kolig von der Universität Oakland in Neuseeland, ein Spezialist auch für die Kultur der Papuas, erzählt hat: In den dreißiger Jahren hatten die Engländer die Papuas "befriedet". Da die englischen Herren der Ansicht waren, den Papuas müsse ein Ersatz für kriegerische Auseinandersetzungen geboten werden, um damit ihre Aggressionen abbauen zu können, brachten sie den Männern unter ihnen das Fußballspiel bei und errichteten bei den Papua-Dörfern Fußballplätze. Nun zeigte es sich jedoch, daß die Eingeborenen zu den Fußballspielen in voller ritueller Kriegsausrüstung und -bemalung kamen. Entsprechend kriegerisch unterstützten sie auch die eigene Dorfmannschaft und mischten sich in das Spiel ein, z. B. bei einem "Foul" oder einer vermeintlichen Ungerechtigkeit des Schiedsrichters. Das Fußballspiel wurde also zum Krieg, ganz ähnlich wie es jeden Sonntag auf unseren europäischen Fußballplätzen zu erleben ist.

Die Durchbrechung von Grenzen durch Fans

Für den jungen Fußballfan bietet sich somit ein breites Feld der Betätigung, um sich als kriegerischer Geselle an wüsten Krawallen zu beteiligen und, wenn er Lust dazu verspürt, Rituale der Gewalt einzusetzen. Dies macht Spaß, überhaupt wenn die Kollegen ihn mit Scherzworten aneifern. Die Akte der Gewalt und der Selbstdarstellung mögen schließlich dem jungen Burschen dazu verhelfen, jene ihm von Eltern und braven Lehrern gesetzten Grenzen zu durchbrechen. Der Jugendliche, der Erniedrigungen im Elternhaus und in der Schule erfährt, findet unter Fußballfans eine für ihn phantastische Bühne, in der er agieren und sich kühn präsentieren kann. Der Fußballfan ist jemand, der die Grenze, die der gute Bürger sorgsam errichtet, andauernd verletzt. Es sind jedoch nicht nur Grenzen sozialer Natur, wie ich sie umrissen habe, die zu überschreiten dem Fußballfan Freude und Spaß bereitet, sondern es gewinnen auch zunehmend geografische Grenzen an Bedeutung, nämlich dann, wenn er in den Stadien darangeht, sein Team aktiv mit Kriegsgesängen, Schlachtenrufen und Verprügelung der gegnerischen Fans zu begleiten. Vorsorgliche Polizisten und Leute der Stadienverwaltung verbannen die "mutigen Fans" in bestimmte Sektoren und errichten Grenzbarrieren. Um sich dennoch in ein Kampfgetümmel stürzen zu können, reißen todesmutige Fans sogar diese Grenzen nieder. Der Fußballfan hat also viel mit Grenzen zu tun, Grenzen, die um ihn errichtet werden, aber auch Grenzen, die er selbst errichtet.

Garmisch und die Seen: Über Wilderer

Tannheim, Garmisch, Tegernsee, Schliersee
Wilderer als soziale Rebellen
Der Wilderer Mathias Schwarz

Trotzdem war der Schlaf im Holzhaus inmitten der ausgestopften Tiere angenehm. Als ich aus der Zimmertüre trete und in die vielen präparierten Augen starre, empfinde ich ein kurzes Gruseln. Der Hauswirtin gegenüber melde ich meine Bedenken wegen der Motten und ähnlichem Getier an, welches, so glaube ich, an den Fellen der Tierchen Geschmack und Nahrung finden würde. Sie stimmt mir zu, schaut mitleidig den verblichenen Widder an und erwidert: "Sie haben schon recht. Hier im Fell des Widders dürften schon einige an der Arbeit sein. Aber was soll ich machen. Der Widder gefällt meinem Mann und mir so gut!" Ich respektiere die Liebe der Frau für den Widder und scherze noch abschließend, bevor ich das Frühstück einnehme, ob ihr Mann oder sie nicht daran dächten, den Großvater auch ausstopfen zu lassen. Er würde sich doch wohl gut inmitten der geliebten Tiere ausmachen. Die Frau lächelt bitter. Als ich weiterziehe, regnet es nicht mehr, aber es ist kühl. Der Weg führt mich über Weißenbach nach Reutte. Bei Reutte biege ich in eine gemütliche Nebenstraße. Es ist Sonntag, der Verkehr ist ruhig. Kirchenbesucher dürften unterwegs sein. Ich komme nach Breitenwang und radle entlang des stilvollen Plansees. Ein kleiner

Brunnen läßt mich halten. Ich lese: “Kaiserbrunnen”. Er wurde von König Ludwig I. in Erinnerung an den bayerischen Kaiser Max errichtet. Dieser war der einzige deutsche Kaiser, der aus Bayern kam, weshalb man besonders stolz auf ihn ist. Ich fülle meine Flasche mit kaiserlichem Wasser und radle weiter. Einem älteren Herrn, der ein Fahrrad aus dem Kofferraum seines Autos holt, erkläre ich meine Einstellung zum Radfahren und zum Auto.

Ich gelange zur Grenze. Die deutschen Zöllner wollen mich weiterwinken, doch ich lasse dies nicht zu und bitte die beiden Herren vielmehr um einen Rat bezüglich der besten Route zum Tegernsee. Man meint, ich solle doch die deutsche Alpenstraße nehmen, nach Garmisch-Partenkirchen gebe es einige Nebenwege. Ich danke für die Auskunft und lasse mein Rad in Richtung Ettal rollen. Das bayerische Kloster dort hat eine besondere Attraktion für Urlauber. Souvenir-Buden zeigen Bilder vom unglücklichen König Leopold II. von Bayern, einem schönen Menschen, mit dem man große Geschäfte machen kann. Die alten Aristokraten und Könige werden allerorts zu Märchenfiguren. Dies dürfte auch einigen heutigen Adeligen bewußt sein, wenn sie sich in Noblesse üben. Ich radle weiter nach Garmisch-Partenkirchen, dem klassischen Wintersportort mit Sprungschanze. Auf einer Nebenstraße muß ich steil hinauf und dann wieder steil hinunter, um schließlich doch wieder auf die Hauptverkehrsstraße zu stoßen. Hier zweige ich ab nach Wallgau und von dort in das Isartal. Es ist eine schöne, romantische Landschaft, in der gut zu rasten und schwimmen sein muß. Heute ist es noch zu kühl dazu. Dann geht es hinauf auf den Achenpaß, und von dort zieht die Straße langsam hinunter zum Tegernsee. Ich erinnere mich an das Lied vom Jennerwein, jenem unglücklichen Wilderer, der in der Nähe des Tegernsees von einem Jäger hinterrücks erschossen worden ist. Ich stelle mir vor, daß sein berühmtes Grab, von dem ich schon Bilder gesehen habe, am Tegernsee liegen müsse. Tatsächlich aber befindet es sich, wie ich herausfinde, am Schliersee. Und obwohl es schon fast 18 Uhr ist, besuche ich auf dem Friedhof von Schliersee noch das Grab des Jennerwein.

Auf einer Tafel steht zu lesen: "Hier ruht der Wilderer Georg Jennerwein." Als ich nach meinem Friedhofsbesuch Ansichtskarten vom Grab kaufe, fällt mir auf, daß es auf den Karten noch heißt: "Hier ruht der Wildschütz Georg Jennerwein." Früher war er also noch der Wildschütz, heute ist er nur mehr der "Wilderer". Man hat ihn offensichtlich degradiert, vielleicht auf Wunsch der Jäger, die sich über die Verehrung des Jennerwein ärgerten. Ein Herr erzählt mir später: "Jedes Jahr an seinem [Jennerweins] Todestag liegt hier eine gewilderte Gams. Und jedes Jahr am Todestag kommen Burschen zum Grab, vermummt wie alte Wilderer, und singen das Jennerwein-Lied. Es gibt sogar einen Jennerwein-Verein." Der Mann lächelt dabei, ihn belustigt der Tumult um den Jennerwein, den er für einen Gauner hält. Als ich weggehe, begegne ich einer Gruppe von Urlaubern, die das Grab des Jennerwein suchen. Der gute Wildschütz Jennerwein ist also durch die Kugel des Jägers nicht getötet, sondern unsterblich geworden.

*

Im Gasthof "Zur Post" nehme ich Quartier. Das Zimmer ist bequem, und das Essen samt Bier, welches ich in dem großen, gemütlichen Gastsaal einnehme, schmeckt mir. Am Nebentisch sitzen Gäste aus der DDR, die die Öffnung der Grenze zu genießen scheinen. Es muß ein wunderbares Gefühl für sie sein, nun in Orte fahren zu dürfen, die ihnen früher durch ein starres Regime und eine undurchdringliche Grenze verwehrt waren. Für die Leute aus dem Osten war die Grenze etwas Absolutes, an ihr endete die Welt im wahrsten Sinn des Wortes. Im Nebenzimmer gröhlen bayerische Burschen. Einer hat sogar eine Lederhose an und einen Trachtenhut auf. Vielleicht hat sie der Fremdenverkehrsverband engagiert, damit die Besucher sehen, was bayerische Gemütlichkeit eigentlich ist. Lärm und Bier scheinen wesentlich dazuzugehören.

Wilderer als soziale Rebellen

Der Wildschütz Jennerwein genießt meine Sympathie, auch wenn er schon über 100 Jahre tot ist. Er wurde durch das berühmte Jennerwein-Lied zu einer Symbolfigur für den kleinen Mann, der sich gegen die Herrschaft, gegen die Unterdrücker, auflehnte. Und gerade das ist es, was mich als Kulturwissenschaftler – und nicht nur als solcher – interessiert. Der Wilderer zeigt sich als typischer "sozialer Rebell", nämlich als jemand, der für die Entrechteten zur Waffe greift und mit dem sie sich stolz identifizieren können. Ein solches soziales Rebellentum findet sich in allen bäuerlichen Kulturen, in denen Landes- bzw. Grundherrn auf dem Rücken einer armen oder verarmten breiten Bevölkerung ein Leben in Verschwendung und Übermut führen konnten.[58] Soziale Rebellen traten als Briganten in Süditalien auf, sie setzten sich für die Bauern in Sardinien ein, sie kämpften gegen die ausbeuterische Schicht in England, und als Wilderer waren sie die Gegner der adeligen Jagdherrn in den Alpengebieten. Sie waren die "Helden der kleinen Leute" und genossen bei

---

[58] Vgl. dazu und zum folgenden: R. Girtler, Wilderer. Soziale Rebellen im Konflikt mit den Jagdherren. Linz 1988

Der Autor erlaubt sich auf das Wilderermuseum hinzuweisen, an dessen Entstehung der Autor die Ehre hatte mitzuwirken. Der Interessierte findet Einblicke in den Wilderer-Alltag des gesamten Alpenraumes. Das Museum ist das einzig existierende zum Thema:
Wilderermuseum St. Pankraz
Gasthof Steyrbrück
info@wilderermuseum.at

diesen als Robin Hood, als Salvatore Guiliano oder als Wilderer Jennerwein hohes Ansehen. Auf diese Weise wurden sie zu Heroen und zu Sinnbildern im Kampf gegen eine menschenunfreundliche Oberschicht.[59] Besonders in der Gestalt des Wilderers erwuchs im Gebirge eine Heldenfigur, die bis in die letzte Zeit mystifiziert und romantisiert wurde und weiter wird. Der Wilderer wird als jemand gesehen, der sich das Recht holt, welches die "hohen Herrn" dem "kleinen Mann" genommen haben. Die Aristokratie sah schon sehr früh in den Wilderern Feinde, die ihnen ihr Jagdvergnügen nehmen wollten. Zur Jagd als einem Symbol höfischer Lebensart wollte man den Bauern nicht zulassen und bestrafte ihn daher grausam, wenn er als Wilderer erwischt wurde. Trotz strenger Strafe gelang es aber den aristokratischen Jagdherrn nicht, die Bauern und anderen kleinen Leute vor allem im Gebirge vom Wildern abzubringen. Im Gegenteil: Dem Privileg der Jagd des Landesherrn stellte man die Vorstellung gegenüber, daß jedermann zur Jagd berechtigt sei. In dieser Richtung äußerte sich auch Thomas Münzer 1521 während der Bauernkriege unter Hinweis auf den Sachsenspiegel: "Auch sei es ihnen [den Bauern] verboten, das Wildpret, Gevögel oder Fisch zu fangen, was uns ungeziemend und unbrüderlich dünket. Auch will die Obrigkeit zum mächtigen Schaden das Gewild haben … Gott hat dem Menschen Gewalt über alle Tiere gegeben … "

Hunger und Wildschaden waren die zwei vorrangigen Gründe, die den Bauern zur Jagd legitimierten. Die noblen Jagdherrn berührte es kaum, daß das Wild zu einer ständigen Bedrohung der bäuerlichen Felder geworden war. Als die Bauern 1525 gegen ihre adeligen Unterdrücker aufgestanden waren, verlangten sie in ihren "Artikeln" vorrangig das Recht auf die Jagd und das Recht, den Wald betreten zu dürfen. Besonders verhaßt bei den

---

59 Vgl.: E. Hobsbawm, Die Banditen. Frankfurt/Main 1972

Bauern war Kaiser Maximilian, der als begeisterter Jäger das Wild und vor allem die Garns zum Nachteil der Bauern überzüchtet hatte.

Der verwegene Tiroler Bauernführer Michael Gaismaier kam daher auf die Idee, die Habsburger aus Österreich nach Schweizer Muster zu vertreiben und eine Art Bauernrepublik zu errichten. Er hatte allerdings dabei keinen Erfolg. Der Aufstand der Bauern wurde blutig niedergeschlagen. Dennoch versuchten sie als Wilderer, das viele Wild zu reduzieren. Erst nach der Revolution von 1848 kam es zur "Bauernbefreiung", das aristokratische Jagdprivileg wurde abgeschafft, dies jedoch nur theoretisch, denn die kleinen Bauern im Gebirge waren unter einen ungeheuren finanziellen Druck geraten. Sie hatten im Sinne der Grundentlastung einen Teil der Einbuße, die der Grundherr hinnehmen mußte, in Geldeswert zu ersetzen. Eine große Zahl hochverschuldeter Bauernwirtschaften war die Folge. Nun konnten sich finanzstarke Käufer relativ problemlos in den Besitz solcher bäuerlichen Anliegen setzen. Als neue Jagdherrn traten kapitalkräftige Bürgerliche, die den Lebensstil des Adels imitierten, auf. Die arme Gebirgsbevölkerung, bestehend aus Kleinbauern, Holzfällern und anderen kleinen Leuten, sah sich nun weiter gerechtfertigt, dem feinen Jagdherrn die Garns "vor der Nase" wegzuschießen. So galten die Wilderer für die Menschen im Gebirge nicht als Verbrecher, vielmehr wurden sie zu kühnen Verfechtern alter Rechte und zu Demonstranten gegen eine ausbeuterische Herrenschicht.

Der Wilderer Mathias Schwarz

In meinem Buch "Wilderer – Soziale Rebellen im Konflikt mit den Jagdherren" habe ich abschließend eine Anklageschrift der Staatsanwaltschaft Steyr aus dem Jahre 1879 wiedergegeben, aus der hervorgeht, daß ein kleiner Holzknecht als Wilderer von herrschaftlichen Jägern des Grafen Lamberg bei Reichraming erschossen wurde. Die Jäger wurden vom Gericht geschont, jedoch die Freunde des getöteten Wilderers wurden verurteilt. Es existiert ein Bild mit diesen kühnen Wilderern, welches unmittelbar vor der Gerichtsverhandlung aufgenommen wurde. Dieses Bild zeigt die Burschen mit kühnen Blicken und stolzen Hüten, die prächtige Gamsbärte zieren. Nachdem mein Buch erschienen war, wurden die Nachkommen dieses Wilderers auf den Tod des unglücklichen Mathias Schwarz aufmerksam. Und jetzt, nach über 100 Jahren, wurde für Mathias Schwarz ein Marterl enthüllt und eine Feldmesse gelesen. Festhalten möchte ich hier, daß die Idee zu diesem Marterl von Herrn Hans Reitmayr stammt, einem wackeren Nachfahren eines der Wilderer, die mit Mathias Schwarz unterwegs waren. Ihm gebührt für seinen Einsatz um das Bild, das das Marterl zieren wird und auf dem die schießenden Jäger, fliehende Wilderer und der niedergestreckte Mathias dargestellt sind, großen Dank.

Die Geschichte vom Wilderer Mathias Schwarz ähnelt der vom Wilderer Jennerwein. Jennerwein wurde jedoch posthum eine Berühmtheit, während von Mathias Schwarz bis in die letzte Zeit niemand sprach. Auch an ihn denke ich hier in Schliersee. Und als ich heute am Grab des Jennerwein stand, murmelte ich auch ein Gebet für den Wilderer Mathias Schwarz, den Holzknecht, dem gegenüber gräfliche Jäger keine Gnade kannten. Meine Achtung haben die alten Wilderer, weil sie als Helden der kleinen Leute rebellenhaft den Hochmut aristokratischer Jagdherrn zu bekämpfen wagten. Die von diesen errichteten sozialen Grenzen haben sie symbolhaft durchbrochen.

Schliersee: Allgegenwart der Magie

Schliersee, Gasthaus "Zum feurigen Tatzelwurm" bei Oberaudorf
Der Tatzelwurm als magisches Tier
Die Funktion des Tatzelwurms als Schreckensfigur
Der Tatzelwurm als Gegenstand ozologischen Forschens – Der "Heloderma europaeum"
Die Allgegenwart der Magie

Im Gasthof "Zur Post" ist bereits in diesen frühen Morgenstunden viel los. Urlauber kommen herein, wünschen ein Frühstück, Pensionsgäste stürmen aus dem Haus hinaus, in den Regen hinein. Und ich werde von der Wirtin, die angeblich aus Wien stammt, höflich auf bayerisch gebeten, das Zimmer möglichst bald zu räumen, denn ein Urlaubsgast habe dieses Zimmer schon seit langem reserviert. Ich könne von Glück reden, daß dieses Zimmer für eine Nacht frei gewesen sei. Ich danke der Wirtin und meinem Geschick. Ich hole die Packtasche und gebe sie zunächst einmal auf das Fahrrad, welches bis dahin gut im Schistall des Hotels aufbewahrt war. Dann, nach zwölf Uhr, fasse ich den Entschluß, trotz des Regens loszufahren. Mein Anorak schützt mich nur wenig. Der Regen peitscht mir ins Gesicht, und das von den vorbeifahrenden Autos aufgewirbelte Wasser der Straße auf die Beine. In der Mitte zwischen Schliersee und Bayrischzell suche ich in einer Tankstelle Zuflucht. Ein alter Herr ist hier und eine Frau, die sich um das Geld kümmert. Immer wieder fahren Autos vor, es wird getankt und drinnen bei der Frau bezahlt. Auch Schokolade und Bonbons sind zu haben. Ich berichte von meiner Radtour. Der Alte schaut mich skeptisch von der Seite an, vielleicht glaubt er mir nicht. Die Autos direkt zu kritisieren wage ich hier nicht bei Leuten, die von den Autos leben. Mit der Zeit merke ich, daß man langsam auf meine Anwesenheit verzichten könnte. Ich bedanke mich für die Freundlichkeit und fahre im Regen weiter. Ich möchte den Gasthof "Zum feurigen Tatzelwurm" aufsuchen, der nur noch zehn Kilometer von Bayrischzell entfernt liegt. Aber im Regen hat es diese Strecke in sich. Ich rufe im Gasthof an und bitte, mir ein Zimmer zu reservieren. Man will es tun, auch für den Fall, daß ich sehr spät oder wegen des Regens gar nicht komme. Ich radle. Der Regen ist stärker geworden, und es dämmert. Ich trete in die Pedale und spüre die Steigung wie sonst kaum. Dann fahre ich wieder bergab, dies sehr vorsichtig, weil meine Bremsen in den letzten Tagen gelitten haben. Endlich, es dauert eine Ewigkeit, komme ich durchnäßt an die Abzweigung zu meinem ersehnten Ziel – ein großes Ziel meiner Radtour: Im Nebel erblicke ich das Gasthaus "Zum feurigen Tatzelwurm". Dem Tatzelwurm bin ich seit Beginn meiner Tour auf den Fersen. In Lofer habe ich das Marterl mit dem Tatzelwurm entdeckt, und jetzt, in dem nach diesem Untier benannten Gasthaus, werde ich mich weiter mit dieser magischen Figur beschäftigen. Ich steige vor der gastlichen Stätte ab. Ein riesiges Zimmer mit Vorzimmer, Bad und Fernseher erwartet mich. Ich bin für eine Nacht Herr über dieses Reich. Ich lasse mich in die Badewanne fallen und genieße das heiße Wasser. Meine durchnäßten Sachen lege ich zum Trocknen auf. Dann setze ich mich in den historischen Gastraum. Dieser hat sich, seiner Ausstattung nach zu schließen, seit 100 Jahren kaum geändert. Die alte, dunkle Holztäfelung, die Deckenmalerei, ein kleiner Erker mit einer Inschrift, die darauf verweist, wie schön es mit einem Dirndl ist, und ein prächtiger Kachelofen versetzen den Gast in das vorige Jahrhundert, als dieses Gasthaus eröffnet wurde. Oben auf der Decke ist der Tatzelwurm dargestellt, umgeben von Szenen aus dem Leben in den Bergen. Der Tatzelwurm erscheint hier in der Gestalt eines Drachen. Auch im alten, von 1863 stammenden Türschild ist ein feuerspeiender Drache zu sehen. Darüber hinaus gibt es jede Menge Tatzelwurm-Souvenirs wie Bierkrüge, Becher, Bierdeckel usw. zu kaufen. An der Breitseite des Gastzimmers, welches von den Wirtsleuten bewußt im alten Stil gehalten wurde, sehe ich Zeitungsausschnitte über angebliche Geschichten vom Tatzelwurm und Bilder von dem bayerischen Dichter Steup und dem bekannten Studentenliederdichter Josef Victor von Scheffel, der 1863 sein Gedicht "Der Tazzelwurm" verfaßt hat. Da dies den andächtigen Leser interessieren könnte, gebe ich es hier wieder:

Der Tazzelwurm

Als noch ein Bergsee klar und groß
In dieser Täler Tiefen floß,
Hab ich allhier in großer Pracht
Gelebt, geliebt und auch gedacht
als Tazzelwurm.

Vom Pentling bis zum Wendelstein
War Fels und Luft und Wasser mein,
Ich flog und ging und lag gerollt.
Und statt auf Heu schlief ich auf Gold
als Tazzelwurm.

Hornhäutig war mein Schuppenkleid
Und Feuerspei'n mein Zeitvertreib,
Und was da kroch den Berg hinauf,
Das blies ich um und fraß es auf
als Tazzelwurm.

Doch als ich mich so weit vergaß
Und Sennerinnen roh auffraß,
Da kam die Sündflut grausenhaft
Und tilgte meine Bergwirtschaft
als Tazzelwurm.

Jetzt zier' ich nur gemalt im Bild
Des Schweinsteigers neuen Schild,
Die Senn'rin hört man jauchzend schrei'n,
Und keine fürcht' das Feuerspei'n,
vom Tazzelwurm.

Kleingläub'ge Zweifler kehrt nur ein
Und setzt auf Bier – Tiroler Wein.
Ob ihr dann bis nach Kufstein fleucht,
Ihr spürt, daß ich euch angekeucht
als Tazzelwurm.

Auch ein Brief von Herrn Schweinsteiger, dem Erbauer des Hauses, ist ausgestellt, in dem dieser sich um 1860 beklagt, daß die Behörde ihm die Konzession für ein solches Gasthaus verwehre, weil sie befürchte, man würde hier oben Unsittlichkeiten veranstalten. Offensichtlich gelang es dann doch, das zuständige Amt davon zu überzeugen, daß Herr Schweinsteiger und mit ihm der Dichter Scheffel anständige Leute seien, die außer einem gepflegten Umtrunk in dem Berggasthof nichts Böses im Sinn hatten.

Dieses Berggasthaus “Zum feurigen Tatzelwurm” hat also Kultur und Geschichte. Es freut einen, daß das Wirtsehepaar Kiesl die Tradition wahrt und vor allem Victor von Scheffels gedenkt. Dieser, ein braver Wandersmann, ist heute leider etwas in Vergessenheit geraten. Scheffel, der um 1840 in Heidelberg studiert hatte, war zu Fuß weit umhergezogen und hatte sich als Nachfahre der alten Vaganten und Scholaren des Mittelalters gesehen. Es ist in diesem Zusammenhang interessant, daß die deutschen Studenten um die Mitte des vorigen Jahrhunderts im Herumwandern – ganz im Stil mittelalterlichen Universitätslebens – auch ein revolutionäres Ansinnen erblickten. Die Romantik war revolutionär, denn sie wandte sich gegen eine korrupte Aristokratie und eine menschenverachtende Monarchie. Auch Scheffel sympathisierte um 1848 mit einer solchen umstürzlerischen Ideologie. In einem seiner Gedichte hat er übrigens um 1850 dem skurrilen Wiener Herumzieher Josef Kyselak ein Denkmal gesetzt: Das Gedicht schildert die wilde und furchterregende Burg Aggstein in der Wachau, und Scheffel meint, etwas sei daran, das ihm gefallen hätte: “ … an eines Giebels Zack prangt der Name Kyselak.” Ich erzähle dem Wirt vom Dichter und Wanderer Scheffel. Allzuviel weiß man hier nicht über diesen Fabulierer. Aber er ist es wert, daß man seiner gedenkt. Langweilige Gäste sind hier, von Scheffel und seinen Liedern haben sie keine Ahnung, und der “Tatzelwurm” interessiert sie ebensowenig. Ich widme mein Bier dem Wohl und dem Andenken Scheffels, der einmal über einen Vagabunden, den er in seiner Eigenschaft als Polizeirichter bestrafen sollte, bemerkte: “Welch vergnügtes Gesicht macht doch dieses Subjekt!? Was kann es dafür, daß es nach dem Spruch lebt: lieber ein leerer Darm als ein müder Arm! Wie gerne wäre ich mit ihm hinausgewandert … ” Diese Sympathie mit den herumziehenden Leuten bewog Scheffel auch, sich intensiv mit der Kultur der alten fahrenden Scholaren und dann auch mit der Kultur der Gaunersprache zu beschäftigen. Ich sehe mich als jemand, der der Gedankenwelt Scheffels angehört, gerade als Radfahrer. Ich widme ihm auch mein zweites Bier. Ich verstehe seine Freude an jenen Menschen, die dem modernen Arbeitsethos widersprechen. In seinem schönen Gedicht "Wohlauf die Luft geht frisch und rein" besingt er das heitere und trinkfreudige Leben der fahrenden Studenten, die dem Studium ebensowenig wie der Arbeit etwas abgewinnen können: Ein Scholar kommt zur Behausung eines Einsiedlers, von dem er sich einen guten Tropfen Wein verspricht. Doch der fromme Mann ist nicht zu Hause, denn er weilt auf der Wiese bei einer schönen Magd – es ist "Zeit zu mähen". Nun faßt der durstige Student den Entschluß: "Hurra die Pforten brech' ich auf und trinke, was ich finde. Der heilige Veit von Staffelstein verzeih' mir Durst und Sünde!"

Ich einsamer Radfahrer, der weiß, was Herumziehen heißt, will der fröhlichen Stunden Scheffels mit noch einem Bier gedenken.

Die alten Wandersleute und herumziehenden Handwerksburschen gehörten auch zu den Leuten, die Märchen, Geschichten und allerhand Sagen weitertrugen und sie in den Dorfschenken und in den Stuben wohlhabender Meister und Bauern erzählten . In ebendiese Welt des Zaubers und der Magie, die den Menschen erschreckt, aber auch fasziniert, gehört der Tatzelwurm. Gestalten solcher Art erfüllten eine wichtige Funktion für den Menschen, der noch nichts von Naturgesetzen ahnte, denn sie boten Erklärungsmöglichkeiten für allerhand Ereignisse, die dem Menschen nicht so ohne weiteres einsichtig waren und sind.

Der Tatzelwurm als magisches Tier

Bemerkenswert ist, daß in der Sagenwelt besonders Tiere auftreten, die auf den Menschen Einfluß nehmen können und auf die der Mensch seinerseits magisch einwirken will. Der Tatzelwurm ist ein wahrer Grenzgänger, der diejenigen erschreckt, die diesseits der Grenze wohnen. Als Radfahrer und vor allem als Gebirgswanderer hörte und las ich, vor allem in Alpenvereinszeitschriften, einiges über den Tatzelwurm. Schon seit sehr frühen Zeiten dürfte der Tatzelwurm – darauf deuten die Sagen hin – in den Alpengegenden die Fantasie der Gebirgsleute beschäftigt haben. Die Berge, für den Bauersmann seit jeher unheimlich, erhielten durch den Tatzelwurm die Aura des Schauerlichen und Gespenstischen. Er tritt manchmal in Gestalt des klassischen Drachen auf, wird aber in den Berichten öfter auch als schmächtig und zart geschildert. In beiden Gestalten ist er seinem Ursprung nach ein prähistorisches Fabelwesen, von dem Unheil zu erwarten ist. Unterstrichen wird diese Identität durch die oftmalige Behauptung, der Tatzelwurm sei giftig bzw. hauche einen giftigen Atem aus. Es gibt auch Darstellungen des Tatzelwurms, in denen er einer Ringelnatter ähnelt, die gerade einen Frosch verzehrt, oder auch einem Alpensalamander. Es ist vorstellbar, daß gerade der Alpensalamander aufgrund seiner urweltlichen Gestalt Pate für die Geschichte vom Tatzelwurm gestanden ist. Der Name leitet sich von den "Tatzeln" her, den Füßen. Der Jagdschriftsteller Hofrat von Drasenovich schildert das Tier als 50 Zentimeter lang, mit vier kleinen Tatzeln. Karl Schilcher aus Graz, der das Tier am Wolayersee in Kärnten gesehen haben soll, schätzte den walzenförmigen Körper auf etwa einen Meter lang. Sein Fell sei seehundartig.[60] In der Alpenvereinsbücherei in München gibt es allerdings einen alten, aus der Zeit um 1600 stammenden Stich, der ein großes, echsenähnliches, vor einem zitternden Menschen sich aufbäumendes Tier mit großen Krallen zeigt. Dieses als Tatzelwurm bezeichnete Tier gleicht

[60] Zit. nach: G. Renker, Gibt es einen Tatzelwurm? In: Alpenland. Monatsschrift für Touristik, Schisport und Fremdenverkehr in den Alpenländern. Wien – Innsbruck – Bozen – München – Zürich, Mai 1965, S 1

somit auch in der Größe dem Drachen, wie er in der Sagenwelt beschrieben wird.[61] Die Kunde vom Tatzelwurm scheint über das gesamte Alpengebiet verbreitet zu sein. In Krain nennt man das Tier “Poskok” (Springer)[62], anderswo spricht man auch vom “Basilisk”. Dieser Name knüpft an das schon früh bekannte Fabeltier an, dessen böser Blick angeblich tötet. Der Blick des Tatzelwurms (Bergstutzens) soll nach einem Bericht in der Loferer Chronik den Menschen derart bannen, daß er sich nur schwer von der Stelle zu rühren vermag. Kann er dennoch entfliehen, so sei es ratsam, dies seitwärts und im Zickzack zu tun. Nur so hätte man eine Chance, vom Bergstutzen, der nur geradeaus springen kann, nicht erwischt zu werden.[63] In dem 1842 erschienenen Buch “Der Badeort Gastein” heißt es: “… eines beinahe fabelhaften, unter dem Namen Bergstutzen bekannten Tieres muß hier noch gedacht werden. Selbes soll nach Aussagen mehrerer Augenzeugen einer 2 – 3 Schuh langen, dicken, am Hinterteil abgestutzten, mit längeren Vorderfüßen und scharfen Krallen versehenen Eidechse gleichen, die bei Annäherung des Menschen pfeifend, mit funkelndem Auge sich zur Gegenwehr setzt und selbst junge Lämmer und Ziegen mit unglaublicher Stärke anfallen soll … ”[64]

Die Funktion des Tatzelwurms als Schreckensfigur

1957 berichtete ein Bergsteiger in der Zeitschrift “Alpenland” unter dem Titel “Trug und Betrug um den Tatzelwurm”, er habe

---

[61] Vgl.: Alpenland. Oktober 1959, S. 2

[62] Ebd.

[63] Erika Kittel, Felsbilder und anderes Sagenhafte der Reiteralpe. In: Materialhefte zur Karst- und Höhlenkunde 9/1990, hg. v. d. Höhlen-Interessensgemeinschaft Ostalb, S. 85

[64] Zit. nach: Seltsames Getier in unseren Bergen. In: Alpenland. Oktober 1959, S. 2

mit einer hübschen Begleiterin, die er erst auf dem Weg kennengelernt habe, während eines Wolkenbruches eine Heuhütte aufgesucht. In geziemendem Abstand von dem Mädchen, das bereits im Heu lag, habe er sein Heulager bereitet. Während er dies tat, habe das Mädchen zu ihm hinübergerufen, er solle doch horchen, sie höre ein merkwürdiges Quietschen. Er habe gehorcht und bald herausgefunden, daß dieses Geräusch immer dann entstanden sei, wenn er auf ein bestimmtes Bodenbrett getreten sei. Dies habe er ihr aber nicht mitgeteilt. Die Dame habe sich gefürchtet, während der Bursche kühn vor die Tür getreten sei und dort mit seinem Eispickel auf das nicht vorhandene Biest eingeschlagen habe. Als ihn die Gefährtin gefragt habe, was dies für ein Tier gewesen sei, habe er gelassen geantwortet: "Es muß ein Tatzelwurm gewesen sein. Ich habe in dieser Finsternis deutlich seinen feuerspeienden Rachen gesehen. Und wie seine teuflischen Augen phosphoreszieren!" Das erschreckte Mädchen habe weiter gefragt, was ein Tatzelwurm sei. Er: "Man weiß eigentlich fast gar nichts über dieses Tier. Es wird halt so eine übriggebliebene Art von Dinosaurier gewesen sein, natürlich nicht so groß. Aber giftig ist er sicher, es ist nur gut, daß dieser hinterlistige Bursche so selten vorkommt. Beinahe hätte er mich mit seinen scharfen Krallen erwischt. Ich habe ihm aber mit dem Pickel ein paar über seinen langen Rücken gezogen. Und dann ist er fort. Ich glaube nicht, daß er so schnell wiederkommt. Aber man weiß es halt nicht." Die Furcht der Begleiterin habe sich gesteigert. Und im Text heißt es weiter: "Und dann war ich plötzlich drüben bei meiner jungen, schönen zitternden Kameradin, um sie vor allem bösen Getier zu schützen." [65] In diesem Fall wird die Geschichte vom Tatzelwurm bewußt eingesetzt, um eine Situation herbeizuführen, die für den Erzähler von einigem freudvollen Nutzen – so scheint es – zu werden versprach.

---

[65] Alpenland. Juli 1957, S. 3

Der Tatzelwurm als Gegenstand zoologischen Forschens – Der "Heloderma europaeum"

Auch ein alter Baedeker hält die Geschichte vom Springwurm für wahr und warnt die Besucher des Zillertales vor ihm.[66] Ein Schweizer Fotograf soll im Berner Oberland einer riesigen Eidechse "mit dem Kopf eines großen Fisches von bösartigem Aussehen" begegnet sein und sie fotografiert haben. Darauf veröffentlichte eine Berliner Illustrierte das Bild und rüstete eine Expedition aus, um den Tatzelwurm zu fangen. Die Suche blieb allerdings erfolglos.

Gustav Renker, der sich dem Tatzelwurm in einigen Artikeln ernsthaft von der Zoologie her näherte, hält fest, daß in den Berichten von Augenzeugen das Tier als "molchartig" und ähnlich einer großen Echse geschildert werde.[67] Nach der Meinung dieses Zoologen ähneln die gesichteten Tatzel- bzw. Springwürmer den Krustenechsen der südwestlichen Wüsten Nordamerikas. Die Krustenechse ist die einzige Echse, Gilatier (Heloderma suspectum) genannt, deren Biß tatsächlich giftig ist. Da das äußere Bild dieser Echse dem Tatzelwurm so stark ähnelt, schlug der Herpetologe Dr. Nicolussi, der an die Existenz des Tatzelwurms glaubte, vor, diesen als "Heloderma europaeum" zu bezeichnen. Dem ist jedoch zu entgegnen, daß die Krustenechse in einem ganz anderen Lebensraum vorkommt als der Tatzelwurm. Renker überlegt dazu: Warum soll ein Geschöpf, das im glühenden Sand der Wüste beheimatet ist, nicht ein Pendant in alpinen Gegenden haben. Man denke nur an die Verschiedenheiten etwa der Wüstenspringmaus und anderer Mäusearten. Demnach wäre eine Verwandtschaft der Krustenechse mit dem Tatzelwurm möglich. Dennoch schließt Renker seine Überlegungen mit den Worten: "Solange nicht ein Tatzelwurm gefangen und

---

[66] G. Renker, Gibt es einen Tatzelwurm? In: Alpenland. Mai 1965, S 1

[67] Vgl.: G. Renker, Gibt es einen Tatzelwurm?

wissenschaftlich untersucht ist, bleibt dieses Tier, das vielleicht letzte unbekannte Geschöpf der Alpen, eine Sagengestalt, deren Existenz trotz aller Augenzeugen von der Wissenschaft bestritten wird."

In einem nicht näher bezeichneten Museum soll eine eigene Abteilung dem Tatzelwurm-Problem gewidmet sein. Neben den diversen Berichten und Bildern von Tatzelwürmern hängt dort angeblich ein leerer Kasten mit der Aufschrift: "Dieser Platz wartet noch immer auf ein richtiges Exemplar des Tatzelwurmes."[68]

Die Allgegenwart der Magie

Der Tatzelwurm mag in früheren Zeiten auch von Jägern heraufbeschworen worden sein, um Ruhe vor Wilderern und später vor Touristen zu haben. Ähnlich verweisen heute von Jägern aufgestellte Tafeln darauf, daß z. B. Füchse den braven Wanderer beißen könnten. Mit diesen Tafeln, mystischen Symbolen, versucht der wackere Jäger offensichtlich, sich als jemand darzustellen, der über das Geheimnis schauderhafter Tiere Bescheid weiß, die dem unerwünschten Eindringling zur Gefahr werden können. Der Jäger arrangiert sich mit dem Außergewöhnlichen und Außerweltlichen, wie es scheint, um den frevelhaften Wanderer fernzuhalten. Es gehört zum Wesen der Magie, den Lauf der Dinge dem Subjekt zu unterwerfen.[69] Genau dies will der Jäger, der den Tatzelwurm und Füchse dazu benützt, um im Re-

---

68 Seltsames Getier in unseren Bergen. In: Alpenland. Oktober 1959, S. 2. Aus diesem Aufsatz, dessen Autor nicht genannt ist, geht nicht hervor, wo sich das zitierte "Museum" befindet. Ich nehme an, irgendwo in Bayern. Die von mir auf dieses Museum angesprochene Wirtin des Gasthofes "Zum feurigen Tatzelwurm" konnte mir auch nicht sagen, wo dieses "Museum" liegt.

69 Vgl.: Carlo Mongardini, Über die soziologische Bedeutung des magischen Denkens. In: A. Zingerle u. C. Mongardini (Hg.), S 28

vier seine heilige Ruhe zu haben. Magie unterscheidet sich insofern von Religion, als letztere den Menschen einem höheren Willen, also Gott oder einem machtvollen außerweltlichen Wesen, unterstellt. [70] In der Magie hingegen will der Mensch diese Wesen zu einem bestimmten Tun anhalten. Für gewöhnlich ist mit der Magie auch ein gewisses Ritual verbunden. Erst wenn der Mensch in einer bestimmten Weise handelt, tritt dieses Wesen – ein Wettergott oder der Tatzelwurm – entsprechend dem menschlichen Wunsche in Aktion, indem es Regen schickt oder den Fremden vertreibt. Man arrangiert sich also durch allerhand Riten mit dem Außerweltlichen.

Magische Bestandteile finden sich aber auch in einer Reihe von religiösen Zeremonien, wie bei Kerzenopfern und Beweihräucherungen, bei Gebrauch des Weihwassers und bei rituellen Gebeten. [71] Als typisch für magisches Handeln, wie es auch in Akten der Frömmigkeit und der Religion enthalten ist, erscheint somit ein gewisser Ritualismus, mit dem man auf bedrohliche und nicht voraussehbare Situationen, die sich im Alltagsleben ständig ergeben, einzuwirken sucht. Oft ist religiöses Handeln, eben weil es mit Praktiken und Kniffen der Magie durchwoben ist, schwer von der Magie zu trennen. Aber auch der gewöhnliche Alltag ist voll von magischen Ritualen, die uns oft gar nicht bewußt sind, so überall dort, wo Menschen meinen, sie hätten nur dann Glück, wenn sie ein bestimmtes Gewand, das ihnen angeblich einmal Glück gebracht hat, immer wieder anziehen. Ich weiß von einem bekannten österreichischen Schifahrer, der mit bestimmten Schiern einmal einen großen Sieg errungen hat und in der Folge darauf beharrte, weitere Rennen nur mit die-

---

70 Ebd.

71 Ähnlich betont Max Weber, daß das "Ritual des 'religiösen Kultus' … fast überall massenhaft magische Bestandteile enthält". Magie ist also auch nach Max Weber in der Religion bzw. den Akten der Frömmigkeit grundsätzlich enthalten: M. Weber, Wirtschaft und Gesellschaft, S. 259

sen Schiern zu bestreiten, obwohl die Schier insgesamt technisch verbessert wurden. Trotz einiger Niederlagen änderte der Mann seine Einstellung zu diesen bestimmten Schiern nicht, von denen er sich weiterhin einen Sieg erhoffte.

Wesentlich für das magische Handeln ist es, daß die Riten auch vorschriftsmäßig durchgeführt werden. Geschieht dies nicht, so kann auch der Erfolg nicht eintreten. Besonders deutlich wird das bei der klassischen Magie der australischen Eingeborenen. Diese haben genau einstudierte Rituale, die durchgeführt werden müssen. Der Erfolg ist von der Einhaltung der Rituale abhängig. Durch Magie übersteigt der Mensch die ihm gesetzte Grenze, die ihn an die leblose Materie bindet. Er will auf die Materie Einfluß nehmen. Deshalb können in der modernen technisierten Welt auch diverse Geräte, wie der Computer, von magischer Bedeutung sein. Der Computer schafft eine neue Wirklichkeit, er hat die dem Menschen gesetzte Grenze überstiegen. Für menschliches Verständnis ist er etwas vollkommen Neues, etwas, das außerhalb des "normalen" Lebens liegt. Durch ein bestimmtes rituelles Handeln vermag der Mensch den Computer als ein außerweltliches Wesen zu "zwingen", ihm die geforderten Leistungen zu erbringen. Dabei kann es aber geschehen, daß der Computer sich weigert, entsprechend zu reagieren und das Programm zu akzeptieren, wenn nämlich die Riten nicht richtig durchgeführt werden.

*

Morgen werde ich dem Gasthaus "Zum feurigen Tatzelwurm" auf Wiedersehen sagen und nach Altötting weiterziehen. Von Altötting weiß ich, daß die dort um Gnade und Gesundheit flehenden Menschen die eigenartigsten Rituale durchführen, um Gott, die Gottesmutter oder einen Heiligen anzuregen, etwas für sie zu tun. Auch das ist Magie.

Altötting: Frommes Betteln

Gasthaus "Zum feurigen Tatzelwurm", Altötting, Obernberg
Die "Frömmigkeit" der alten Vaganten
Die "frommen" Bettler – früher und heute
Die klassische "Klostersuppe"
"Fromme" Zinken und "frommes" Betteln vor Kirchen

Der Regen hängt in den Bergen. Ich frühstücke in der alten Gaststube des Berggasthauses "Zum feurigen Tatzelwurm" und studiere die an der Wand hängenden, heiteren Berichte über den Tatzelwurm.

Der Tatzelwurm ist zwar eine Fabelfigur, wie ich schon ausgeführt habe, aber für die Menschen in den Bergen war er Wirklichkeit. Er hat auch etwas mit Grenze zu tun, nämlich mit der Grenze zwischen Wirklichkeiten, zwischen der des gewöhnlichen Alltags und der der Magie oder des Übersinnlichen. Der Glaube an das Übersinnliche des Tatzelwurms ist zwar geschwunden, doch seine Faszination besteht weiter, zumindest für mich, den Radfahrer, der auch jemand ist, der sich zwischen Welten bewegt. Der Tatzelwurm entstammt einer Welt und einer Zeit, in der die Berge, versteckte Täler, das Meer und der Himmel noch bevölkert waren mit allerhand Geistern und geheimnisvollen Tieren. Hier im Berggasthaus vermarktet man ihn geschickt. Man macht ein gutes Geschäft mit diesem Getier, das als Verzierung auf Gläsern, Aschenbechern, Krügen, Broschen und anderen Dingen, die zum Verkauf angeboten werden, glänzt. Ich kaufe mir einen Bierkrug mit einem prächtigen grünen Tatzelwurm und packe ihn in meine Radtasche. Ich will weiter. Im leichten Regen fahre ich zu Tal. Ich liebe diese bayerische Gegend mit ihren Seen und Hügeln. Ein Bauarbeiter, der gerade mit Kollegen dabei ist, Ziegel auf einen Haufen zu werfen, beschreibt mir einen angenehmen und kurzen Weg nach Altötting.

Dort angekommen, suche ich die Wallfahrtskirche auf. Gläubige Frauen – Männer sehe ich kaum – eilen, betend und Holzkreuze tragend, im Kreis um die alte Kirche. Sie singen laut oder murmeln fromme Gebete. Ihnen soll geholfen werden! Auch meiner Mutter soll Hilfe und Wohlbefinden zuteil werden. Ich wünsche ihr noch schöne Jahre. Es ist in ihrem Sinne, wenn ich hier in Altötting ihrer gedenke. Und schon geht es weiter in Richtung Passau. Man rät mir, einen Weg entlang des Inns zu nehmen. Ich verirre mich jedoch und wende mich hilfesuchend an einen älteren Herrn im Schlossergewand, der auf einem Damenfahrrad unterwegs ist. Der schickt mich gar durch einen kleinen Bach. Er ist noch so freundlich, mich bis zur Furt zu begleiten und zu warnen: "Schieben Sie das Rad. Am besten ziehen Sie die Schuhe aus." Ich bin zunächst versucht, die Furt hoch zu Rad zu durchqueren, beherzige dann aber die Empfehlung des Schlossers. Es ist ratsam, Fährleuten aller Art, die einem mancherorts begegnen, gehorsam zu sein. Sie haben Erfahrung, und wie oft sind Menschen schon in die Irre gegangen, weil sie auf Wissende nicht gehört haben. Ich schiebe das Rad also durch den Fluß. Jetzt bemerke ich auch die schlüpfrigen Steine, die mich sicher scheitern hätten lassen. Ein Sturz wäre unvermeidbar gewesen. Nach langer Irrfahrt komme ich endlich nach Braunau, wo ich, des elenden Herumstolperns auf eigenartigen Wegen müde, beschließe, meine Fahrt auf einer gewöhnlichen Straße fortzusetzen. Die Fahrerei von und um Altötting hat Zeit beansprucht, es dämmert schon. Ich schieße also los: Schneller und schneller drehen sich die Drahtreifen unter mir. Erst in Obernberg mache ich Station und nehme Quartier im Hotel "Goldenes Kreuz". Zum Abendessen bestelle ich mir ein gutes Bier und gutes Gemüse. Dazu schreibe ich in meinem Tagebuch. Heute war es die Grenze bei Braunau, die ich zu überfahren hatte. Über den Inn führte die Straße, die mich nach Österreich, genau: nach Oberösterreich, zurückbrachte. Bayern und Oberösterreich verschmelzen kulturell. Sie unterscheiden sich kaum voneinander, weder von der Architektur noch von den Menschen her, die hin- und herüberpendeln, um am anderen Ufer zu arbeiten, einzukaufen oder zu heiraten. Es war ein interessanter Tag, der mich vom Tatzelwurm weg hierher nach Obernberg am Inn, wo viel geschmuggelt wurde, fahren sah. Tatzelwurm am Vormittag und Schmuggler am Abend werden für mich auf diese Weise miteinander verbunden. Für beide sind Grenzen wichtig, und beide überschreiten sie, der eine, um durch seinen außerweltlichen Anblick Leute zu erschrecken, und die anderen, um Geschäfte zu machen. Zwischen Tatzelwurm und Schmuggler sind die frommen Leute von Altötting angesiedelt, die daran glauben, durch eine besondere Frömmigkeit den Segen des Himmels zu erreichen. Auch hier ist viel Magie dabei, nicht bloße Gottesverehrung. Man erhofft von der Gottheit Hilfe für sich, den kranken Mann, das stille Vieh, das alte Haus und andere wichtige Dinge. Man wünscht aber dies alles nicht nur, sondern man will die Gottheit zu etwas auffordern. Hierin dokumentiert sich unsere menschliche Armseligkeit: Wenn wir nicht mehr weiterkönnen, so nähern wir uns hoffend und gebeugt der Gottheit, mit allerhand Gebeten, Verbeugungen, ja sogar Verrenkungen – wie bei afrikanischen Stämmen – , mit teuren Spenden, Litaneien und auf langen demutsvollen Märschen. Wir wollen damit der Gottheit zeigen, wir sind bereit, einiges auf uns zu nehmen, Opfer zu tun, um göttliche Unterstützung zu erlangen. Wir geben oder tun etwas, um von der Gottheit im Tausch etwas zu erhalten.

Frömmigkeit hat daher in diesem Sinn auch den Charakter des Geschäftlichen.

Die reine "Frömmigkeit" hingegen bedient sich keiner Rituale, sie besteht lediglich in einer stillen dankbaren Verehrung Gottes, ohne von ihm unverschämt etwas zu verlangen. Eine solche Frömmigkeit bestimmt das Leben des Menschen, der sich unglücklich der Welt ausgeliefert sieht, überhaupt wenn er die Last des Alters zu tragen hat, also zu jener Grenze gelangt ist, die er mit Hilfe der Gottheit zu seinem Vorteil überschreiten kann. Ein alter Bauernspruch heißt: "Lustig gelebt und selig gestorben, ist dem Teufel die Freude verdorben." Nach einem lustigen Leben widmet man sich im Alter demutsvoll dem gütigen Gott, um auch dann in der Ewigkeit weiterhin eine angenehme Existenz zu führen.

Es gibt aber daneben auch Leute, die gegenüber anderen so tun, als ob sie fromm seien. Ihre geheuchelte Frömmigkeit soll fromme Menschen dazu veranlassen, sie großzügig mit milden Gaben zu unterstützen. Die Tricks, deren sie sich bedienen, haben in den Wallfahrtsorten eine lange Geschichte.

Die "Frömmigkeit" der alten Vaganten

Es gibt so etwas wie eine gemeinsame Kultur der Kriminalität und des fahrenden Volkes. Ihr gehören Menschen an, die durch bestimmte Strategien und Lebensweisen, welche sich von denen der Gesamtgesellschaft grundsätzlich unterscheiden, miteinander verbunden sind. Wohl orientieren sich solche Menschen in gewisser Hinsicht an der Gesamtgesellschaft – sie ist für ihr Überleben wichtig –, aber ihr Verhalten ist gekennzeichnet von diversen Tricks, Kniffen und Überlebensstrategien, die von dieser Gesamtgesellschaft als abweichend angesehen werden. Für gewöhnlich nennt man solche Kulturen Subkulturen.[72]

Im Lebenskonzept dieser Menschen gibt es nur wenig Platz für eine echte Frömmigkeit und eine echte Hoffnung auf ein schönes Leben im Jenseits. Viele von ihnen sind Ausgestoßene, die in einer ihnen feindlich gesinnten Umwelt zu überleben suchen. Zu den Strategien eines solchen Überlebens gehören auch diverse Kniffe und Kunstgriffe der Frömmigkeit. Die Tradition derselben reicht zurück bis zur Kultur der alten Vaganten im Mittelalter.

Die alte Kultur der Vaganten des 12. und 13. Jahrhunderts, einer bewegten Zeit, ist uns hauptsächlich aus ihren Liedern bekannt, die u. a. in den "Carmina Burana", einer im Kloster Benediktbeuern 1803 aufgefundenen Liedersammlung, festgehalten sind. Diese Lieder sind eine wichtige Quelle für unser Thema. Die Dichter dieser Vagantenlieder kennen wir nur zum Teil, so den Primas Hugo von Orleans, Walter von Chatillon und schließlich den wohl berühmtesten unter ihnen – den Archipoeta. Der Archipoeta bekannte sich in seinen Liedern zu Liebe, Spiel und Wein. Er verabscheute den schweren Ernst und liebte den süßen Scherz.

Typisch für diese Vaganten, die von den Universitäten kamen und zweifellos gebildet waren, ist, daß sie in ihren Dichtungen das Latein, genauer: das Mittellatein, die damalige Weltsprache, verwendeten. Unter den herumziehenden Vaganten befanden sich nicht nur arbeitslose Theologen und verbummelte Scholaren, sondern Leute aus allen sozialen Ständen, wie es im sogenannten "Bundeslied der Vaganten" aus den "Carmina Burana" heißt:

---

[72] Vgl.: H. S. Becker, Außenseiter, S. 72 f

"Ordo procul dubio	"Unsern Bund muß man mit Fug
secta vocitatur	zu den Orden zählen
quam diversi generis	den die Leute jeder Art[!]
popolus sectatur"	sich zum Eintritt wählen." [73]

Die Trink- und Spiellieder der Vaganten sind von einer unglaublichen Tollheit und Lebensfreude. In ihnen zeigt sich aber eine oft heitere, manchmal auch bittere Kritik an der damaligen Kirche, vor allem an den geistlichen Leuten, die für sich Benefizien anhäuften und andere davon ausschlössen. In diesem Sinn versteht sich wohl eine Trinkermesse, in der es zum Schluß blasphemisch heißt: "Bacchus, der du den Becher schwingst in alle Ewigkeit, Amen." [74]

Die Vaganten, so scheint es, dürften kaum wirklich religiös gewesen sein. Ihr Leben spielte sich auf den Landstraßen ab, und ihre ganze Sorge galt, wie die Lieder zeigen, dem nächsten Moment, in dem man zu Wein und einer Liebschaft zu kommen hoffte. Sie verstanden es allerdings hervorragend, sich als fromm auszugeben. So z. B. wird von Archipoeta erzählt, er habe sich einst, weil er krank war, in ein Bonner Kloster begeben. Da er als frommer Mann erschien und bat, ins Kloster eintreten zu dürfen, nahm man ihn auf. Als er jedoch wieder gesundet war, soll er lachend seinen Mönchshabit von sich geworfen haben. [75] Der Archipoeta also, in den meisten seiner Lieder keineswegs fromm, ist dies sehr wohl für einen bestimmten Zweck – so auch in seinen Bittliedern vor geistlichen Herren, von denen er sich Speise, Trank und Unterkunft erwartet. In einer Bittpredigt heißt es:

---

[73] Vagantenlieder zit. nach: K. Langosch, Vagantendichtung. Leipzig 1984

[74] F. Schulze u. P. Ssymank, Das deutsche Studententum. Leipzig 1910, S. 23

[75] Ebd., S. 19

"Sciens Deus	"Gott der Herr weiß:
nos esse teneros	Wir Menschen sind sehr zart
et gehenne	und die Schmerzen
dolores asperos …	der Hölle bitterhart …
Viri digni	Herren, würdig
fama perpetua	des Rühmens ewiglich
prece vestra	eure Knie
complector genua;	umschlingend bitte ich:
ne recedam	Seid zur Sammlung
hinc manu vaca	für mich bei euch bereit,
fiat pro me	daß ich nimmer
collecta mutua! … "	mit leeren Händen scheid! … "

Aber nicht jeder Abt oder Bischof zeigte sich bereit, den frommen Bitten der Vaganten zu entsprechen. Der Primas Hugo von Orleans dürfte eine solche Erfahrung gemacht haben, denn er dichtete:

"Pontificum spuma, fex cleri, sordida Struma," "Abschaum der Bischöfe, Tropf des Klerus, schäbiger Kröpf," "qui dedit in burma michi mantellum sine pluma!" "der mir für den Winter einen Mantel ohne Pelz gab."

Und ein unbekannter, um ein Kleid bettelnder Vagant dichtet, sich als Gottesmann darstellend:

"Exul ego clericus	"Ich, ein fremder Gottesmann,
ad laborem natus	bin zum Mühn geboren,
tribulator multociens	quäl mich viel, zur Armut auch
paupertati datus ...	bin ich auserkoren ...
Decus N.,	Ehrenwerter Herr N.,
dum sitis insigne	Euch, hochangesehen,
postulo suffragia	wage ich um ein Geschenk
de vobis iam dine ... "	höflich anzugehen ... "

Diese Gedichte zeigen, daß man sich in der alten vagantischen Kultur, in der Bettler, Vagabunden, Dirnen, Ganoven und arme Scholaren miteinander verbunden waren, durch eine besondere Betonung der Frömmigkeit als jemand darzustellen wußte, dem andere auf die Gnade Gottes hin gerne milde Gaben oder eben Kleider schenken. Die Vaganten führten – davon zeugen ihre Lieder – ein lustiges, von Wein und Dirnen versüßtes Leben, sie verstanden es jedoch, sich im rechten Augenblick vor dem Angesicht eines begüterten geistlichen Herrn als Leute auszugeben, die gottesfürchtig sind und durch irgendein Mißgeschick von ihren Studien bzw. dem rechten Weg abgehalten wurden.

Die "frommen" Bettler – früher und heute

Frommes Getue zeichnet auch die klassischen Bettler seit dem Mittelalter aus. Das bevorzugte Feld ihrer Tätigkeit befand sich in der Nähe von Märkten, den Plätzen bei den Kirchen. Hier bot sich ihnen die Chance, entweder durch Einsatz eigener frommer Tricks oder durch die gezielte Ausnützung der Frömmigkeit der Kirchenbesucher bzw. Pilger zu allerhand Gaben und Münzen zu gelangen. Im "Liber vagatorum" aus dem beginnenden 16. Jahrhundert, welches wahrscheinlich von Kriminalbeamten aufgrund von Verhören verfaßt wurde, finden sich gute Belege solcher Aktivitäten, die nach der Art ihrer Betteltricks typisiert und beschrieben werden. Geschickt setzten etwa die sogenannten "Krofzere" ihre Frömmigkeit ein. Über sie heißt es: "Es sind auch etliche, die Henker sind gewesen, und dann ein Jahr oder zwei davon gehen und sprechen, sie wollten von den Sünden kehren und wollten büßen und Gottesfurcht für ihre Sünden tun ..." [76]

Die sogenannten "Schlepper" arbeiteten mit einer ähnlichen Strategie. Sie gaben sich als Priester aus und suchten in Begleitung eines Schülers die Häuser auf. Der Schüler, der einen Sack bei sich trug, verkündete das Eintreffen einer geweihten Person. Der angebliche Priester erklärte dann, er sei auf einem Altar in einer Kirche geweiht worden, in der es kein Altartuch, keine Meßbücher etc. gebe. Für denjenigen, der ihm etwas für diese Kirche spende, wolle er gerne einige Messen lesen. [77] Ganz allgemein werden im "Liber vagatorum" diejenigen Bettler, die religiöses Wissen besitzen und oft junge Scholaren oder Studenten sind, als "Kammesierer" bezeichnet. Ihre charakteristische Eigenheit bestand darin, allen zu erzählen, sie kämen aus Rom, sie wollten Priester werden oder wären sonst irgendwelche heiligen Personen. Von "from leut" erwarteten sie, daß sie ihnen "helfen mit irem almusen". Sie "heischen", wie es heißt, "flachs zu einem Chorhemd ... , item gelt", damit sie geweiht werden könnten. [78]

Auf solche Kunstgriffe der Frömmigkeit bezieht sich auch ein Bericht aus dem 18. Jahrhundert, in welchem ein Bettler geschildert wird, der sehr geschickt als geistlicher Herr auftrat: "Ein geistlicher Vagabund, der hochwürdige Gaßner, hatte sich in einen Winkel von Schwaben geschlichen, und fieng dort an Teufel auszutreiben und Wunder zu wirken ... Der Gaß-

---

[76] Hoffmann von Fallersleben, Liber Vagatorum. In: Weimarisches Jahrbuch, Hannover 1856, S. 75

[77] Ebd., S. 85

[78] Ebd., S. 82

nersche Heiligkeitsgeruch breitete sich immer mehr und mehr aus ... Die Schenkwirthe, Fleischhaker, Beker und Postmeister konnten nicht Rühmens genug machen von dem Wundermann ... Eine halbe Meile rings um Ellwangen ward man bey jedem Schritt angehalten: Alle Bettler, Landstreicher, Tagdiebe und Beutelschneider – das gewöhnliche Gefolge der Mirakelwirker – hatten sich da konzentriert, und trieben unter dem Mantel der Religion [!] ihr Gewerbe mit gutem Erfolg ... "[79] Es hat sich also beim herumziehenden Volk, bei Gauklern und Bettlern, so etwas wie eine Kultur der "Frömmigkeit" entwickelt, die sehr gezielt dem frommen Bürger vor allem in den Städten Geld entlocken sollte. Auf diese spezifische Kultur verweist auch Schäffer in seinem Buch über das Gaunerwesen in Schwaben.[80] Er streicht ebenfalls heraus, daß es diesen Leuten wenig um echte Religiosität geht, sondern um Praktiken der Existenzsicherung. Schäffer schreibt unter der Überschrift "Von der Religion der Gauner" unter anderem: "... Der eigentliche Gaunerstamm ist durchaus katholisch ... Intoleranz ist nicht die Sache der Gauner. Ihnen gilts gleich, was ihre Brüder für eine Religion haben, auch der Lutheraner, der Reformierte und der Jud ist ihnen willkommen, wenn er nur in ihr Fach taugt ... Denn von Religion im wahren und eigentlichen Verstand ist ohnehin bey ihnen gar die Frage nicht ... Ihre ganze Religionswissenschaft besteht in einigen auswendig gelernten Formeln, die sie nicht verstehen ... Mehr brauchen sie auch als Gauner nicht zu wissen. Sie können ganz gut ihr Handwerk treiben, wenn sie auch keine Einsicht in Sachen der Religion haben ... Eigentliche religiöse Gesinnungen und Handlungen darf man bey ihnen nicht erwarten, denn sie sind mit ihrer Gaunerei unvereinbar ... so halten doch die mehresten ihre Religion äußerlich in Ehren und üben sie aus;

---

79 Zit. nach A. Kopecny, Fahrende und Vagabunden. Berlin 1980, S. 74 ff

80 G. J. Schäffer, Abriß des Gauner- und Bettlerwesens in Schwaben, S. 279ff

aber immer nur so weit ... als es mit ihrem Diebshandwerk verträglich und zur ruhigen, sicheren und glücklichen Betreibung desselben dienlich ist ... Sie besuchen – oft so fleißig als ein anderer Christ, den öffentlichen Gottesdienst, und warten dann ab, was man Andacht nennt ... Sie lauern dann während der Andacht auf Gelegenheit, etwas zu erhäschen, und sehen mit Spionageaugen umher. An hohen Festtagen, wo die Kirchen voll werden, und jedermann im Staat erscheint, kommen sie recht eigentlich dahin, um Beute zu machen. Auch finden sie sich fleißig bey Wallfahrten und Prozessionen ein; aber in gleicher Absicht ... Aber sie kommen oft geradezu von einem Einbruch zur Beicht, und haben vorher schon beschlossen, wo sie sogleich nach der Communion wieder einbrechen wollen. Ja, sie machen sogar die Religion zum Werkzeug und zu einer Aushelferin bey ihren Diebereyen." Religiöse Veranstaltungen dienen allerdings nicht alleine dazu, allerlei kriminelle Aktionen auszuprobieren, sondern können nach Schäffer auch zu ernsthaften, frommen Gebeten – ganz im Stil der üblichen Gläubigen – verwendet werden: "Sie beten öfters ein Vaterunser, oder lassen Messen lesen, und rufen irgendeinen Heiligen an, damit ihre Unternehmungen ihnen gelingen, und ihre Einbrüche glücklich vollzogen werden möchten. Sie thun öfters Gelübde, dies und das der Mutter Gottes oder einem Heiligen zu Ehren zu thun, wenn sie Glück haben, oder wenn sie aus einer Gefangenschaft und Gefahr, in die sie gerathen sind, glücklich entkommen würden. Und wenn ihnen ihr Wunsch erfüllt wird, so versäumen sie nicht, ihr Gelübde zu bezahlen ... "[81]

Für den Ganoven des 18. Jahrhunderts, wie er von Schäffer beschrieben wird, sind Religion und Frömmigkeit also wichtig. Vorrangig wohl darum, weil Religion und Frömmigkeit mit gesellschaftlichen Ereignissen – wie kirchlichen Festen – verbun-

81 Ebd., S. 284

den waren, bei denen man bequem das Gaunerhandwerk ausüben bzw. betteln konnte. Aber man versprach sich durch entsprechende religiöse bzw. fromme Rituale auch die Unterstützung des Himmels bei den kühnen Unternehmungen. Diese Bedeutung der Frömmigkeit offenbarte sich übrigens auch in ihrer Sprache, dem alten Rotwelsch. Die fromme bzw. religiöse Tradition der alten Vaganten, Gaukler und Ganoven wird heute sowohl von kriminellen Individuen als auch von den Sandlern weitergeführt. Ein betrügerischer Trick Krimineller besteht darin, daß sie sich als Kirchenwerber ausgeben und vor allem alte Leute in ihren Wohnungen mit ungefähr den folgenden Worten aufsuchen: "Herzlichen Glückwunsch zum Geburtstag, wir kommen von der evangelischen Kirche!" Die Adressen ihrer Opfer, die sie beim Kaffeetrinken mit dem Toilettentrick ("Wo kann man sich hier die Hände waschen?") um Geld und Schecks bringen, finden sie in protestantischen Kirchenblättchen unter der Rubrik "Wir gratulieren".[82]

Auch für Sandler sind diverse Aktivitäten der Frömmigkeit von mitunter großer Bedeutung. Sandler und Bettler aller Art, zu denen auch Drogenhändler gehören können, sind einer Art Rückzugskultur zuzurechnen. Eine solche Kultur ist charakteristisch für Großstädte, in deren soziale und auch geografische Nischen sich allerhand Volk zurückzieht.

Die klassische "Klostersuppe"

In Wallfahrtsorten wie Altötting und auch in Großstädten gibt es Klöster und andere fromme Institutionen, z. B. von Ordensschwestern geführte Krankenhäuser und Altersheime, die regelmäßig vor allem zu Mittag an obdachlose Nichtseßhafte Speisen, die sogenannte "Klostersuppe", kostenlos austeilen. Mit der

[82] Spiegel, 10. 4. 1989, S. 100

Austeilung der Klostersuppe sind oft spezifische Rituale verbunden. In einem Frauenkloster, das sich der Betreuung alter Menschen widmet, wartete ich einmal mit Sandlern zwischen der Eingangstür und einer in das Innere führenden Glastür, die allerdings aus Gründen der Vorsicht versperrt war. Endlich erschien eine Schwester mit einem großen Topf. Auf ihre Aufforderung hin mußten wir beten. Dann wurde das Essen – Tomatensuppe, Griesbrei und Apfelstrudel – in leere Konservendosen verteilt und uns verabreicht. Die Konservendosen ersetzten die Teller, offensichtlich um zu verhindern, daß die Sandler womöglich den einen oder anderen Teller mitnehmen. Löffel tragen die Sandler gewöhnlich bei sich, ansonsten wird ihnen einer von der Schwester leihweise überlassen. Während der Einnahme der "Klostersuppe" zeigen die Sandler sich mit der Suppe zufrieden und versuchen, gegenüber der Klosterschwester einen frommen und ergebenen Eindruck vorzutäuschen. Dies gelingt anscheinend auch. Ist der Hunger durch eine "Klostersuppe" noch nicht gestillt, so ziehen einige Sandler zu einem anderen Kloster weiter, wo sie sich ebenso fromm verhalten.

"Fromme" Zinken und "frommes" Betteln vor Kirchen

Wie wichtig die Beziehung zur Frömmigkeit für den klassischen Bettler bzw. Sandler ist, geht auch aus den sogenannten "Gaunerzinken" hervor: Seit dem Mittelalter sind solche Zeichen bekannt, mit denen Bettler und anderes Volk ihre Kollegen darauf aufmerksam machen, wie sie sich zu verhalten haben, um ohne große Probleme ein Almosen zu erhalten. Diese Zinken finden sich bis in die Jetztzeit auch in Wien an Türen, bei Hausglocken u. ä. Sie können z. B. darauf hinweisen, ob im Haus ein Polizist wohnt oder ein "bissiger Hund" lauert. Zu den alten Gaunerzinken gehört das Kreuz, mit welchem Bettlern geraten wird, Frömmigkeit zu heucheln, um zu Geld und anderen milden Gaben zu gelangen.[83]

Von besonderer Attraktivität für das Leben als Bettler sind, wie schon erwähnt, fromme Örtlichkeiten. Diese Plätze haben geschickte Bettler oft für sich reserviert. Kollegen, die sich zu ihnen gesellen oder an ihrer Stelle betteln wollen, müssen damit rechnen, verjagt oder verprügelt zu werden. Für gewöhnlich arbeiten dabei zwei oder drei Herren zusammen. Zwei betteln, und der dritte paßt auf. Er warnt die beiden Akteure, wenn ein Polizist oder ein Kirchendiener auftaucht. In diesem Sinne arbeiteten die sogenannten Bettlerzünfte, wie sie noch in der Zeit nach dem letzten Krieg existierten. Sie kassierten angeblich Vermittlungshonorare für Bettlerstammplätze bei Gotteshäusern. Im Jahre 1919 schrieb ein Wiener Polizist, daß sogar an die Kirchendiener Mietgelder entrichtet wurden, und er meinte weiter: "Begreiflicherweise wird ein solcher Posten mit rücksichtsloser Energie verteidigt. Ein fremder Bettler dürfte es nicht wagen, sich unbefugt hinzustellen. Gegen ihn würden sich sogar jene, bloß in der Nähe des Gotteshauses standhaltenden Bettler wenden."[84]

Um die Kirchgänger auf sich als ein in Not geratenes, aber frommes Individuum aufmerksam zu machen, muß der Bettler diverse Tricks anwenden: Er hält z. B. eine Tafel vor sich, auf der zu lesen steht: "Ich bin haftentlassen, arbeitslos, habe Familie mit Kindern und bitte um ein frommes Almosen." Der Hinweis auf die Haft als eine besondere Strategie findet sich bereits im "Liber Vagatorum", so bei den als "Falkenträger" bezeichneten Bettlern: "Es gibt Leute, die nehmen Salbe, die sie sich selber machen können, und streichen sie an einen Arm, gleich vor der

[83] A. Kopecny, Fahrende und Vagabunden, S. 163

[84] U. Tartaruga, Aus der Mappe eines Wiener Polizeibeamten. Wien 1919, S. 35

Hand, so wird er geschaffen, als ob einer in Ringen gelegen, und henken den Arm in eine Schlinge."[85]

Für gewöhnlich erklärt der Bettler bzw. Sandler dem mitleidigen Spender, daß Gott ihm dies vergelten und ihn segnen werde. Dem Almosengeber wird also das Gefühl vermittelt, er habe ein frommes Werk an einem vom Schicksal schwer getroffenen Menschen vollbracht, dessen eigene Frömmigkeit ihm zu einer besonderen Segnung verhelfen werde. In solchem Zusammenhang ist auch folgende, von dem zitierten Wiener Polizisten berichtete Geschichte zu sehen: "Eine Bettlerin pflegte sich mit einem schönen Kruzifix vor Pfandleihanstalten aufzustellen. Sie betrachtete es lange mit frommer Inbrunst und wischte sich dabei die mit Tränen gefüllten Augen. Befragte man sie mitleidig um den Grund ihres Kummers, so antwortete sie traurig: ‚Das Letzte, was ich habe! Es war mein Glück, es war mein Talisman! Jetzt muß ich es versetzen, wenn mein armer, kranker Mann nicht verhungern soll!' Man bot ihr natürlich gleich Unterstützungen an, die sie mit dankbaren Handküssen einstrich. Dann entfernte sie sich – zum nächsten Versatzamt."[86] Wie die angeführten Beispiele veranschaulichen, gelingt es dem bettelnden Vaganten auf diese Weise, die Grenze zwischen ihm und dem gottesfürchtigen Bürger zu überbrücken. Menschen, die einer anderen, vermögenderen sozialen Schicht angehören, werden demutsvoll darauf aufmerksam gemacht, daß am Rande ihrer Gesellschaft, hinter einer sozialen Schranke, Leute existieren, die Unterstützungen bitter nötig haben. Und wenn die Vermögenden so das Gefühl haben, sie könnten sich im Himmel Ansehen erwerben, dann geben sie gerne. Die Bettler und Sandler wissen dies auch.

*

[85] Hoffmann von Fallersleben, Liber Vagatorum, S. 71

[86] U. Tartaruga, Aus der Mappe eines Wiener Polizeibeamten.

In Altötting erlebte ich heute die Kultur der Frömmigkeit, die mit Magie vermischt ist. Sie erinnert mich an die alten Vaganten mit ihren Tricks. Auf ihr Wohlsein trinke ich ein Glas Bier.

Zwischen Obernberg und Passau: Vagantentum

Obernberg, Wegscheid, Passau
Die Grenze des Alters
Der jugendliche Sinn der alten vagantischen Kultur – Vorbild der Alten
Vagantentum an den europäischen Universitäten
Der große Vagant und Trinker Paracelsus
Karl Marx, Friedrich Engels und Victor Adler als trinkfreudige Nachfahren der alten Vaganten
Die Trinkkultur als Vermächtnis der Vaganten

Erst nach neun Uhr sitze ich wieder auf dem Sattel meines freundlichen Rades und nehme den Weg über Schärding nach Münzkirchen. Bergauf und bergab geht es durch das wellige Innviertel nach Münzkirchen, von dort bergauf nach Vichtenstein und dann steil zur Donau hinunter, nach Obernzell. Der Himmel hat sich verdüstert, ich spüre die ersten Regentropfen. Bald gießt es in Strömen. Mit einigen anderen Radfahrern suche ich unter einem Baum Schutz. Ich distanziere mich allerdings gleich wieder von ihnen, indem ich erwähne, daß ich nicht den Donauradweg, den sie von Passau in Richtung Wien befahren, wähle, sondern auf normalen Straßen quer durch die Gegend ziehe. Unbescheiden werfe ich ein, daß ich bereits über das Timmeisjoch gefahren bin. Man ist erstaunt und schweigt betroffen, vielleicht, weil man sich der Langweiligkeit des Donauradweges bewußt wird. Bevor wir noch länger diskutieren können, kommt die Donaufähre, mit der wir aufs andere Ufer übersetzen.

Ich warte im Zollhaus auf das Ende des Regens und plaudere mit den Zöllnern über meine Forschungen. Einen bayerischen Polizeiwachtmeister interessiert das Thema Grenze. Für ihn sei die Grenze wichtig, sie sei sein Beruf. Ich verstehe ihn. Als der Regen aufgehört hat, radle ich nach Norden, nach Wegscheid.

Die Straße steigt ganz schön an, dort hinauf zum Bayerischen Wald. Wegscheid liegt direkt an der Grenze. In dem Ort befindet sich ein Zollmuseum, das ich besuchen will. Überdies hat mich ein Herr Stangl, der selbst Schmuggler war, gebeten, um 16 Uhr beim Brunnen vor der Kirche auf ihn zu warten, damit er mir Geschichten über Schmuggler erzählen könne. Ich bin schon um 15 Uhr in Wegscheid und sehe mich ein bißchen im Zollmuseum um. Ich entdecke interessante Details über das Schmuggeln in dieser Gegend: Auch Vieh wurde herübergetrieben, da es vor dem Krieg in Österreich billiger war. Um 16 Uhr stehe ich dann mit meinem bepackten Rad vor dem Brunnen. Herr Stangl, der eine Trauermesse besucht hat, erkennt mich an meinem Rad. Er bittet mich zu sich in sein Auto, wo wir ungestörter reden könnten als im Gasthaus neben der Kirche, wohin jetzt alle Trauernden strömen. Ich setze mich also in sein Auto. Während ich meine nassen Socken wechsle, holt Herr Stangl aus und erzählt seine Geschichten: Viele Burschen lebten hier gut vom Schmuggeln. Er selbst habe nach dem Krieg Alkohol – Rum – für Festivitäten auf geheimen Wegen herübergebracht. Nach einiger Zeit endet er mit den Worten: "Das ist so ziemlich alles, was ich weiß. Jetzt muß ich zum Leichenschmaus!" Ich danke herzlich und wünsche ihm guten Appetit.

Nun nehme ich den Weg entlang der Grenze über Oberkappel nach Passau. Die Landschaft hier mit ihren Hügeln und Wäldern hat ihren Reiz. Das Mühlviertel ist wahrlich ein wunderschöner Teil Oberösterreichs. Es wird schon dämmrig, als ich wieder zur Donau komme. Ich habe mich bei einem entfernten Passauer Verwandten, Viktor Heller, angekündigt. Er ist pensionierter Richter. Unsere Verwandtschaft geht zurück auf den Franz Girtler, der um 1760 Oberamtmann der Grafen Sweerts und Spork war. Viktor Hellers Vorfahrin, Anna Göttlich, geborene Girtler, war die Schwester meines Vorfahren Dominic, jenes Obristlieutenants, der glücklos in den Franzosenkriegen gekämpft hatte und sogar einmal wegen des Fehlens der Regimentskasse vor das Kriegsgericht gestellt worden war. Wir beide, Viktor und ich, haben Interesse an unserer Familiengeschichte. Und dieses Interesse hat uns zusammengeführt. Viktor Heller residiert in Passau in einem prachtvollen Haus mit großem Garten und schönen Obstbäumen. Seine Frau Helga empfängt mich liebenswürdig. Man setzt mir Käse, Tomaten und Tee vor, und ich lange ordentlich zu. Wir ergehen uns in der Familiengeschichte. Zu meiner Überraschung steht in seinem Garten ein Gedenkstein für jene erwähnte Anna Girtler. Er hat ihn jetzt, nach der Öffnung der Ostgrenzen, aus Böhmisch-Leipa, dem Wohnort seiner Familie, herübergeholt. Es ist ein riesiger, ca 1,80 Meter hoher Stein. Ich lese den schönen Spruch darauf: “Zum Sterben geboren – Zum Leben gestorben.” Der Gatte Annas hat ihn einmeißeln lassen. Er muß sie sehr geliebt haben.

Die Grenze des Alters

Es ist die Grenze des Alters, mit der ich nun konfrontiert werde. Eine Grenze, welche die vielleicht beschwerlichste ist und die zu überschreiten der Mensch sich ohne Erfolg lange wehrt. Sie bringt aber auch Vorteile, wie den der Muße, jenen Dingen nachzugehen, die man gerne tut. Derjenige, dem es gelingt, über die Grenze des Alters Dinge zu schmuggeln, die gemeiniglich mit Jugend verknüpft sind, wie Achtung vor der Natur, Entdeckersinn und Freude an neuen Wegen, der kennt das Glück des

Augenblicks und genießt es. Aber gerade hierin scheitern viele und werden damit zu mürrischen, langweiligen Alten. Sie überschreiten die Grenze des Alters, ohne daran zu denken, daß man auch etwas mitnehmen kann. Die Aufgabe der Altersforschung wäre es vielleicht, dieses Überschreiten der Grenze, die individuell verschieden ist, zu einem Abenteuer des Schmuggelns, der Mitnahme von Dingen zu machen, die das Alter jugendlich bereichern können. Aber dies ist eine Kunst, die man lernen kann. Viktor Heller beherrscht sie, wenn er sich als Forscher betätigt.

In jedem Forscher steckt die Neugier des Kindes, das nach dem "Warum" frägt.

Aber trotz allem jagt die Grenze des Alters dem Menschen Schauder ein und zeigt ihm, daß das Leben nur von kurzer Dauer ist. Um mit diesem Problem fertigzuwerden, kennt jede Kultur unterschiedliche Strategien. In diversen Stammeskulturen sind den Alten eine Reihe von ehrenvollen Positionen, als Berater oder als Familienoberhaupt, zugedacht. Bei anderen Völkern werden die Alten in den Hintergrund gedrängt, und in unserer modernen Kultur gibt man den Alten Geld, damit sie tun können, was sie wollen. In unserer einstigen bäuerlichen Kultur allerdings war der alte Mensch nicht sehr geachtet, wenn er einmal den Hof übergeben hatte. Es galt der Spruch: Übergeben und nimmer leben. Daher waren die Alten sehr daran interessiert, möglichst lange am Hof zu arbeiten. Und wenn sie übergeben hatten, versuchten sie zu zeigen, daß sie noch arbeiten konnten. In dieser Welt wurde der Mensch an der Arbeit gemessen. Dies spürte besonders der Knecht, der alt und arbeitsunfähig wurde. Er wurde von Bauernhof zu Bauernhof geschickt, er schlief im Stall und starb auch dort.[87] In der modernen bäuerlichen Welt lebt der alte Mensch ohne die großen Sorgen der früheren Zeit. Dazu erzählte mir ein alter Kleinbauer: "Die frühere Zeit kann

---

[87] Siehe dazu näher: R. Girtler, Aschenlauge.

mir gestohlen bleiben. Wir haben im Frieden Hunger gelitten. Die Alten waren ganz arm. Heute haben wir eine Pension, und ich bin nicht von anderen abhängig."

Dem alten Menschen vor allem in Europa und den USA ist es heute möglich, zu tun, was ihm beliebt. Er kann das Leben eines Vaganten führen. Er kann um die ganze Welt fahren und Grenzen durchbrechen, die ihm früher auferlegt waren, zumindest für eine Zeit. Dies verschönt das Altern und macht es lebenswert, aber auch nur dann, wenn es gelingt, jugendlichen Sinn über die Grenze des Alters zu schmuggeln. Und gerade dieser jugendliche Sinn ist eng mit der vagantischen Kultur verbunden.

Der jugendliche Sinn der alten vagantischen Kultur – Vorbild der Alten

Die frühen Vaganten bauten auf einer humanistischen Tradition auf, die durch die Araber über Spanien nach Mitteleuropa einfloß. Sie ist insofern bemerkenswert, als mit ihr ein gewisses Weltbürgertum verbunden war, das sich dem Kleingeist der Seßhaften widersetzte. Als Radfahrer sympathisiere ich mit diesen großzügigen Leuten. In der Klosterschule zu Kremsmünster, in der ich acht Jahre meines Lebens zugebracht habe, lehrte mich ein alter, würdiger Mönch folgenden Spruch, den wohl einst auch die fahrenden Studenten kannten, wenn sie bei einem Landpfarrer um Speis und Trank baten: "Pauper Studiosus sum, peto te viaticum!" – "Ich bin ein armer Student und bitte um eine Wegzehrung!"

Um Bildung und damit auch weltbürgerlichen freien Geist zu erwerben, nahmen die alten Vaganten weite Märsche auf sich. Ich behaupte, daß diese vagantische Kultur auf arabischer Tradition aufbaut, denn es waren arabische Gelehrte, die u. a. die Schriften des Aristoteles nach Europa brachten. Geprägt war diese Kultur von Toleranz und Gelehrsamkeit. Charakteristisch für sie war, daß Männer aus verschiedenen ethnischen Bereichen gemeinsam an einer Erweiterung des Geistes wirkten. In diesem Sinn erachtete man es als selbstverständlich, daß sich persische, jüdische und arabische Gelehrte zu gemeinsamer Wissenschaftlichkeit zusammenfanden. Die ersten europäischen Universitäten, wie die von Montpellier, Paris und Bologna, gehen in ihrer Idee auf arabische Gelehrsamkeit zurück.

Vagantentum an den europäischen Universitäten

Für die nach Gelehrsamkeit strebenden Studenten bzw. Scholaren war es nun nicht leicht, zu den berühmten Lehrern zu gelangen. Sogar in die Einsamkeit zogen sie, um ihre Meister zu hören. Bei ihren Wanderungen kamen sie mit Leuten verschiedener kultureller Herkunft zusammen. Wenn heute z. B. jemand von Wien nach Hamburg oder gar nach Bombay fährt, so hat er es im wesentlichen mit derselben europäisch-amerikanischen Kultur zu tun, zumindest innerhalb bestimmter sozialer Schichten. Früher dagegen, im Mittelalter, war eine Reise, ein Fußmarsch, eine mühevolle Angelegenheit, bei der man mit fahrendem Volk, Ganoven und Strauchdieben zu tun hatte, also mit vielen Kulturen bzw. Lebenswelten. Als Friedrich Barbarossa 1158 Bologna gründete, geht er in der Gründungsurkunde auf die Probleme der fahrenden Scholaren ein und verspricht ihnen Schutz: "Wer sollte sich nicht ihrer erbarmen, wenn sie heimatlos, aus Wissensdrang, ihren Besitz opfern und arm werden, ihr Leben vielen Gefahren aussetzen und oft von den minderwertigsten Menschen grundlos Tätlichkeiten ertragen müssen?" Barbarossa wußte also von den Schwierigkeiten der herumziehenden Studenten, die auch damit rechnen mußten, fallweise tüchtig verprügelt zu werden. Durch dieses Herumziehen hatten die Studenten nicht unbedingt einen guten Ruf. Um diesen war auch Kaiser Karl IV., der selbst in Paris studiert hatte, besorgt. Als böhmischer Landesherr hatte er in Prag die älteste und erste Universität auf deutschem Kulturgebiet gegründet. Papst Clemens VI. stellte am 26. Januar 1347 die Errichtungsbulle aus, und am 8. April 1348 folgte die königliche Stiftungsurkunde, in der es u. a. heißt: "... auf daß unsere getreuen Untertanen, welche es unaufhörlich nach der Frucht der Wissenschaft hungert... es für überflüssig achten, Wissenschaft suchend die Welt zu durchwandern, fremde Völker aufzusuchen oder im Auslande zu betteln." Die von Rudolf IV. 1365 in Wien gegründete Universität verfolgte eine ähnliche Absicht. Allerdings wissen wir heute von den wirklich fleißigen Studenten herzlich wenig. Jedoch von denen, die, ein heiterwüstes Leben führend, durch die Lande zogen, wissen wir eine Menge, denn diese Scholaren haben einige Dichter hervorgebracht, die in ihren Liedern ihr buntes Leben beschrieben und besungen haben. Ein später Vagant, er lebte im 15. Jahrhundert, war François Villon, der ob seiner Zuhälterlieder und Ganovengedichte berühmt wurde.

In ihren Liedern geben die Dichterfürsten der Vaganten einen farbigen Einblick in ihre Welt. Die Freude am Alkohol und am leichten Leben prägte das studentische Dasein an den Universitäten des Mittelalters und findet später ihre Fortsetzung. Es ist daher nicht zu verwundern, daß die ersten großen Brauereien in Deutschland in den Universitätsstädten eingerichtet wurden.

Die Vagantensprache spiegelt sich in der Folge wider in der Sprache der Kneipen und Kommerse der traditionellen studentischen Verbindungen. Ausdrücke wie "Silentium", "Corona", "peto tempus" u. ä. deuten auf die alten Scholaren hin. Es ist übrigens charakteristisch für einen Teil der vagantischen Trinklieder, daß in ihnen lateinische Idiome mit deutschen vermengt sind, ähnlich wie in dem um 1420 entstandenen Lied "In dulce jubilo, nun singet und seid froh".

Die Trinkgelage der Vaganten und der Studenten hatten beste Tradition. Bereits die Antike kennt das "Symposion", welches soviel wie “gemeinsames Trinken” (von potein – trinken) heißt. Die alten Azteken nannten einen solchen Zustand der Berauschung eine Gelegenheit, “mit den Göttern zu reden”. Edgar Hunger beschreibt in diesem Sinn das bekannteste Trinkgelage der Weltgeschichte, das “Symposion”, so: “Das Symposion war keine bloße Bewirtung der Gäste, keine bloße gesellige Veranstaltung, sondern es verweist in seinem Ablauf und in seinen Bräuchen auf einen kultischen Ursprung. Der Trank wurde als Gabe der Götter empfangen und besungen. Dem Gott wurde am Beginn des Gelages das Trinkopfer dargebracht.”[88] Schließlich wurden noch im 15. Jahrhundert die gelehrten Disputationen mit gepflegtem Alkoholgenuß verknüpft. Ein uraltes studentisches Trinkritual ist der “Salamander”, bei dem die vollen Gläser mit Bier oder Wein am Tisch gerieben und auf ein bestimmtes Kommando ausgetrunken werden. Der Ursprung dieses Brauches liegt im dunkeln. Es ist anzunehmen, daß der “Salamander” zunächst eine Feuerzeremonie war, bei der in okkultischer Weise die Geister des Feuers, die Salamander, beschworen wurden. Der große Naturarzt Paracelsus bezieht sich neben den anderen Geistern – den Geistern der Luft, des Wassers und der Erde – ausdrücklich auf den Salamander. In der Beschwörungsformel des Doktor Faustus heißt es bei Goethe – auf Paracelsus zurückgreifend:

[88] E. Hunger, Studentisches Brauchtum. Bonn 1957, S. 43

Salamander soll glühen,
Undinen sich winden,
Sylphe verschwinden,
Kobolde sich mühen. Wer
sie nicht kennte, die
Elemente, ihre Kraft und
Eigenschaft, wäre kein
Meister über die Geister.
Verschwind in Flammen,
Salamander!

Daß dieser Salamander mit einem Ritual verknüpft war, welches geheimnisvoll auch den Alkohol miteinschloß, ist wahrscheinlich. Schließlich gehörte Paracelsus eher der Kultur der Vaganten und fahrenden Scholaren an und war dem Alkoholgenuß in einer sehr intensiven Weise zugetan.

Der große Vagant und Trinker Paracelsus

Theophrastus Bombastus Paracelsus von Hohenheim, geboren 1493 zu Einsiedeln und gestorben 1541 in Salzburg anläßlich einer Wirtshausprügelei, ist nicht mit den üblichen Wissenschaftlern zu vergleichen, die durch Enge des Geistes und des Herzens auffallen und den Kontakt zur Natur und zu den Menschen verloren haben. Paracelsus meinte, daß seine Philosophie "dem Buche der Natur entnommen" sei, und er sah sich selbst als ein "fahrender Scholar in Gottes Weltuniversität". Er wanderte neun Jahre durch Europa und begleitete einen tatarischen Fürsten auf einer Reise von Moskau nach Konstantinopel. Dabei soll er sich mit den indischen Geheimlehren vertraut gemacht haben.

1527 wird Paracelsus aufgrund der Fürsprache von Erasmus von Rotterdam zum Professor der Medizin in Basel ernannt, wo er allerdings die Schulmedizin unflätig beschimpfte und symbolhaft medizinische Schriften öffentlich verbrannte. Für Paracelsus war die Natur mit: ihren Geheimnissen Ziel seiner Wissenschaft, die man nicht bloß an der Universität lernen kann. Er meinte daher, man müsse vielmehr bei "alten Weibern, Zigeunern, Schwarzkünstlern, Landfahrern, alten Bauersleuten und dergleichen weniger beachteten Leuten in die Schule gehen und von ihnen lernen!" Seine Sympathie für die "niederen Leute" brachte Paracelsus übrigens 1526 in Salzburg mit den Behörden in Konflikt, als man ihn verdächtigte, mit aufrührerischen Bauern in Verbindung zu stehen. Wie sehr Paracelsus dem Trunk zugetan war, zeigt sich in folgenden Sätzen, die sein Famulus Johannes Oporinus über ihn schrieb: "... so sehr war er Tag und Nacht, während ich fast drei Jahre bei ihm verkehrte und wohnte, dem Trunk und der Prasserei ergeben, daß man ihn kaum eine Stunde oder zwei nüchtern fand; besonders nachdem er von Basel fortgegangen war und im Elsaß unter Edlen, Bauern und Bäuerinnen wie ein zweiter Äskulap gefeiert worden war. Und dessen ungeachtet, wenn er am betrunkensten war und, nach Hause gekommen, mir etwas von seiner Philosophie zu diktieren pflegte, so schien es so ordentlich zusammenzuhängen, daß sie von einem nüchternen Menschen nicht verbessert hätte werden können."[89] Es ist verständlich, daß Paracelsus als Vagant und Freund des Alkohols große Kritiker unter den Schulmedizinern fand. So charakterisierte ihn 1763 der Gelehrte J. G. Zimmermann: "Er lebte wie ein Schwein, sah aus wie ein Fuhrmann, fand sein größtes Vergnügen in dem Umgang des liederlichsten und niedrigsten Pöbels und war die meiste Zeit seines Lebens besoffen. Auch scheinen alle seine Schriften im Rausch geschrieben zu sein."[90]

In seiner Lebensweise und in seiner Einstellung zum Alko-

[89] Zit. nach: W. Bauer u. a., Lexikon der Symbole. Wiesbaden 1980, S. 484

[90] Ebd., S. 482

hol widersprach Paracelsus einer Arbeitsmoral, die, auf Calvin zurückgehend, bis heute unser Leben bestimmt. Paracelsus widerstrebte eine solche Ideologie, die die Arbeit in den Vordergrund des menschlichen Seins stellt. Dieser Ideologie, die auch von den Sozialdemokraten übernommen wurde, entsprach es, daß seit dem Ende des 18. Jahrhunderts das fahrende Volk verdrängt, in die Arbeitshäuser gesteckt und seine Kultur vernichtet wurde. Paracelsus wäre damit nicht einverstanden gewesen.

Karl Marx, Friedrich Engels und Victor Adler als trinkfreudige Nachfahren der alten Vaganten

Karl Marx war während seines Studiums in Bonn Mitglied der dortigen farbentragenden und schlagenden Studentenverbindung, der "Trierer Landsmannschaft zu Bonn", in der man lustig lebte, trank, aber sich auch sozialkritische Gedanken machte, wie in den Burschenschaften überhaupt. Marx soll wegen nächtlicher Ruhestörung – wahrscheinlich nach zu viel Alkohol – einige Tage im Karzer der Universität verbracht haben. Er blieb seiner Verbindung auch in London treu, wo er angeblich über seinem Schreibtisch Schläger, Band und Mütze derselben hängen hatte. Soweit ich weiß, existiert nur ein Jugendbildnis von Karl Marx, und zwar eine Zeichnung, die ihn mit anderen Mitgliedern der "Trierer Landsmannschaft" anläßlich eines Saufgelages zeigt. Marx ist mit Kneipjacke dargestellt und so war er auch – als Ausschnitt aus diesem Bild – auf einer Briefmarke der ehemaligen DDR zu sehen. Karl Marx war also nicht jener trockene und wenig freundliche Geist, als den man ihn heute darzustellen sucht und den man für das Desaster des "Kommunismus" verantwortlich macht. Dazu muß man wissen, daß Marx und Engels sich sehr wohl von jenen distanzierten, die sich als "Marxisten" bezeichneten. So verweisen die Überlegungen von Marx darauf, daß das Ideal menschlichen Zusammenlebens in der Freiheit des Menschen und nicht in dessen Unterdrückung besteht. Damit ist Selbstbestimmung und Achtung vor dem Nächsten verbunden. Marx befindet sich deshalb im Gegensatz zur "kommunistischen" Praxis, wie sie von Lenin, Stalin und ihren Epigonen gelehrt und erzwungen wurde.

Dieser Gegensatz zeigt sich auch bei Engels, der am Ende seines Buches "Der Ursprung des Privateigentums, der Familie und des Staats" (1884) auf die "Freiheit, Gleichheit und Brüderlichkeit" der alten Gentes, eben der früheren Großfamilien, als Ziel der geschichtlichen Entwicklung verweist. Es liegt meines Erachtens nach ein Schuß Romantik in Engels, wenn er der allgegenwärtigen und kontrollierenden Staatsmacht eine Abfuhr erteilt. Und in einem Brief aus dem Jahre 1890 weist Engels schließlich deutlich darauf hin, daß er mit den "Marxisten" nichts zu tun haben will. Er schreibt: "Wenn nun jemand das [die Gedanken von Marx] dahin verdreht, das ökonomische Moment sei das einzig bestimmende, so verwandelt er jenen Satz in eine nichtssagende, abstrakte, absurde[!] Phrase… diesen Vorwurf kann ich manchem neueren Marxisten nicht ersparen."[91]

Engels bezeichnet Marx als Mann der Wissenschaft und als Revolutionär. Insofern steht Marx in der alten rebellischen Tradition der Studenten vor und um 1848. Daß Marx ganz anders lebte, als seine Feinde es ihm nachsagen, zeigt sich in einer Schrift eines Zeitgenossen über Marx in London. Er stellt Marx das vielleicht schönste Kompliment aus: "Er führte das Leben eines deutsch-englischen Gentleman."[92] Um Marx zu kennen, muß man auch wissen, wer seine Frau war, die ihr Leben mit ihm teilte und ihm eine treue Gefährtin blieb. Sie lebten zeitweise in furchtbarer Armut. Wie groß diese Armut war, zeigte sich deutlich, als das vierte Kind des Ehepaares Marx in London starb. Nicht einmal das Geld für den Sarg war da. Ein französi-

---

[91] Brief an Bloch (21. 9. 1890). In: Karl Marx und Friedrich Engels. 2 Bde. Moskau 1950, S. 458

[92] W. Blumenberg, Karl Marx in Selbstzeugnissen und Bilddokumenten. Reinbek 1962, S. 153

scher Emigrant soll ihn bezahlt haben. Die Frau von Karl Marx, die es in ihrem Leben nicht leicht hatte, hieß mit ihrem Mädchennamen Jenny von Westphalen. Sie war also eine Adelige, deren Bruder preußischer Minister und deren Vater ein angesehener Regierungsrat war. Mit ihrem Vater übersetzte Karl Marx übrigens in seinen jungen Jahren griechische Gedichte ins Deutsche. Marx hat Jenny stets sehr geliebt, dies geht auch aus den Gedichten hervor, die er ihr als junger Mann ganz im Sinne eines schwärmerischen Studententums, wie es typisch für das vorige Jahrhundert war, schrieb. In einem dieser Gedichte, welches mit "An Jenny" übertitelt ist, heißt es:

"Flieht ihr leeren Luftgestalten, Und du trüber Schmerzenssang. Sinkt in Fluten, in die kalten, Treibt im wilden Sturmesdrang. Ha! zu weit für dieses Leben. Und zu ewig ist das Wort! Jenny will mir Liebe geben, Und es reißt mich schwindelnd fort."[93]

Jenny Marx starb vor ihrem Gemahl. Bemerkenswert ist, daß Marx auf den Grabstein ihren adeligen Mädchennamen schreiben ließ. Meines Erachtens liegt hierin eine hohe Symbolik, womit er wohl auch, wie der Zusatz zeigt, seine besondere Liebe zu ihr ausdrücken wollte: "Jenny von Westphalen, die geliebte Frau des Karl Marx".

Mit diesen Hinweisen auf Karl Marx will ich andeuten, daß Marx in einer alten, trinkfreudigen couleurstudentischen Tradition steht. Er war kein übler Rabauke, wie ihn manche sehen, sondern ein herumziehender (!) harter Geistesarbeiter mit Stil, aus dem farbenstudentische Tradition spricht. Dies geht auch aus dem Briefverkehr zwischen Engels und Marx hervor. So schreibt Engels einmal an Marx: "Das Verlangen, etwas mit Dir zu kneipen [!], ist groß" (9. 3. 1847). Und in einem Brief an Engels

---

[93] Marx/Engels, Die Diktatur der Phantasie. Hg. H. Höfener. Düsseldorf 1983, S. 35

jubiliert Marx: "An dem Tag, wo das Manuskript abgeht, bekneip' [!] ich mich ohne alle Gnade, es sei denn, daß Du den folgenden Tag herkommst und wir das zusammen abmachen können" (7. 8. 1865).[94] In den Briefen spricht Engels Marx öfters mit "Mohr" an, dem alten Spitznamen von Marx, den er wegen seiner dunklen Hautfarbe und seines schwarzen Haupt- und Barthaares bekommen hatte. Und Marx nennt Engels freundlich "General". Diese Bezeichnung bezieht sich auf die Teilnahme an allem, was militärisch war – Engels schrieb leidenschaftliche Kriegs- und Schlachtenanalysen. Mit alledem unterscheidet Marx sich deutlich von jenen Kleingeistern, die sich bis in die letzte Zeit auf ihn berufen haben, um andere knechten zu können Dem rituellen Alkoholgenuß dürfte allerdings besonders Friedrich Engels zugetan gewesen sein. Dies zeigt ein interessanter Bericht: Walther Victor, ein deutscher Kommunist, schrieb während seiner Emigration in England im Jahre 1937 über ein Liederbuch, welches sich im Nachlaß von Friedrich Engels befand. Es handelt sich bei diesem Liederbuch um das berühmte "Lahrer Kommersbuch", in dem u. a. all die traditionellen Trinklieder enthalten sind, die die trinkfreudigen Studenten in ihren Verbindungen früher sangen und heute noch singen. Folgen wir den Worten Walther Victors: "Vor mir liegt ein altes Buch: Das Liederbuch Friedrich Engels, eben jenes Mannes, der mit Karl Marx zusammen das wissenschaftliche Rüstzeug des Sozialismus geschaffen hat. Das Buch ist vergilbt, aber nur an einigen häufiger gebrauchten Stellen zerfledert, der feste Deckel hat einen Lederrücken und je vier metallene Knöpfe auf jeder Seite, um den Einband beim Aufliegen des Buches auf feuchten Tischen zu schonen … Es ist mir aus der Hand derjenigen Frau zugekommen, die die letzten fünf Lebensjahre, von 1890 bis 1895, um ihn war, ihn versorgte, mit ihm gearbeitet hat, der letzte Mensch sei-

[94] F. J. Raddatz (Hg.). Mohr an General. Wien 1980, S. 23; S. 191

nes vollen Vertrauens ist. Louise Freyberger berichtete dazu, daß sich das Buch nicht etwa wie manches andere unter seiner Hinterlassenschaft befunden habe, sondern versichert, daß es selbst für den gealterten Mann ein Gegenstand ständiger Freude und Benutzung gewesen sei. Hiezu muß der Vollständigkeit halber und weil es gar nichts zu bemänteln gibt, bemerkt werden, daß das Buch ... eine Reihe Handschriften mit feuchtseligen Bleistiftbemerkungen wie 'Vivat Kneipe' ... aufweist.

Nun ist es nichts Neues, daß Friedrich Engels einem guten Tropfen zur rechten Stunde keineswegs abgeneigt war. Überdies wissen wir, daß er in seinen jungen Jahren auch hier und da recht kräftig eins über den Durst zu trinken verstand. Er war in dieser Hinsicht ein echter Deutscher, und er war es – wüßten wir's nicht ohnehin, so könnten wir es aus diesem Liederbuch erfahren! – auch sonst. Zum Beispiel was den Gesang angeht, den Engels über alle Maßen liebte. Er sang gern, laut und unsagbar falsch. Louise Freyberger erzählt zum Beispiel, daß er noch in seinen letzten Lebensjahren partout seinem Kanarienvogel, den er auf der Hand vor sich her trug, das 'Gaudeamus igitur' beibringen wollte. Es gelang nicht, weil der Vogel musikalischer war als sein Lehrmeister ... "[95]

Der Emigrant und Kommunist Walther Victor deutet also an, in welch hervorragender Tradition Engels hinsichtlich seiner vagantisch-studentischen Trinkkultur stand. Aber auch Victor Adler, der Gründer der österreichischen Sozialdemokratie, steht in dieser Tradition der Trinkkultur und des Biergenusses, mit der sich auch bei ihm ein sozialkritisches Element verbindet. Schließlich war Adler ebenfalls farbentragender Burschenschafter. Später hat sich Adler zwar kritisch – ganz im Sinne der Sozialdemokratie – über den Alkoholkonsum geäußert, aber es

---

[95] Vgl.: G. Steiger u. H. J. Ludwig, Gaudeamus Igitur. Laßt uns fröhlich sein. Leipzig 1986, S. 115f

klingt bei ihm immer wieder durch, daß das Biertrinken für ihn eine wichtige Sache ist. Dies wird auch in einer Erzählung von Alfred Magaziner offenbar: “Als Schacherl [der Sekretär Victor Adlers] wieder einmal einen Artikel Adlers stenographisch festhalten sollte, hatte Adler, der aus seiner Studentenzeit das Getränk gewöhnt war, Bier kommen lassen. Für sich und den Sekretär. Schacherl weigerte sich, zu trinken. Worauf Adler fragte: ‚Warum wollen Sie das Bier nicht? Haben Sie Tripper?‘ ‚Nein‘, antwortete Schacherl, ‚ich bin abstinent.‘ ‚Also Tripper im Hirn‘, antwortete Adler trocken und begann sein Bier zu trinken.”

Die Trinkkultur als Vermächtnis der Vaganten

Mit obigen Hinweisen auf bemerkenswerte Männer, denen man einen lockeren Bezug zum Alkohol vielleicht nicht zutrauen würde, will ich andeuten, daß rituelles Trinken in einem gewissen Maß auch für den Intellektuellen von Wichtigkeit sein kann. Hier treffen sich diese Leute mit den Vaganten des Mittelalters, die gebildet und weltbürgerlich waren und für die gemeinschaftliches Trinken und auch die Freude am Bier und an der Liebe zum Leben gehörten. Gerade für die Studenten des vorigen Jahrhunderts waren die alten fahrenden Scholaren noch immer ein echtes Vorbild.

Zu denjenigen, die an der Kultur der Fahrenden Gefallen fanden, gehörte auch Hoffmann von Fallersleben, der Dichter des “Deutschlandliedes”, welches leider für imperialistische Zwecke mißbraucht worden ist, aber als demokratisch-republikanisches Gedicht und Trinklied gedacht war. Von ihm stammt der Satz: “So ist es gut, so ist es recht, niemandes Herrn, niemandes Knecht!” Interessant ist dieser Mann für uns, weil er bei seinen Wanderungen durch Deutschland sehr enge Kontakte zu fahrenden Ganoven und “Spitzbuben” pflegte. Er ließ sich von ihnen inspirieren und dichtete in der Gaunersprache. Im “Weimarischen Jahrbuch" von 1853 veröffentlichte Hoffmann von Fallersleben ein von ihm selbst verfaßtes Trinklied in Rotwelsch, also in der alten Sprache der Gauner. Es heißt in diesem Lied:

"Keris her! Jetzt laßt uns schwadern
Um den Funkert in der Schwärz
Keris ströme durch die Adern
Und voll Keris sei das Herz!
Keris her! und laßt sie schlafen,
Schreiling, Mussen, Sonz und Hauz!
Keris her! wir wollen bafen.
Weckt uns doch kein Holderkauz."

"Wein her! Jetzt laßt uns saufen
Um das Feuer in der Nacht!
Wein ströme durch die Adern
Und voll Wein sei das Herz!
Wein her! und laßt sie schlafen,
Kind, Frauen, Edelmann und Bauer.
Wein her! wir wollen zechen,
Weckt uns doch keine Eule."

In diesen Zeilen zeigt Hoffmann von Fallersleben, daß ein vagantischer Umtrunk vor einem nächtlichen Holzfeuer besonderen Reiz hat und für die Beziehungen zwischen Menschen wichtig sein kann. Ich meine, dies will ich auch mit meiner Radtour kundtun, es wäre von Vorteil, wenn vagantischer Geist unser modernes Denken streckenweise bestimmte. Das Vagantentum kann auch ein geistiges sein, wesentlich ist ihm in jedem Fall die Offenheit gegenüber Neuem und fremden Kulturen, aber auch unstillbare Neugierde. Diese Eigenschaft kennzeichnet auch den wahren Forscher, der nicht zur Ruhe kommt und seine Grenzen dauernd erweitert. Und das ist eben das Faszinierende der Wissenschaft, daß sie dauernd an Grenzen stößt, aber in ihrem eigentlichen Wesen grenzenlos ist. Im vagantischen Geist dichtete auch Schiller aus voller Seele:

> "Brüder [und Schwestern], fliegt von euren Sitzen,
> wenn der volle Römer kreist;
> laßt den Schaum zum Himmel spritzen:
> dieses Glas dem guten Geist!
> ... Wahrheit gegen Freund und Feind,
> Männerstolz [Frauenstolz] vor Königsthronen
> ... Rettung von Tyrannenketten,
> Großmut auch dem Bösewicht,
> Hoffnung auf den Sterbebetten,
> Gnade auf dem Hochgericht!
> Auch die Toten sollen leben!
> Brüder [und Schwestern] trinkt und stimmet ein: Allen Sündern soll vergeben und die Hölle nicht mehr sein!"

*

Ich sitze mit Viktor noch bei einem Glas Wein, spreche mit ihm über den Kosmopolitismus der alten Vaganten, zu denen ich mich als Radfahrer zähle, und singe leise: "Bin ein fahrender Gesell, kenne keine Sorgen. Labt mich heut der Felsenquell, ist es Rheinwein morgen!" Viktor lächelt.

Zwischen Hausrück und Attersee: Gefährliche Bücher

Passau, Hausruck, Piesenham, Attersee
Die "gefährlichen" Wahrheiten der Bücher
Die Würde des Briefes als Überwinder von Grenzen

Am Morgen unternimmt Viktor mit mir einen Spaziergang entlang und über die österreichisch-deutsche Grenze. Sein Haus liegt nicht viel weiter als drei Minuten von den Grenzbalken entfernt. Die Nähe der Grenze kommt ihm sehr gelegen, er erspart sich das teure deutsche Porto, wenn er mit mir oder einem anderen Österreicher korrespondiert: Er gibt die Briefe auf österreichischer Seite auf. Ein schlauer Herr. Der finanzielle Gewinn dieses feinen Unternehmens ist zwar gering, aber es macht Viktor offensichtlich Spaß, die Grenze für sich zu nützen. In gewisser Weise ist auch er ein Schmuggler, allerdings keiner von der verbotenen Art. Als braver, pensionierter Staatsdiener weiß er, daß die Würze des Lebens in den kleinen Dingen liegt, in der gemütlichen Pause zwischen den Verhandlungen, in einem genußvollen Mittagessen oder in einem sonnigen Morgenspaziergang über die Grenze. In der Nähe des Zollhauses zeigt er mir einen Metallkreis, der ca. zehn Zentimeter Durchmesser hat, und stellt fest: "Das ist der Grenzpunkt zwischen Deutschland und Österreich!"

Ich stehe also genau auf dem Grenzpunkt der Vermessungstechniker. Viktor macht mich auf eine interessante Verschiedenheit zwischen Österreich und Deutschland aufmerksam: In Österreich mißt man die Höhe nach dem Meeresniveau, in Deutschland aber nach dem "Normalnull", was sich zwar unwesentlich unterscheidet, aber bei einem Brückenbau an der Grenze, der von Österreichern und Deutschen vorgenommen worden ist, zu Problemen und Fehlergebnissen geführt hat. Gegen zwölf Uhr sind wir wieder bei Viktors Haus. Nun heißt es, Abschied nehmen. Das Wetter ist angenehm, etwas kühl, aber zum Radfahren vorteilhaft. Ich nehme einen Radweg am Inn entlang, verlasse ihn aber bald wieder, denn auf der Bundesstraße komme ich zügiger voran. An Schärding vorbei geht es in Richtung Wels. Der Verkehr ist gering. In Zell an der Pram zweige ich von der Bundesstraße ab und wähle kleine Nebenwege, die durch verschlafene Weiler führen. Es ist das verträumte, vom Fremdenverkehr vollkommen unberührte Hausruckviertel, durch das ich nun ziehe. Eine zauberhafte Gegend, in der sogar Hausschweine bisweilen noch frei herumlaufen. Unser Bibliothekar am Institut, Herr Fröschl, ein Meister der Musik, meint nicht ganz zu unrecht, der Mensch sei es, der das Schwein zur Sau macht. Aber im Hausruckviertel laufen sie frei herum. Das erinnert mich an meine Kindheit. Diese Schweine haben, bevor sie den Weg alles Fleischlichen gehen, zumindest ganz gut gelebt. Dies muß ich als Vegetarier der Ehrlichkeit halber festhalten.

Bei Ramet sehe ich plötzlich eine bescheidene Wegtafel, auf der zu lesen steht: Groß-Piesenham. Ich kenne diesen Ort, ich kenne Piesenham als den Ort, in dem der große oberösterreichische Dichter Franz Stelzhamer, von dem das schöne Gedicht "Hoamatland" stammt, geboren wurde. Auch er war ein Vagabund, mit großer Liebe zum Trunk und zum Dichten. Das alte Haus Stelzhamers befindet sich heute im Besitz der oberösterreichischen Landesregierung und wird von dieser fürsorglich instand gehalten. Eine nette Dame hütet das Haus. Sie zeigt mir das freundliche "Muatastüberl". Hier also lebte Stelzhamers Mutter.

Hier steht noch ihr Bett, und hier saß sie. In seinem "Hoamatland", der oberösterreichischen Hymne, heißt es: "Wenn'st net fort muaßt, so bleib, denn die Hoamat ist enter dei zweit Muataleib." An diesen Zeilen hat mich immer gestört, daß Stelzhamer als Vagabund eigentlich im Widerspruch dazu lebte. Als fröhlicher Herumzieher bleibt man nicht in der Heimat, sondern sucht die Fremde, um den Duft eines anderen Lebens zu atmen. Und wirklich lese ich in einem kleinen Heftchen, das ich hier erstehe, ein Loblied Stelzhamers auf den Wanderstab, den er "Wunderstab" nennt. Um diesen "Wunderstab" drehte sich auch sein Leben. In den Adern des Dichters pulste vagantisches Blut. Geld hatte er nie, dafür Freunde, die ihm eines liehen, ohne es je zurückzubekommen. Erst im Alter erhielt Stelzhamer von der Landesregierung einen Ehrensold, um ohne Sorgen leben zu können. Als Vagant war auch Stelzhamer jemand, der Grenzen übertrat. In einem Innviertler Ort soll man ihn einmal aus einem Gasthaus hinausgeworfen und ihm verboten haben, es je wieder zu betreten. Er rächte sich aber am Gastwirt und den Kleinbürgern des Dorfes, indem er an einen der beiden Türme schrieb: "Vorne ein Turm und hinten ein Turm und in der Mitte lauter Surm [Dumme]!" Von Piesenham nehme ich den Weg in Richtung Frankenburg. Als ich einem Bauern begegne, der gerade auf dem Feld neben der Straße arbeitet, halte ich mein Rad an, um ihn nach dem Weg zu fragen und ein wenig mit ihm zu plaudern. Mich interessiert plötzlich, was der gute Mann von der Politik hält. Er schimpft sofort über eine der Parteien, die einen unglücklichen Wahlkampf geführt und sich dumm benommen hat. Ihr seien "die Rösser durchgegangen", sagt er. Ein schönes altes Wort: die Rösser durchgehen. Wenn jemand sich nicht zu beherrschen weiß, dann gehen ihm die Rösser durch, dann weiß er sich nicht mehr zu bändigen. Heute, so scheint es mir, hört man solche gleichnishaften Wendungen immer seltener. Schade darum! Wie bunt und vielsagend war die Sprache, und wie langweilig nimmt sich dagegen die Redeweise der Wissenschaftler aus. Dem Bauersmann sei Dank, daß er mich dies bemerken ließ. Über Frankenburg geht der Weg weiter. In Frankenburg fand das berühmte "Frankenburger Würfelspiel" von 1625 statt. Von hier nahm der oberösterreichische Bauernkrieg seinen Ausgang, als man die Dorfräte zur Strafe für die Vertreibung katholischer Geistlicher miteinander würfeln ließ. Diejenigen, die eine niedrigere Zahl würfelten, wurden sofort aufgehängt. Dieses Blutgericht auf dem Haushamerfeld erboste die Bauern von Oberösterreich derart, daß sie unter der Führung von Stefan Fadinger den offenen Aufstand gegen die ausbeuterische Kirche und den Adel wagten. 1626 wurde die bäuerliche Revolution brutal niedergeschlagen.

Die "gefährlichen" Wahrheiten der Bücher

Die Protestanten brachten neue Wahrheiten nach Oberösterreich und in die Bergregionen. Sie durchbrachen die Grenzen, die katholische Fürsten erdacht hatten. Im 18. Jahrhundert, im Zeitalter der Gegenreformation, vertrieben die katholischen Habsburger alle Oberösterreicher, die sich weigerten, die protestantische Religion aufzugeben. Diese ließen sich nicht "katholisch machen" und nahmen es auf sich, nach Siebenbürgen, Ostpreußen oder sonstwohin auszuwandern. In Ramsau bei Schladming haben sich die Protestanten allerdings bis heute gehalten. Sie wußten sich geschickt anzupassen. Ihre Religion lebte im Untergrund, und sie lasen die Luther-Bibel, also die von Luther übersetzte deutschsprachige Bibel. Dies lief jedoch den Absichten der katholischen Seite zuwider, welche den Leuten verwehren wollte, die Bibel selbst auszulegen, wie es in den Bauernkriegen geschehen war, als man sich darauf berief, daß Christus gebot: Du sollst deinen Nächsten lieben. Dieses Gebot stand im Widerspruch zur Praxis der ausbeuterischen Grundherren. Deshalb war die deutsche Bibel also verboten. Geschickte Schmuggler brachten sie aber nach Ramsau, wo sie von den protestantischen Bauern noch heute heilig gehalten wird. Um die Bibel vor den katholischen Häschern zu verbergen, riß man die erste Seite mit dem Namen Luthers einfach heraus. Die Häscher, die oft nur den Namen "Luther" lesen konnten, wurden auf diese Weise getäuscht. Der Steig, auf dem die deutschen Bibeln von Gosau, wohin sie durch deutsche Bergleute gelangt waren, nach Ramsau geschmuggelt wurden, heißt heute noch Bibelsteig. Zur Erinnerung an die Zeit der Gegenreformation marschieren jedes Jahr einige wackere Ramsauer über diesen Bibelsteig.

Die Gegend des Hausrucks erinnert also an die Kämpfe der protestantischen Bauern, denen man schließlich die "Wahrheit" des alten Glaubens und der alten Ordnung aufzwang. Die Bauern wollten die Grenzen sprengen, die ihnen die katholische Kirche und der Adel auferlegt hatten.

Ich radle weiter, nach Schörfling am Attersee. Im Hotel "Post" nehme ich mir ein Zimmer. Ich esse etwas und besuche dann einen mir bekannten Schörflinger Arzt, den ich vom Studium in Wien her kenne. Er empfängt mich freundlich. Es sind noch zwei andere Herren und die Lebensgefährtin des Mannes anwesend. Er war schon zweimal verheiratet, und verlobt war er auch schon. Er ist stolz auf diese Erfahrungen. Nur verwitwet sei er noch nicht gewesen, meint er. Der Mann kennt sich aus! Wir trinken guten Wein und essen würzigen Käse, freuen uns, miteinander zechen zu dürfen, und loben das Radfahren als eine Weiterführung vagantischer Lebensweise. Mein freundlicher Gastgeber trinkt den Wein gemischt, denn als Arzt, der an diesem Tag Bereitschaftsdienst hat, muß er einen klaren Kopf bewahren. Dies veranlaßt mich, von den alten Römern zu erzählen, die ihren Wein stets gemischt tranken. Ungemischt genoß ihn der Barbar. In den alten Situlen, den großen eimerförmigen Behältern mit wunderbaren Darstellungen des römischen Alltags, mengte der Römer seinen Wein mit Wasser. Die Situlen wurden vornehmlich im 8. Jahrhundert geschaffen, in einer Zeit, in der sich die indoeuropäischen Ansiedler über die Halbinsel Italien zerstreuten, um dort ihre Wohnsitze aufzuschlagen. Damals schlug die Geburtsstunde des mächtigen Rom, die Illyrer verbreiteten sich südlich der Donau, und in Hallstatt trafen die Kulturen des Nordens und Südens aufeinander. In den Situlen finden sich griechische Elemente ebenso wie etruskische. Berühmt sind jene Darstellungen auf den Bronzeeimern, die einen bunten Einblick in das Leben der damaligen feinen Leute geben. Man sieht Zecher, Boxsportler, Pferdeführer, noble Krieger und allerlei mystisches Getier.[96] In solch wundervollen Gefäßen mischten die Römer also ihren Wein. Interessant ist, dies füge ich kühn hinzu, daß unser Wort "Seidel", das Bierseidel, sich etymologisch vom Wort Situla ableitet. Obwohl der Größenunterschied ein enormer ist – die alten Situlen faßten an die 25 Liter, die heutigen Seideln nur 0,3 Liter –, gedenke ich gerne, wenn ich mein Bierseidel leere, der alten Situlen. Mein Gastgeber hört mir staunend zu, und seine Hochachtung vor mir steigt, als ich ihm erzähle, daß auch Goethe seinen Wein nur gemischt getrunken hat. Als der große Meister einmal im Gasthaus saß und wieder seinen Wein mischte, da zechten am Nebentisch einige Studenten, die Goethe nicht erkannten und sich über seine Art, den Wein zu trinken, belustigten. Goethe merkte dies, schrieb etwas auf einen Zettel und schob diesen Brief den Studenten zu. Die staunenden Studiosi lasen: "Wasser alleine macht stumm, das beweisen im Wasser die Fische. Wein alleine macht dumm, das beweisen die Herren am Tische. Doch, weil ich keines von beiden will sein, mische ich Wasser und Wein." Die Studenten wußten nun, wen sie verlacht hatten, und verneigten sich vor dem Dichterfürsten.

---

[96] Dazu näher: J. Kastelic, Situlenkunst. Wien 1964

Die Würde des Briefes als Überwinder von Grenzen

Auch Briefe können Gedanken, Informationen und Wissen über Grenzen tragen und in Gebiete einbringen, in denen sie Neues und sogar Revolutionäres bewirken. Darum hüten sich Machthaber, die ein strenges Regime führen, Briefe aus dem Ausland unkontrolliert passieren zu lassen. Sie schaffen Zensurstellen, in denen Spezialisten peinlich genau darauf achten, daß nur unverfängliche Briefe weitergegeben werden. Ähnlich ist es auch in den Gefängnissen. Zensurbeamte geben sich Mühe, Briefe an Gefangene und von Gefangenen zu studieren, offensichtlich um zu verhindern, daß unangenehme Dinge aus dem Gefängnisleben an die Öffentlichkeit dringen oder daß die Gefangenen über Dinge informiert werden, die sie besser nicht wissen sollen.

Der Brief überschreitet also Grenzen. Einen Brief, der von Hand und mit Füllfeder geschrieben ist, umgibt ein eigener Zauber. Natürlich lassen sich Briefe mit der Maschine oder dem Computer in kürzerer Zeit schreiben, und sie können ohne viel Mühe entziffert werden, aber es haftet ihnen das Odium des Unpersönlichen an. Es ist berechtigt, solche Instrumente einzusetzen – sie haben sogar einen Anspruch darauf –, wenn ich mit Polizisten wegen eines mir als Radfahrer kleinmütig erteilten Strafmandates oder mit wenig freundlichen Kollegen korrespondiere. Aber beide, Schreibmaschine und Computer, schaffen eine mitunter große Distanz zwischen dem Schreibenden und dem Buchstaben und auch eine solche zwischen dem Schreibenden und dem Adressaten. Das maschinell Geschriebene oder Ausgedruckte ist nur schwer mit der Wesensart des Schreibenden zu verbinden, es ist seinem Charakter irgendwie fremd. Mit der Maschine hat keiner mehr seine eigene Schrift, jeder Buchstabe ist nur geliehen. Dieser Unterschied ist nicht bedeutungslos. Der von Hand geschriebene Buchstabe bezeichnet den Menschen, er steht in geheimnisvoller, tiefer Beziehung zu dessen persönlichen Charakterzügen. Man kann einiges daraus entnehmen, wenn auch vielleicht nicht das, was Graphologen herauslesen wollen. Dennoch verweisen die Buchstaben auf die Persönlichkeit des Menschen, der sich die Mühe macht, zur Feder zu greifen und das weiße Papier mit Buchstaben zu füllen.

Der Griff zur Füllfeder beim Briefschreiben erhöht die Heiligkeit der Handlung. Die Füllfeder hat Tradition, sie verweist mit dem Wort "Feder" auf die alte Kultur des Schreibens, auf die Kultur adeliger Sekretäre und sich abmühender Schriftsteller. Neben der Feder hat auch die Tinte ihre Bedeutung. Sie wurde geradezu zum Symbol desjenigen, der sich dem Schreiben hingab. Kein Wunder, daß ein spanischer Traktatschreiber einmal meinte, es sei wichtig, Tinte von solcher Qualität herzustellen, daß sie wie ein Degen funkle.[97]

Die Maschine – als Schreibmaschine und Computer – zerstört das Menschliche des Briefschreibens und negiert das Geheimnis von Tinte und Feder, durch die ich meine Persönlichkeit ausdrücke und vermittle.

Es scheint mir an der Zeit, die Menschen zu drängen, sich Muße zu nehmen für einen Brief, für die klassische und aufregendste Form der Kontaktvermittlung. Der Brief ist nämlich mehr als miteinander zu sprechen, er schafft eine Beziehung zwischen Seelen. Der Briefschreiber kann die Buntheit seiner Gedanken ausformulieren, er braucht keine Angst zu haben, in seinem Gedankenfluß durch eine Gegenrede unterbrochen zu werden. Er hat die Zeit, sich mit seinem Gegenüber auseinanderzusetzen, er kann prüfen, ob die Worte auch für den Freund, die Freundin oder sonst jemandem, an den er sich wendet, angemessen sind. Briefschreiben bedeutet, sich Zeit zu nehmen, zu denken und sich in andere Welten zu versetzen, aber auch in die eigenen Tiefen hinabzusteigen. Hierin liegen das Spannende und

[97] Vgl.: P. Salinas, Verteidigung des Briefes.

die Schönheit des Briefschreibens. Der Brief verbindet darüber hinaus mit der Welt, er ist auch Symbol des Vagantentums, indem er dem Herumziehenden die Möglichkeit gibt, Kontakte zu den Zurückbleibenden zu halten.

Bad Aussee: Männerbünde

Attersee, Bad Aussee
Feine Leute und Männerbünde
Die feinen Wiener Philharmoniker
Der Männerbund der Jäger
Die noble männliche Betätigung der Jagd
Die Problematik der Männerbünde

Der letzte Tag meiner Radtour bricht an. Ich bezahle im Hotel. Heute begegnet man mir etwas freundlicher. Gestern sah man offensichtlich in mir noch den Vaganten, den mit dem Rad herumziehenden Altburschen. Das ist mein Problem als Radfahrer. Einerseits behagt es mir, im Stile eines alten Landstreichers zu reisen, doch andererseits berührt es mich unangenehm, wenn ich von den Hotelleuten als ein solcher behandelt werde. Daher bemühe ich mich, wenn ich um ein Zimmer frage, zumindest für den Moment den seriösen Eindruck eines Mannes zu erwecken, der das Fahrrad nur zum Hobby benützt, aber ansonsten ein guter Bürger ist.

Gegen elf Uhr besteige ich mein Rad und ziehe fort. Es regnet wieder leicht, die Straße dampft. Entlang des Attersees führt mein Weg, durch die Weissenbachklamm nach Bad Ischl, weiter nach Goisern und dann im steten Regen bergauf. Der gute alte Pötschen bereitet mir einige Mühe. Ich bin durchweicht, ich spüre die Nässe nicht nur auf der Haut, sondern auch im Inneren.

Dann geht es hinunter nach Bad Aussee. Der Regen peitscht mir ins Gesicht. In Bad Aussee, dem Ausgangsort meiner Wanderschaft, wo sich nun der Kreis schließt, nehme ich den Zug nach Stainach-Irdning.

Vom Bahnhof Stainach-Irdning radle ich nach Irdning. Feine Leute jeder Art gibt es hier im Salzkammergut. Alte Gräfinnen, pensionierte Offiziere, reiche Primarärzte, wortgewaltige Rechtsanwälte, Fernsehjournalisten, Wirtschaftsmanager und noble Wiener demonstrieren vor allem in Bad Aussee und Altaussee, dem Geburtsort meiner feinen Frau Gemahlin, angetan mit prächtiger Tracht, schöne Vornehmheit – übrigens ist auch mein Schwager, ein liebenswürdiger Herr mit gamslederner Hose und Freund der Eisstockschützen, ein feiner Herr. Im Männerbund der Eisstockschützen findet er im freundschaftlichen Gespräch und beim klirrenden Schnaps seine Freunde und genießt es, wenn seine Frau, meine Schwester, in liebenswürdiger Distanz zu ihm verweilt.

Feine Leute und Männerbünde

In den Dörfern des Salzkammergutes, die ich gut zu kennen glaube, sind die Männerbündler und die feinen Leute zu Hause. Charakteristisch für sie sind eine Vielzahl von Ritualen, vor allem von Trinkritualen, und Symbolen. [98] Männerbünde sind, wie die völkerkundliche Literatur belegt, universell, über die ganze Welt und in allen Kulturen verbreitet, sowohl bei den "primitiven" australischen Eingeborenen als auch in modernen Hochkulturen. [99] Ein Autor vertritt übrigens die Meinung, Männerbünde existierten primär nicht in "männer-, sondern in frauenzen-

---

98 Näheres vgl.: R. Girtler, Die feinen Leute.

99 W. Lipp, Männerbünde, Frauen und Charisma – Geschlechterdrama im Kulturprozeß. In: Männerbande, Männerbünde. 1. Bd. Köln 1990, S. 34

trierten" Kulturen,[100] d. h. also, daß es vor allem mutterrechtliche Gesellschaften sind, die Männerbünde hervorbrachten und -bringen. Gewisse Typen von Männerbünden entstünden als Reaktion auf mutterrechtliche Tendenzen. So zeigte sich bei den Irokesen, jenen Indianerstämmen im Nordosten Nordamerikas, die schon in klassischer Zeit die Aufmerksamkeit auf sich zogen, daß Männerbünde in dieser auf Hackbau beruhenden, hauswirtschaftlich von Frauen verwalteten Kultur einen durchaus wichtigen Faktor bildeten.[101] Männerbünde erscheinen damit als eine Art Rückzugsgebiet, um von dort her Macht, Einfluß und Respekt zu erarbeiten bzw. zu erkämpfen.

Zu den Symbolen solcher Männerbünde gehören ein bestimmtes Geheimwissen, die Beschränkung der Zugehörigkeit auf "würdige" Personen sowie Mythen, mit denen man die Heiligkeit des Männerbundes betont oder erklärt, warum z. B. Frauen der Zugang verwehrt wird.

Männerbünde vermögen demnach ihre Bedeutsamkeit zunächst durch ein spezifisches Wissen oder durch eine okkult anmutende Fertigkeit zu verdeutlichen, wie z. B. die alten Handwerkerzünfte.

Bei den australischen Eingeborenen erfolgt die Aufnahme von jungen Leuten in den Kreis der Männer nach einer entsprechenden Prüfung, nach Erschwernissen, die das künftige Mitglied auf sich zu nehmen hat, z. B. geheime Zeremonien, die mit Musik oder bloß mit Lärm verknüpft sind. Ebenso ertönen "Trompeten", während die jungen Männer in die diversen Wissensbestände eingeführt werden. Streng wird den Knaben dabei aufgetragen, nicht mit Frauen zu sprechen, denn die Frauen dürften auf keinen Fall ihre Zähne sehen, "weil die alten Männer

---

100 Th. Schweizer. Männerbünde und ihr kultureller Kontext im weltweiten interkulturellen Vergleich. In: Männerbande, Männerbünde, S. 29

101 Ebd.

dies gesagt haben". [102] Dem jungen Mitglied wird auch befohlen: "Halte dich nicht bei Mädchen auf und rufe ihnen keine schlechten Worte nach. Sonst wird man sagen: Er spielt immer mit Mädchen."

Dem Neuling wird also klargemacht, daß er jetzt einer Welt der Männer angehört, für die eine charakteristische Ehre wichtig ist. Dazu gehört eine gebührende Achtung vor der Frau – so wenn der Ritter seiner Dame den Hof macht oder ein nobles Orchester einer herrlichen Sängerin dezent applaudiert –, andererseits aber auch eine gehörige Distanz zu ihr. Wesentlich erscheint jedoch für denjenigen, der einem Männerbund angehören will, zu sein, daß man von ihm verlangt, sich mit der Gruppe der Männer zu identifizieren und Distanz zur Frauenwelt einzunehmen.

Die feinen Wiener Philharmoniker

Bei den australischen Aborigines gehört das Wissen von der "Musik" des Schwirrholzes zum heiligen Wissen des Männerbundes. Durch schnelles Drehen des Holzes entsteht ein eigentümlicher Klang, der angeblich die Stimme der Götter ausdrücken soll, die zu verstehen den Angehörigen des Männerbundes vorbehalten ist.

Dies erinnert an die Zeremonie der Wiener Philharmoniker bei der Aufnahme eines neuen Mitgliedes. Man ist sich bewußt, daß es eine besonders edle und heiligmäßige Musik ist, die man spielt. Sie hat etwas mit Tradition zu tun – darauf verweist das feine Beharren auf bestimmten alten Instrumenten –, aber auch damit, daß diese spezielle, für den Philharmoniker typische Kunst des Musizierens mit dem Mantel des Exquisiten, daher auch des Geheimnisvollen, umgeben wird. Für den

[102] B. Spencer, The Native Tribes of the Northern Territory of Australia. London 1914

normalen Menschen ist es nicht so einfach, diesen Mantel zu heben. Ein interessantes Ritual der Aufnahmeprüfung, welches nur den Fähigsten den Zutritt in die heilige Welt der Philharmoniker ermöglicht, zeigt sich hier: Zuerst wird vorsorglich darauf geachtet, daß keine Frau unter den Bewerbern ist. Das Probespiel findet im Gobelinsaal der Staatsoper statt. Durch eine spanische Wand wird dieser Saal in zwei Hälften geteilt. Auf der einen Seite sitzt die aus 25 Philharmonikern bestehende Jury, auf der anderen versucht sich der Kandidat als jemand, der die Geheimnisse der Musik kennt oder dabei ist, sie kennenzulernen. Der Jury sind die Namen der Kandidaten unbekannt, wodurch das Vorspiel zu einer anscheinend objektiven, aber auch okkulten und magischen Angelegenheit wird. Die Kandidaten musizieren in einigen Durchgängen. Nach dem ersten Durchgang bleiben die Besten übrig. Die Jury vergibt Punkte, und vor dem letzten Durchgang wird die Wand beiseite geschoben. Nun will man sehen, welche Figur der Proband bei seinem Spiel macht. Ein solches besonderes Ritual der Aufnahme – hier die Zeremonie des Vorspiels hinter der spanischen Wand – findet sich in allen Männerbünden. So kann man nur Mitglied in einem bestimmten noblen Wiener Männerclub werden, wenn man eine gewisse Lebensform, also ein besonderes Wissen von der Art höfischen Benehmens, tradiert und – dies ist das wichtigste – die anderen Mitglieder insgesamt sich mit dem Kandidaten und dessen Lebensführung kongenial sehen. Auch hier kommt es zu einer Art ritueller Prüfung des Eintretenden.[103]

Wichtig ist dabei immer die Distanz zur Frau. Diese wird den Mitgliedern im Männerbund stets bewußt gemacht. Die Frau wird als gefährlich für das Gruppenleben interpretiert. Man argumentiert damit, die Anziehungskraft der Frauen auf die Männer würde deren Solidarität schwächen, und außerdem wirke se-

---

[103] Vgl. dazu: R. Girtler, Die feinen Leute.

xueller Verkehr mit Frauen verunreinigend.[104] Die Wiener Philharmoniker verweisen darüber hinaus darauf, daß Musik "schon immer" eine Domäne der Männer gewesen sei, und schließlich meinten einige Herren dieses Orchesters auf eine diesbezügliche Frage, es sei "nachgewiesen", daß je höher der Status des Orchesters sei, um so kleiner sei der Anteil der Frauen darin, denn Frauen seien der Anstrengung eines aufrechten Musikers nicht gewachsen, und sie würden ganz allgemein "stören".[105]

Ins Treffen werden auch ästhetische Gründe geführt, um den Männerbund der Philharmoniker zu rechtfertigen: "Es sieht nicht gut aus, wenn eine Frau ein Blechblasinstrument spielt, sie schleckt die Lippen ab, sie arbeitet mit den Lippen, schüttet Speichel aus dem Instrument." Der feine Männerbund der musizierenden Philharmoniker führt genauso starre Argumente gegen die Anwesenheit von Frauen an, wie es bestimmte kriminelle Gruppen tun, die es z. B. nicht dulden, daß Frauen beim verbotenen Glücksspiel anwesend sind.

Der Männerbund der Jäger

Die Jagd ist grundsätzlich, wie die Völkerkunde zeigt, in allen Kulturen – vielleicht mit wenigen Ausnahmen – eine Domäne des Mannes. Als Jäger genießt er hohes Ansehen und kann zum Helden werden, er beschafft Nahrung und schützt die Seinen vor wilden Tieren.

In den Jägerkulturen haben sich Rituale entwickelt, die dazu dienen, das Tier zu achten, die aber auch die Versorgung der Stammesangehörigen sichern sollen. So verfügen die australischen Eingeborenen über spezifische Regeln, wann, wo und wie ein Känguruh getötet werden darf. Ist ein Australier alleine unterwegs und erlegt er dabei ein Känguruh, so ist es seine Pflicht,

---

[104] Ebd., S. 283

[105] Darüber habe ich eine kleine Studie in "freier Feldforschung" versucht.

bestimmte Teile des Tieres, wie Oberschenkel usw., in das Lager zu bringen, um diese den Alten und Frauen zu überlassen. Tut er dies nicht, so drohen ihm Strafen durch die Gottheit (Impotenz, Krankheit u. a.).

Auch in den sogenannten "primitiven" Jägerstämmen, wie demjenigen der Ituri-Pygmäen, herrscht eine Begeisterung für die Jagd, die alle Männer teilen. Den Ituri-Pygmäen sagt man darüber hinaus nach, sie seien Meister im Anpirschen. Ein Afrikaforscher schreibt über sie: "Bei der Erinnerung an die Jagd glühen die wilden dunklen Pygmäenaugen auf... Jagd ist des Pygmäen einziger Traum eines glücklichen Daseins." [106] In den Tänzen der Pygmäen wird die Jagd mimisch wiedergegeben, wie in den anderen archaischen Kulturen, deren Männer allesamt kühne und gewitzte Jäger waren. Über die Weddas in Südostasien wird erzählt, ihre Kunst, sich an Tiere anzuschleichen, sei derartig perfekt, daß die Singhalesen meinen, vor den Weddas flüchte das Wild nicht. [107] Alte, in diesen Stammeskulturen angelegte Jagdrituale und Jagdmotive gibt es auch in der modernen Jagd. Die Jagd war und ist Sache des vornehmen und freien Mannes. Bereits Horaz erzählt davon, und nach altem germanischem Recht durfte jeder freie Bauer der Jagdlust frönen.

Neben dem noblen Jäger gibt es den Typus des Berufsjägers, dessen vornehmliche Pflicht wohl darin besteht, das Wild für einen Jagdherrn zu hegen und dieses ihm und seinen Gästen zum Abschuß "vorzuführen". Erst durch den Berufsjäger war und ist es den noblen Herren möglich, Wild zu erlegen. Dem Berufsjäger obliegen die Vorbereitung und die Durchführung der Jagd, aber es ist auch seine Pflicht, den Jagdgast vor Schäden und Unfällen zu bewahren.

---

[106] Zit. nach: W. Schmidt u. W. Koppers, Der Mensch aller Zeiten. Regensburg 1924, S. 408

[107] Ebd., S. 409

Die noble männliche Betätigung der Jagd

Die Freude an der Jagd und an dem Erlegen des Wildes als Symbol des kühnen Mannes mischt sich mit edlem Handeln.

Der moderne Jäger knüpft damit an alte, archaische Lebensweisen an, die noch Heldentaten kannten. Auch für die modernen noblen Menschen, von denen es immer mehr gibt (nicht zuletzt infolge des Überangebotes an Freizeit), ist, wie Veblen vermerkt, die alte heldenhafte Tradition der Jagd als eine besonders extravagante sportliche Betätigung offenbar wichtig. [108]

Es fällt zum Beispiel auf, so meint der Autor, daß selbst gutartige und nüchterne Männer beim Jagen eine Unmenge von Waffen und Zubehör mit sich herumtragen, um sich selbst von der Ernsthaftigkeit ihres Unternehmens zu überzeugen. Wenn solche Jäger zum Angriff auf das Wild übergehen, so bedienen sie sich gerne einer Art theatralischen Paradegangs, und wenn sie im Hinterhalt liegen, so führen sie äußerst komplizierte und übertriebene Bewegungen aus, welche offenbar zum Ritual der Heldentat gehören. Es gibt Jäger, die daneben auch noch großes Interesse an noblem Umgang haben, vor allem mit Leuten, mit denen man Geschäfte abschließen kann. Sie sind vorwiegend in Jagdvereinen organisiert, die bisweilen Ähnlichkeiten zu diversen Stammesverbänden der Indianer aufweisen. Diesem Typus sind auch jene Jäger aus den Ministerien zuzuordnen, für die die Jagd ein politisches Ritual ist und die bestrebt sind, mit ausländischen Geschäftspartnern zusammenzukommen. Aber auch die Diplomatenjäger gehören hierher. Diese erregen bisweilen öffentliches Aufsehen, so z. B. als 1976 der österreichische Botschafter Alexander Otto bei einer Jagd seinen französischen Kollegen Pierre Sebilleau, den Doyen des Diplomatischen Corps, erschoß. Ebenso wird berichtet, daß in Deutschland ein Diplomat einen Forstbeamten aus 40 Schritt Entfernung getroffen ha-

[108] Vgl.: Th. Velben, Theorie der feinen Leute, S. 245

be. Der Forstbeamte überlebte, konnte aber monatelang nur mit einem Stock gehen. Der deutsche Bundespräsident Heuss, der als Gastgeber bei vielen Diplomatenjagden anwesend war, aber offensichtlich keinen besonderen Gefallen daran fand, schrieb in seinen Tagebuchbriefen: "Jägerei ist eine Nebenform von menschlicher Geisteskrankheit, von der ich nie befallen war. Auch Diplomaten und deutsche Staatsmänner sind dafür anfällig. Es ist ein Politikum nicht ohne Reiz." Und Konrad Adenauer soll gesagt haben: "Jäger sind faule Menschen." Soweit einige Gedanken zum politischen Jäger.

Charakteristisch für die Kultur der Jäger sind nicht nur gewisse Rituale, wie das Zutrinken mit der linken Hand, sondern auch eine ganz spezielle, sonderbar anmutende Sprache. Für alle Männerbünde, Subkulturen und andere Gruppen ist eine Sprache typisch, die sie heraushebt von anderen, weniger feinen Gemeinschaften. Um das Töten des Wildes zu einer noblen Tätigkeit zu machen, verwendet der wahre Jäger etwa Ausdrücke, die das Töten umschreiben und es veredeln. So stirbt das Wild nicht, sondern es "fällt", oder es wird nicht verwundet, sondern "angeschweißt". Werden Jagdworte falsch oder gar nicht verwendet, dann wird dies für gewöhnlich rituell geahndet. In einem alten Bericht aus dem Jahre 1856 findet sich ein interessantes Strafritual für den Verbrecher, welches "das Waidmesser schlagen" oder "Pfunde geben" genannt wurde: "Es fand nach geendigten fürstlichen Jagden bei gefälltem Wildvorrat statt. Waren nämlich fremde, des Waidwerks und waidmännischer Art unkundige Cavaliere oder Damen gegenwärtig und ließen sie im Laufe der Rede aus Unerfahrenheit oder Vorwitz unrichtige Benennungen fallen, die den Jagdausdrücken zuwider waren (wozu sie häufig durch verfängliche Fragen gereizt wurden), so mußten sie eine eigentümliche Zeremonie, gewissermaßen eine komische Jägerweihe über sich ergehen lassen. Es war nämlich auf Befehl des jagenden Fürsten der beste Hirsch und zwar mit dem Kopfe und

Gehörn vorwärts gegen die Herrschaft gestreckt, der Verbrecher ohne Rücksicht auf Geschlecht angeklagt und alsbald über den Hirsch gelegt, wobei die in einer Reihe aufgestellte Jägerei zu blasen begann. Darauf zog der Jägermeister seine Waidmesser blank und vollstreckte die Exekution, indem er damit drei Streiche aufs Gesäß [versetzte], bei deren jedem er das übliche Waldgeschrei sprach; beim ersten Ho ho, das ist vor meine gnädigste Herrschaft! Beim anderen: Ho ho, das ist vor Ritter, Reiter und Knecht! Beim dritten: Ho ho, das ist das edle Jägerrecht. Ho ho, juch! Die Jägerei fiel mit ihren Hörnern ein, und die Zeremonie war unter allfertigem Lachen geendigt. Ihr durfte sich niemand entziehen, und sie wurde öfters namentlich gegen Frauen von Fürsten in eigener Person vollzogen, wo dann das Waldgeschrei wegblieb ... "[109]

Die Problematik der Männerbünde

Männerbünde gibt es in allen Kulturen. Sie stellen einerseits Rückzugsräume für wackere Männer dar, die es vorziehen, sich den Ärgernissen des Alltags zu entziehen. Hier haben sie die Möglichkeit, sich als Männer von wahrer Vornehmheit zu präsentieren. Mannbarkeitsrituale machen sicherlich auch Spaß, und der Mann erhält hier deshalb nicht bloß Ansehen, das er woanders vielleicht nicht erwarten darf. Allerdings liegt das große Problem der Männerbünde darin, daß sie Gewalt auf ihre Mitglieder auszuüben vermögen, der sich der einzelne oft nur schwer entziehen kann. Typisch für Männerbünde dürfte eine oft scherzhaft böse Belustigung über die Schwachen der Gruppe und allgemein über Außenstehende sein. Die Gruppe hat ihre Helden und opfert ihnen, aber sie erniedrigt den, der sich erlaubt, von spezifischen Normen abzuweichen. Manche Naturen – zu

---

[109] W. Henkels, Ja, ja, sagte der alte Oberförster. Düsseldorf (ohne Jahr), S. 56f

denen auch ich mich rechne – tun sich daher schwer in Männerbünden, denn diese vermitteln so etwas wie Unfreiheit und das Gefühl der Kontrolle. Besonders kraß ist dies im Männerbund der Mönche.

*

Ich begleite meinen Schwager, den wackeren Arzt von Irdning, in ein Dorfgasthaus, wo wir uns zu anderen tüchtig trinkenden Männern an einen alten eichenen Tisch setzen und kühles Bier bestellen. Auf Wunsch erzähle ich in dieser Männerrunde von meiner Radtour, von den schönen Tagen an den Grenzen. Man wundert sich über meine Ideen und trinkt mir zögernd zu. Irgendwie spüre ich eine Grenze an diesem Stammtisch. Ich bin der Fremde, noch dazu ein Radfahrer. Aber mein Schwager, der Arzt, scherzt und macht seine Witze mit mir, der ich angeblich nicht viel vertrage. Er hat recht. Bald spüre ich wohlig das Bier. Freudvoll erinnere ich mich der Tour, bis die anderen aufstehen und gehen. Der Männerbund löst sich auf, ich gehe schlafen.

Salzkammergut: Romantik der Straße

Ruhe von den Grenzen im Salzkammergut
Die "alte" Straße und die Autofahrer
Die Poesie der Landstraße
Straßenverkäufer, Flaneure und fahrendes Volk
Die Romantik der Straße:
"Dem Fahrrad eine Gasse!"

Ich denke zurück an die Tage der Radtour, die mich über hohe Pässe, durch noble Gegenden und über Grenzen geführt hat. Über vielerlei habe ich nachgedacht. Die bunte Welt mit ihren listigen Menschen hat mir genügend Stoff dazu gegeben. Der Kulturwissenschaftler hat das Glück, daß der Gegenstand seiner Wissenschaft ihn täglich berührt. Es ist nicht notwendig, in fremde Kontinente zu reisen, um andere Kulturen kennenzulernen. Unsere eigene "Gesellschaft" besteht aus einer Vielzahl von Kulturen, die alle ihre besonderen Grenzen, Überlebenstricks und Vorstellungen haben. Man muß nur schauen können, um dies alles in sich aufzunehmen. Ich glaube, daß gerade der Radfahrer gewisse Eignungen dafür mitbringt, denn er ist gezwungen, wie schon eingangs gesagt, sich mehr als der Autofahrer mit seiner Umwelt zu beschäftigen.

Die "alte" Straße und die Autofahrer

Der Radfahrer ist der Herr der Straße im alten Sinn. Die modernen Autobahnen sind keine wirklichen Straßen mehr. Freundlicherweise nennt man sie auch nicht mehr "Straßen", sondern eben "Bahnen". Der Unterschied zwischen der klassischen Straße und den modernen Autostrecken liegt vor allem darin, daß die Straße Kontakte zwischen Menschen ermöglicht hat, daß sich der Mensch auf der Straße und den öffentlichen Plätzen, die Teil der Straße sind, präsentieren konnte, ganz im Sinne seines Triebes als "animal ambitiosum", und daß die Straße von Dorf zu Dorf und Haus zu Haus führte. Auf den Autobahnen hat sich der Kontakt zwischen den Menschen auf ein Minimum reduziert, wobei das gegenseitige Mißachten Vorfahrt hat, und sie führen von Raststätte zu Raststätte. Die Autofahrer sehen in anderen Autofahrern eher Hindernisse als Menschen, mit denen man Gedanken austauschen kann. Autofahrer erleben einander als Gegner, sie schimpfen über den anderen, zeigen ihm Grimassen und beharren "auf ihrem Recht" des Stärkeren. Letzteres wird dann offenbar, wenn zwei Autofahrer einander auf einer engen Straße begegnen und einer nicht am anderen vorbeifahren kann, ohne daß er die Freundlichkeit aufbringt, einige Meter zurückzufahren. Solche Situationen enden nicht selten in wüsten Beschimpfungen. Ganz anders sieht es aus, wenn einander zwei Fußgänger an einer engen Stelle begegnen. Für gewöhnlich überhäufen sie einander mit Höflichkeit und beteuern, dem anderen den Vortritt lassen zu wollen. Jedenfalls aber grüßen sie einander. Besonders deutlich wird dies bei Bergwanderern, die einander in großer Einsamkeit treffen. Und auch Radfahrer, die auf Tour sind, neigen dazu, einen anderen Tourenfahrer freundlichst zu respektieren.

Die Poesie der Landstraße

Eine eigene Poesie der Landstraße entwickelte sich. Die erwähnten Lieder des fahrenden Volkes und die Wanderlieder künden davon. Auf der Straße bewegte sich das fahrende Volk, die alten Studenten, Handwerker und Bettler. Die alten Straßen und Plätze waren bei uns bis in die fünfziger Jahre Bereiche, in denen Kinder gefahrlos herumtollen konnten. Man spielte Ball und versteckte sich. Nur selten störte ein Auto den heiteren Zeitvertreib. Damals entwickelte sich auch ein charakteristischer Buben- bzw. Jungen-Typus, nämlich der des "Gassenjungen", von dem anständige Eltern ihre Kinder fernzuhalten suchten. Dieser Gassenjunge kannte die Schliche der Straße. Dort traf er seine Freunde und dort heckte er die diversen Lausbübereien aus. Die Straße wurde zwar als "gefährlicher Feind" der Schuljugend angesehen, und man unternahm einiges – allerdings mit wenig Erfolg –, um Kinder von der Straße fernzuhalten, aber dennoch übte die Straße eine ungeheure Faszination auf den heranwachsenden Jugendlichen aus. Auf der Straße erhielt man Informationen, gab solche weiter und traf Freund oder Freundin. Die jungen Burschen im Dorf waren auf der Straße mit ihren Fahrrädern unterwegs, um einander auf den Hauptplätzen oder den Plätzen vor der Kirche Geschichten zu erzählen und miteinander zu scherzen. Heute sind diese Plätze weitgehend Parkplätze, und sie erinnern nur noch entfernt an die jungen Leute, für die Straßen und Plätze so wichtig waren. Die Straße war auch ein vertrautes Revier für die Kinder. Ich selbst wurde auf der Straße aufgeklärt, dies obwohl meine Eltern Landärzte waren. Und auf der Straße lernte ich allerhand Spiele, die man heute nicht mehr kennt.

Straßenverkäufer, Flaneure und fahrendes Volk

Die Straße aber diente nicht nur dem Spiel der Kinder, sondern sie diente auch den Leuten, die davon lebten, Menschen ihre Dienste direkt und unbürokratisch anzubieten. Dazu gehörten die Scherenschleifer, Schuhputzer, Obstverkäufer, Verkäufer von Kleinkram aller Art wie Schuhbänder, Zündhölzer und weise Bücher, und dazu gehörten auch die öffentlichen Schreiber. Letztere hatten eine wichtige Funktion, solange es noch Leute gab, denen das Schreiben eine ungewohnte und beschwerliche Angelegenheit war. Bauern ließen sich ihre Beschwerden an den Grundherrn schreiben, streitbare Leute ihre Eingaben an Gerichte und ehrsame Mädchen ihre Liebesbriefe. Diese Schreiber waren Künstler, welche die Gedanken ihrer Kunden in schöne Worte zu fassen wußten. Gefühle brachten sie in einer derart weltmännischen Weise zu Papier, daß man ihnen untertänigst dankte.

Die alten Straßen boten Möglichkeiten für solche Kontakte, eben weil sie Menschen zusammenbrachten – heute tun dies Verkaufshallen, Fernsehwerbungen und Zeitungsannoncen. Zu den Plätzen, in denen sie mündeten, zogen Handelsleute, Bettler, Vaganten und Schausteller, kurz: alle, die etwas feilbieten oder Feilgebotenes erwerben wollten. Auf den Straßenplätzen hörte man Musikanten spielen und Eisverkäufer schreien. Dort war Leben. Dort war die Heimat des Flaneurs, des Eckenstehers, der am Asphalt botanisiert und für den die Reklameschilder die Gemäldegalerien ersetzen.[110] Eine wesentliche Funktion hatten Plätze und Straßen für die regelmäßigen Märkte. Während der Marktzeit herrschte ein dichtes Gedränge, Verkäufer und Käufer riefen einander zu, was sie haben wollten oder was sie wofür verlangten, kleine Diebe versuchten ihr Glück, Kinder spielten mit allerhand weggeworfenen Dingen, und manchmal waren auch

---

[110] Vgl.: W. Benjamin, Der Flaneur. In: G. Stein(Hg.), Dandy, Snob, Flaneur. Frankfurt/Main 1985, S. 129f

Bettler unterwegs. Ein altes arabisches Sprichwort sagt: Wenn du traurig bist, so geh auf den Markt! In diesem Spruch liegt viel Wahrheit: Der Markt bietet Zerstreuung, und die Menschen, die man dort trifft, lenken vom Ärger des Alltags ab.

Alle diese Aktivitäten wurden möglich gemacht durch die Öffentlichkeit der Straße. Und diese Öffentlichkeit war nur so lange aufrechtzuerhalten, als man die Straße in einem weiten, menschenfreundlichen Sinn definierte, nämlich als Bühne, auf der das Leben abläuft. Diese Funktion verlor sie in dem Moment, als man sie dem "Fließverkehr" der Autos nutzbar machte. Der Zweck der Straße war damit festgelegt.[111] Das Feilbieten von Diensten und Waren aller Art wurde auf bestimmte Plätze oder in Ghettos abgedrängt. Auch um Schmuggelware zu verkaufen, genügte es früher wohl, auf den Straßen Kontakt zu suchen. Heute haben sich eigene Reviere herausgebildet, in Wien beispielsweise an der Donau, wo Leute aus dem Osten geschmuggelte Waren anbieten. (Allerdings übt die Donau einen eigenen Zauber aus und erinnert an die alten Straßen, zumal sie auch Beziehungen zwischen Kulturen und Menschen herstellt.) Die ersten Ansätze, die Straße ihrem ursprünglichen Zweck zu entfremden, setzten in Europa schon im 18. Jahrhundert ein, als man daranging, das fahrende Volk zu kontrollieren und zu vertreiben. Dies entsprach dem aufkommenden Gefühl für Anständigkeit, welches in den Köpfen der braven Bürger mit einem arbeitsamen Leben verknüpft ist. Die braven Bürger mochten es nicht leiden, daß Vagabunden, Bettler, Gaukler, Bärenführer, Hausierer und anderes Volk das Leben der Straße "verunzierten". Man schuf deshalb entsprechende Gesetze, wie das berühmte österreichische Vagabundagegesetz, welches immerhin bis in die siebziger Jahre dieses Jahrhunderts Bestand hatte und welches alle nicht-

[111] Vgl. dazu den ausgezeichneten Aufsatz von E. Saurer: Straßenöffentlichkeit. In: Die Straße, Aufrisse, 4/1984, S. 26ff

arbeitenden, mittellosen und herumstreunenden Personen in "Arbeitshäuser" verbannte. In den Fußgängerzonen moderner Städte scheinen sich heute Inseln zu bilden, wohin Menschen sich zurückziehen können, um im Wirbel der Einkaufenden ein "anderes" Leben zu führen, als Ausgestoßene, als Drogensüchtige, Arbeitslose und Unglückliche. Diese Menschen sind die Nachkommen des alten fahrenden Volkes, mit dem sie noch immer einiges gemein haben.

Überlebt haben Straßen und öffentliche Plätze bis heute als Bühne für militärische Paraden, für politische Aufmärsche, für prächtige Staatsbesuche, für religiöse Umzüge, für diverse soziale Protestaktionen – und für die wackeren Demonstrationen freundlicher Radfahrer gegen die Flut und Übermacht des Autoverkehrs. Dieser Übermacht haben sich die Städte unterworfen. Sie sind "autogerecht" geworden, mit vielspurigen Stadtautobahnen und häßlichen Parkgaragen, über und unter der Erde.

Der Tanz um das goldene Auto bestimmt menschliches Dasein. Die Straße ist die Arena, auf der die Autofahrer Tag für Tag ihren Kampf gegeneinander sowie gegen Fußgänger und Radfahrer ausfechten. Besonders anschaulich wurde mir dies, als ich einmal als Radfahrer von einer wild und bedrohlich fahrenden Autolenkerin in einem schnittigen, gelben Wagen überholt wurde. Die Dame war meines Erachtens zu schnell unterwegs. Da die Ampel Rot zeigte, mußte sie anhalten. Ich holte sie ein und sagte ihr meine Meinung ob ihrer Fahrweise. Daraus entwickelte sich ein Streitgespräch. Als die Ampel auf Grün schaltete, machte ich – voll des heiligen Zornes – eine abschätzige Mundbewegung. Darauf griff die Dame ins Handschuhfach, zog eine Pistole hervor und richtete sie auf mich. – Ich war überrascht, und da ich mich mit Feuerwaffen nicht auskenne, suchte ich hinter einem in der Nähe parkenden Taxi Deckung. Erst als das Auto mit der gefährlichen Lenkerin verschwunden war, wagte ich wieder aufzutauchen. Das Verhalten dieser Dame dient mir als Beweis für meine These, daß das Autofahren den Menschen verroht.

Übrigens erscheint mir in diesem Zusammenhang noch erwähnenswert, daß kein Gegenstand den Menschen derart an sich bindet wie das Auto. Eine tiefe Symbolik steckt dahinter, nämlich die feste Bindung des Menschen an die Heiligkeit des Autos. Das Auto wird regelrecht zur Person, mit der sich der Mensch voll und ganz zu identifizieren vermag. Dies zeigt sich allein schon darin, daß der wackere Autobesitzer seinem Auto, wenn er von ihm spricht, personalen Charakter verleiht. So sagt er zum Beispiel für gewöhnlich nicht: "Mein Auto steht dort." – sondern: "Ich stehe dort." Oder statt: "Wo steht dein Auto?" heißt es: "Wo stehst du?" Anders der Radfahrer: Für ihn ist das Fahrrad ein liebes Mittel der Fortbewegung, mit dem er sich nicht zu identifizieren braucht. Auch der Reitersmann tat dies nicht mit seinem Pferd. Er wollte klar von diesem differenziert werden. Er schätzte es, ähnlich wie der Radfahrer sein Rad schätzt, aber er war sich durchaus seiner eigenen Würde bewußt. Diese dürfte der Autofahrer preisgegeben haben, indem er mit dem Automobil eine derartige Symbiose eingegangen ist, daß er das Auto über sich selbst stellt, während er als Person hinter dem Auto verschwindet. Das Auto wurde so zum Repräsentanten des Menschen. Durch das Auto kann er sich auf der Straße spektakulär hervortun. Durch eine noble Autonummer, für die man auf dem schwarzen Markt nicht wenig zu bezahlen hat, versucht er außerdem, seine vielleicht klägliche Person zu veredeln.

Grundsätzlich sind daher Leute, die im feinen Auto fahren, gegenüber dem wackeren Radfahrer im Vorteil. Ihnen wird eher zugemutet, Menschen mit Geld und Ansehen zu sein, als dem liebenswürdigen Radfahrer. Dies konnte ich einmal am eigenen Leib erfahren: Ich war um Mitternacht in einer kleinen Gasse, das Rad schiebend, unterwegs. Bekleidet war ich mit Jeans und einem einfachen Pullover. Da hielt plötzlich ein Streifenwagen neben mir. Zwei Polizisten schauten mich aus ihrem Auto heraus streng an, und einer der beiden beschuldigte mich, auf dem Gehsteig uriniert zu haben. Eine kleine Lache würde von meiner Unverschämtheit zeugen. Ich drehte mich um und erblickte tatsächlich das Beweisstück. Da ich wirklich nichts damit zu tun hatte, beteuerte ich auf das heftigste meine Unschuld. Die beiden Polizisten schüttelten den Kopf und verlangten meinen Ausweis. Ich zeigte ihnen nun meinen Universitätsausweis. Beide warfen einen Blick darauf und reichten mir den Ausweis mit den Worten zurück: "Dann waren Sie es nicht!" Darauf verabschiedeten sie sich höflich und fuhren ab. Man glaubte mir damals meine Unschuld, weil ich als Angehöriger der Universität von einer höheren Gesittung sein müsse.

Die Romantik der Straße: "Dem Fahrrad eine Gasse!"

Im Jahre 1848, als Studenten, Bürger und Arbeiter sich gegen eine verrottete Monarchie erhoben, kam der Satz auf: "Der Freiheit eine Gasse!"

Heute ist die Freiheit weniger durch Monarchen bedroht als durch das Auto. Heute wäre es wichtig hinauszurufen: "Dem Fahrrad eine Gasse!"

Um den Straßenraum mehr als sozialen Raum zu nützen, gibt es schöne Pläne, aber auch bereits einige prächtige Ergebnisse wie "verkehrsberuhigte" Gassen, Fußgängerzonen, autofreie Ortskerne und friedliche Almgebiete für Wanderer, die allerdings durch vornehme Jäger in ihren Jagdautos gestört werden. Der wackere Radfahrer aber ist es, der an die Kultur der alten Straße in nostalgischer Weise anzuknüpfen gedenkt. Die alte Straße mit ihrem Heer von Vagabunden, Wandersburschen, Bettlern und heiter lebenden Studenten gibt es wohl nicht mehr, jedoch der Radfahrer hat sich noch die alte Romantik der Straße bewahrt. Und es war eben diese Romantik der Straße, wie ich schon angedeutet habe, die junge Intellektuelle zu allen Zeiten dazu trieb, Loblieder auf die Straße zu singen. Zu diesen Leuten gehörte auch Nikolaus Lenau, ein wackerer Mann, der im Sinne der jungen Revolutionäre des Jahres 1848 dachte und sich in seinen Gedichten gegen kirchliche und monarchische Mächte auflehnte. Er verabscheute die "dunklen Kutten, die das Licht verhängen", und achtete die Zigeuner als Symbole einer Freiheit, die es zu erringen gilt. In seinem Gedicht "Drei Zigeuner" wird der Zauber der Straße und der Menschen, die auf der Straße dahinziehen, wunderbar verklärt. Es heißt darin auszugsweise:

> "Drei Zigeuner fand ich einmal liegen an einer Weide,
> als mein Fuhrwerk mit müder Qual schlich durch sandige Heide...
> ... der eine rauchte seine Pfeife, der andere spielte auf seiner Geige,
> der dritte schlief behaglich...
> Dreifach haben sie mirs gezeigt, wenn uns das Leben umnachtet,
> wie mans verraucht, verschläft und vergeigt, wie man es dreimal verachtet.[112]

Diese Tradition und ihr eigenartiger Mythos findet sich schließlich auch bei Jack London in seinem Buch "Abenteuer des Schienenstranges". Der Vagabund, der einer Gegenwelt angehört, wird verherrlicht und als nobler Bursche begriffen. Jack London schreibt: "Dem Vagabunden bietet das Dasein ein farbenprächtig wechselndes Bild – das Unmögliche wird Ereignis, und das Unerwartete springt bei jeder Wegbiegung aus den Büschen. Der Landstreicher weiß nie, was im nächsten Augenblick

[112] Vgl.: N. Lenau, Sämtliche Werke in vier Bänden. Berlin o. J.

geschehen wird; darum lebt er stets dem Augenblick. Er hat gelernt, wie müßig es ist, Pläne zu schmieden, und weiß nur die Freude, sich von den Launen des Zufalls treiben zu lassen."[113] Der Vagabund steht hier als Symbol der Freiheit, des freien Menschen, der auf der Straße lebt und für den die Unsicherheit des täglichen Überlebens zur Lebensfreude wird. Ein solches Leben widerspricht dem Leben des (geistig) Seßhaften. Ähnlich läßt auch Mark Twain seinen Helden Huckleberry Finn eine Lebensphilosophie entwickeln, die den braven Bürger entsetzen muß: "Ach Tom, laß mich in Frieden mit deinem geregelten Leben! Ich hab's ja versucht. Das ist nichts für mich. Mrs. Douglas meint es schon gut. Aber alles muß so pünktlich sein, genau nach der Uhr – Aufstehen, Essen, Arbeiten, Schlafen. Und in den engen Anzügen erstickt man. Nirgendwo hinlegen kann man sich… Sonntags muß man Schuhe tragen. Und rauchen darf man nicht. Das halt' ich nicht aus!"[114] Das Abenteuerliche, Normlose und Ungebundene hat mit Wandern zu tun, mit der Straße, mit der Distanz zur Langeweile und Strenge des Alltags.

Auch Eichendorffs berühmte Erzählung vom "Taugenichts" (1828) thematisiert diese Gegenwelt zum braven seßhaften Bürger. Eichendorff, geboren 1788 in Oberschlesien, schrieb seine Novelle, als er bereits ein wohlbestallter und pflichteifriger Regierungsrat bei der Preußischen Verwaltung in Königsberg war. Eichendorff träumt von einem ungebundenen Leben auf der Landstraße, wie viele vor und viele nach ihm. In Liedern, Gedichten und Romanen drückt sich also die Vagabundensehnsucht aus, bis herauf zu den Hippies und Rucksacktouristen. Sie alle begleitet der Wunsch, den alltäglichen Pflichten in Familie und Beruf zu entfliehen. Die Freizügigkeit im wahrsten Sinn des Wortes liegt auf der klassischen Straße. Die Straße bedeutet Ab-

---

[113] J. London, Abenteuer des Schienenstranges. München 1984, S. 48

[114] M. Twain, Tom Sawyer. Balve/Westfalen, 3. Auflage 1976, letztes Kapitel

wechslung und Überraschung. Und irgendwie ist mit der Straße ein Ziel verbunden, das man bisweilen gar nicht genau definieren will.

Es mag das Paradies, ein guter Trunk, eine gemütliche Absteige, freundliche Menschen oder ein Blick von den Bergen aus sein. Ist man jedoch einmal dort, so will man weiter, will nicht verharren. Der Reiz der Landstraße ist zu groß. Neue Ziele strahlen in der Ferne. Der Radfahrer, wie er hier geschildert wurde, versucht, diese romantische Idee von der Straße zu verwirklichen. Auch wenn es nur ein Traum bleibt, das planlose Herumziehen, wie ich es liebe, so stellt es doch eine fantastische Reaktion auf die moderne Konsumwelt mit ihren Eigenheimen, durchgeplanten Sommerreisen, Rasenmähern, Autos, Staus und Versicherungen dar. Durch das Fahrrad kann ich mich in einer zauberhaften Gegenwelt bewegen. Der wackere Johann Gottfried Seume, der in seinem Anfang des vorigen Jahrhunderts geschriebenen Buch "Spaziergang nach Syrakus" seinen Fußmarsch von Grimma in Sachsen nach Süditalien schildert, schreibt: "Ich halte den Gang für das Ehrenvollste und Selbständigste im Menschen und bin der Meinung, daß alles besser gehen würde, wenn man mehr ginge."[115] Ich füge dem hinzu, daß das Radfahren eine ebenso ehrenvolle Angelegenheit ist. Das Radfahren erlöst den Geist von seinen Fesseln, erfrischt das Herz und erfreut die Seele – und es erinnert an die Herrlichkeit der alten Straßen, auf denen noch fahrendes Volk dahinzog, das jeglicher Obrigkeit suspekt war. Es waren diese Aristokraten der Landstraße, die "ihre" Straßen zum Symbol der Freiheit machten. Sie sind all jenen überlegen, die als Kaiser, Könige, Edelleute, Bürger und auch als Autofahrer nur Ausschnitte der Welt und des Lebens zu sehen bekommen.

*

[115] J. G. Seume, Spaziergang nach Syrakus. München, 5. Auflage, 1979, S. 5

Vor einigen Jahren radelte ich von Wien entlang der Flüsse auf schönen Wegen nach Straßburg. Im Jagsttal, einer prächtigen und wenig befahrenen Gegend, traf ich auf einen einsamen Vagabunden. Sein Gewand war zerlumpt, und mir fiel auf, daß er mit sich selbst redete. Ich hielt mein Fahrrad an und begleitete diesen Mann, der sich freute, für kurze Zeit mit jemand anderem als mit sich selbst sprechen zu können. Ich erfuhr von ihm, daß er bettelnd durch die Gegend zog. Mir schilderte er die für das Betteln günstigsten Orte und verband damit offensichtlich den Rat an mich, diese Orte ebenso aufzusuchen. Ich faßte Sympathie für ihn, er war ein wahrer Aristokrat der Landstraße mit einem unerschütterlichen Stolz gegenüber dem braven Bürger und den fleißigen Polizisten. Vielleicht wandert er noch auf den Landstraßen Süddeutschlands. Auf ihn und alle Aristokraten der Landstraße trinke ich heute, am Ende des Weges, das letzte Glas Bier meiner Radtour.

Literaturverzeichnis

Avé-Lallemant, F. C, Das deutsche Gaunertum. Wiesbaden 1858

Bauer, W., u. a., Lexikon der Symbole. Wiesbaden 1980

Becker, H., Außenseiter. Frankfurt/Main

Berger, P. u. Luckmann, Th., Die gesellschaftliche Konstruktion der Wirklichkeit. Frankfurt/Main 1969

Bernstein, B., Soziale Struktur, Sozialisation und Sprachverhalten. Amsterdam 1970

Blumenberg, W., Karl Marx in Selbstzeugnissen und Bilddokumenten. Reinbek 1962

Brake, M., Soziologie der jugendlichen Subkulturen. Frankfurt/M. 1981

Brittinger, Ch., Ein Alpenausflug auf den Pyhrgas bei Spital am Pyhrn. In: Album ob der Enns. Linz 1843

Brusten, M., u. Hohemeier (Hg.), Stigmatisierung. Bd. 1, Neuwied 1975

Cassirer, E., Philosophie der symbolischen Formen. Berlin 1923

Cohen, A. K., Kriminelle Subkulturen. In: Heintz, P., u. König, R., 2. Sonderheft der Kölner Zeitschrift für Soziologie und Sozialpsychologie, 1974 (6. Aufl.)
Elias, N., Über den Prozeß der Zivilisation. Frankfurt/Main 1976
Ernst, H., Das Wandern zu Rad. In: Jugendpost, Nr. 31, 1908
Friedrichs, J., Teilnehmende Beobachtung abweichenden Verhaltens. Stuttgart 1973
Gadamer, H.-G., Wahrheit und Methode. Tübingen 1975
Gennep, A. van, Übergangsriten. 1986 (1908), Frankfurt/Main
Girtler, R., 10 Gebote der Feldforschung. Wien 2004
Girtler, R., Aschenlauge. Bergbauernleben im Wandel. Linz 1987
Girtler, R., Der Adler und die drei Punkte. Wien 1983
Girtler, R., Der Strich, Wien 2004
Girtler, R., Die feinen Leute. Linz 1989
Girtler, R., Methoden der qualitativen Sozialforschung. Wien 1984
Girtler, R., Vagabunden der Großstadt. Stuttgart 1982
Girtler, R., Wilderer. Soziale Rebellen im Konflikt mit den Jagdherren. Linz 1988
Goffman, E., Wir alle spielen Theater. München 1970
Goffman, I, Stigma, Frankfurt/Main
Helle, H. J., Soziologie und Symbol. Köln 1969
Hobsbawm, E., Die Banditen. Frankfurt/Main 1972
Hoebel, W., Das Recht der Naturvölker. Ölten, 1968,
Hoffmann von Fallersleben, Liber Vagatorum. In: Weimarisches Jahrbuch, Hannover 1856
Hunger, E., Studentisches Brauchtum. Bonn 1957
Kardiner, A. u. Preble, E., Wegbereiter der modernen Anthropologie. Frankfurt/Main 1974
Kastelic, J., Situlenkunst. Wien 1964
Kopecny, A., Fahrende und Vagabunden. Berlin 1980
Kühn, W, Hooliganism. Unveröffentlichte Diplomarbeit. Wien 1989
Levi-Strauss, C., Rasse und Geschichte. Frankfurt 1972
Marx/Engels, Die Diktatur der Phantasie. Hg. H. Höfener. Düsseldorf 1983

Mauss, M., u. Beuchat, H., Essai sur les variations saisonniéres des sociétes escimos etude de morphologie sociale. Paris 1906
Mead, G. H., Geist, Identität und Gesellschaft. Neuwied 1973
Oberzill, G. H., Die bewußten Demoiselles. Wien 1984
Pascal, B., Gedanken. Stuttgart (ohne Jahr)
Popper, K., Das Elend des Historizismus 1987
Popper, K., Die offene Gesellschaft und ihre Feinde. Tübingen 1980
Raddatz, F. J. (Hg.), Mohr an General. Wien 1980
Riehl, W. H., Land und Leute. Stuttgart 1903
Salinas, P, Verteidigung des Briefes. Stuttgart 1983,
Schäffer, G. J., Abriß des Gauner- und Bettelwesens in Schwaben. Stuttgart 1793
Schier, T, Wandern und Schauen. Leipzig o. J. (um 1900)
Schmidt, W., u. Koppers, W., Der Mensch aller Zeiten. Regensburg 1924
Schulze, F., u. P. Ssymank, Das deutsche Studententum. Leipzig 1910
Spencer, B., The Native Tribes of the Northern Territory of Australia. London 1914
Steiger, G., u. H.-J. Ludwig, Gaudeamus Igitur, Laßt uns fröhlich sein. Leipzig 1986
Stein, G. (Hg.), Dandy, Snob, Flaneur. Frankfurt/Main 1985
Steinert, H. (Hg.), Symbolische Interaktion. Stuttgart 1973
Tartaruga, U., Aus der Mappe eines Wiener Polizeibeamten. Wien 1919
Tischner, Völkerkunde. Frankfurt/Main 1963
Veblen, Th., Theorie der feinen Leute. 1899
Weber, M., Die protestantische Ethik. Gütersloh 1978
Weber, M., Wirtschaft und Gesellschaft. Frankfurt 1922
Weingartner, E., Sack, F. u. Schenkein, J., Ethnomethodologie – Beiträge zu einer Soziologie des Alltasshandelns. Frankfurt/Main 1976